重走天山路

东天山吐鲁番古道考察与研究

巫新华 著

GUANGXI NORMAL UNIVERSITY PRESS
广西师范大学出版社
·桂林·

重走天山路
CHONGZOU TIANSHAN LU

图书在版编目（CIP）数据

重走天山路：东天山吐鲁番古道考察与研究 / 巫新华著. —桂林：广西师范大学出版社，2022.9
ISBN 978-7-5598-5188-8

Ⅰ. ①重… Ⅱ. ①巫… Ⅲ. ①古道－考察－吐鲁番地区 Ⅳ. ①K878.44

中国版本图书馆 CIP 数据核字（2022）第 134527 号

广西师范大学出版社出版发行

（广西桂林市五里店路 9 号　邮政编码：541004）
（网址：http://www.bbtpress.com）
出版人：黄轩庄
全国新华书店经销
广西民族印刷包装集团有限公司印刷
（南宁市高新区高新三路 1 号　邮政编码：530007）
开本：880 mm × 1 240 mm　1/32
印张：13　　字数：280 千
2022 年 9 月第 1 版　　2022 年 9 月第 1 次印刷
印数：0 001~4 000 册　　定价：88.00 元

如发现印装质量问题，影响阅读，请与出版社发行部门联系调换。

目　录

第一章　吐鲁番：丝绸之路与西域十字路口 / 1

第一节　丝绸之路正名 / 2

第二节　丝绸之路定义之我见 / 4

第三节　西域与中国古代文化之渊源 / 31

第四节　西域十字路口——吐鲁番 / 48

第二章　吐鲁番盆地与天山 / 53

第一节　吐鲁番盆地 / 53

第二节　十三间房—南湖戈壁 / 59

第三节　哈密盆地 / 60

第四节　噶顺戈壁 / 61

第三章　吐鲁番史事记略 / 64

　　第一节　姑师与车师时期 / 65

　　第二节　麴氏高昌、唐西州及以后 / 71

　　第三节　天山的历史意义 / 75

第四章　与古道相关的遗址 / 90

　　第一节　吐鲁番地区唐代古城遗址 / 90

　　第二节　文献和文书记载的古代吐鲁番地区主要

　　　　　　城镇 / 118

　　第三节　文献、文书所记西州城镇地理位置考证 / 125

　　第四节　唐代吐鲁番（西州）的镇戍、守捉、烽燧和

　　　　　　馆驿 / 145

　　第五节　文献和文书记载的烽燧馆驿 / 215

第五章　沉寂的吐鲁番古道 / 227

　　第一节　内部的交通线 / 229

　　第二节　古代吐鲁番沟通周边地区的交通路线 / 233

第六章　吐鲁番现代交通路线与古道之关系 / 297

　　第一节　近代吐鲁番交通史略 / 300

　　第二节　清代吐鲁番道里行程 / 304

　　第三节　古今相关的道路 / 306

附录一　吐鲁番相关路线图 / 315

附录二　吐鲁番天山古道探险行记选辑 / 326

后　记 / 409

第一章　吐鲁番：丝绸之路与西域十字路口

历史的真实 "都鄙廪庾皆满，而府库余货财。京师之钱累巨万"[1]，这是2100多年前中国历史学家司马迁描写的汉朝的富庶。那时，汉朝大规模向西、向南经营，掌控了世界贸易的主要通道，即后世所称的"丝绸之路"。时间快进2000多年，如今的中国再次出现同样的历史景象。

当下中国的情况，粮仓满盈，外汇储备规模庞大。经过30

1　《史记》卷三十"平准书第八"："至今上即位数岁，汉兴七十余年之间，国家无事，非遇水旱之灾，民则人给家足，都鄙廪庾皆满，而府库余货财。京师之钱累巨万，贯朽而不可校。太仓之粟陈陈相因，充溢露积于外，至腐败不可食。众庶街巷有马，阡陌之间成群，而乘字（牸）牝者傧（摈）而不得聚会。守闾阎者食粱肉，为吏者长子孙，居官者以为姓号。故人人自爱而重犯法，先行义而后绌耻辱焉。当此之时，网疏而民富，役财骄溢，或至兼并豪党之徒，以武断于乡曲。宗室有上公卿大夫以下，争于奢侈，室庐舆服僭于上，无限度。物盛而衰，固其变也。"同样的记载见于《汉书·食货志》："至武帝之初七十年间，国家亡事，非遇水旱，则民人给家足。都鄙廪庾尽满，而府库余财。京师之钱累百巨万，贯朽而不可校。太仓之粟陈陈相因，充溢露积于外，腐败不可食。众庶街巷有马，阡陌之间成群，乘牸牝者摈而不得会聚。守闾阎者食粱肉，为吏者长子孙，居官者以为姓号。"

多年快速增长，中国目光再度朝外，寻求贸易和发展机遇。将古代世界贸易路线当代化，已成为当下中国的标志性策略。简而言之，丝路一直是中国历史的一部分，它的辉煌可以回溯至汉唐这两个大王朝。"一带一路"倡议愿景在很大程度上将决定当代中国在世界的地位及其与邻国相处的方式。

第一节　丝绸之路正名

近些年来丝绸之路已经成为一个定义含混不清、适用范围边界模糊的常用名词。国内外许多地区和区域交通路线都在使用这个名称，并强调各自的决定性历史功用。这里仅以本书涉及的新疆区域为例，使用者对最起码的路线、区域路段、功用全无基本概念。比如以丝绸之路概称新疆（西域）古代交通路线。经常使用诸如丝绸之路南、北、中道之类的说法。其实新疆可以与丝绸之路发生联系的古代交通路线应该称为丝绸之路新疆（西域）段。前述说法则应该是丝绸之路新疆段南北中三道。

更有甚者，经常使用诸如"玉石之路""草原之路"等早于丝绸之路多少千年的说法。亚欧大陆各文明区域之间，古代交通路线因区域特点、贸易商品不同而被冠以某类名称是正常的学术文化表述。古代亚欧大陆各文明区域之间的交通路线存在某一特定历史时段侧重于特定线路的情况；也存在因某一文化、贸易的特定影响突出，被后人冠以诸如"玉石之路""丝绸之路"这样特定名称的路线。实际上，亚欧大陆各文明区域之间的交通路线之存在，起始于人类文明早期各个阶段，不存在某一路线早于其他的事情。这类表达混淆了丝绸之路这个概括东西方文明交流、见证人类古代文明在亚欧大陆这个地理板块发生发展、现代人类文明初步形成这一历史过程极为严肃的概念。

丝绸之路没到日本 丝绸之路指在人类文明的孕育、发展和形成过程中发挥了决定性交流、互动，进而推动人类文明发展的亚欧大陆东西方古代交通路线。那些只是吸收古代亚欧大陆各文明区域文化精髓，而对亚欧大陆各区域古代文明（或言人类古代文明整体）的发展没有推动性贡献的区域或区域交通路线不能够被称为丝绸之路。类似的情况比如学界曾经争论的古代丝绸之路是否到达日本便是如此。原因很简单，不少人认为古代日本列岛只是在汲取亚欧大陆，尤其是东亚中国文明养分方面着力甚著，而对中国古代文明（乃至亚欧大陆其他区域文明）的发展基本没有贡献。

茶马古道不是丝绸之路 类似的事件，国内近来出现颇多。比如"茶马古道"，许多人就其历史贡献着墨甚多，评价也高于丝绸之路其他路段。实际上茶马古道是我国西南区域性贸易路线。其历史存在过程中只是承载了区域交通或物流的作用，该区域自身文化的存在与发展对中国古代文明、东亚文明，乃至亚欧大陆其他区域文明的发展也基本没有起到关键的推动性影响作用，因而也不能算是丝绸之路。

第二节　丝绸之路定义之我见

"丝绸之路"指在人类文明的孕育、发展和形成过程中发挥了交流、互动，进而推动亚欧大陆各主要文明发展并起决定性作用的亚欧大陆东西方古代交通路线和相关地理文化区域。丝绸之路，其实是亚欧大陆东西方文化交流之路的约定俗成之说。它首先是作为古代亚欧大陆陆上连接东亚、南亚、西亚、欧洲和东非各古代文明的路线与道路，而古代新疆恰恰是地理上沟通或完成亚欧大陆东西方文化、政治、经济交流的唯一桥梁性地域。也就是说上述区域古代文化陆路沟通渠道必经以新疆为代表的中亚地区，而且是唯一通道。

正是因为新疆是这样重要的财富汇聚通道地区，历史上才会出现频次极高的反复争夺与反复易手。中国古代各王朝只要是有声有色、影响遍及亚欧大陆的，无不以控制和经营西域为重。原因非常简单，因为亚欧大陆的古代陆路交通除了新疆别无他路可走！

新疆的唯一性地位是由亚欧大陆自然地理环境决定的。从亚欧大陆地形图可以清晰地看见，帕米尔高原以南：喀喇昆仑—青藏高原、云贵高原、澜沧江—湄公河河谷、热带丛林等天然险阻完全制约了亚欧大陆古代较大规模的陆路东西方向人群迁移与商贸物流活动。整个东亚与其他亚欧大陆地区的沟通从南向北看，只有帕米尔高原通道和昆仑山北缘通道成为亚欧大陆中部南端的唯一大通道。再向北，天山、阿尔泰山这两条东西走向的大山脉自然成为第二、第三大通道。阿尔泰山以北则是酷寒的西伯利亚寒区落叶林与沼泽分布带，完全不适宜亚欧大陆古代人类大规模东西向往来。如此一来，亚欧大陆中部地理区域，只有古代新疆是唯一能够自东西方向沟通中国与其他文明区域的通道地带。

"丝绸之路"这一名称是19世纪70年代，德国著名地理学家李希霍芬在其地理名著《中国》中首先提出的。[1]此后，因丝绸是亚欧大陆古代东西方贸易最著名，也最重要的商品，学者把古代东西方文明交汇、融合、互动发展的所有区域都包括在*丝绸之*

1　F. V. Richthofen. *CHINA*, Bd. 1. Berlin, 1877, 454 ff. 他把公元前114年到公元127年之间经我国西北地区连接我国与中亚的阿姆河与锡尔河一带，以及印度的丝绸贸易诸道路总称为"Seidenstrassen"，汉语名称"丝绸之路"和英语名称"Silk Road"等无非是其德语原称的译名而已。后来，德国著名东方学学者阿尔马特·赫尔曼在他的名著《中国与叙利亚之间的古代丝绸之路》（参见A. Herrmann. *Die alten Seidenstrassen ziwischen China und Syrien*. Berlin, 1910, 10ff.）中进一步主张，应该把丝绸之路这一名称所包含的地理范围扩大到叙利亚。赫尔曼这样写道："我们应该把这个名称——丝绸之路的含义进一步一直延长通向遥远的西方叙利亚。在与东方古老的大帝国进行贸易过程中，叙利亚始终没有与它发生过什么直接关系。虽然叙利亚不是中国生丝的最大市场，但是，却是较大的市场之一。叙利亚主要是依靠通过内陆亚洲和伊朗的这条道路获得生丝。"赫尔曼的这一主张得到当时西方许多东方学学者的支持。19世纪末至20世纪初，因清王朝的国势衰微，中国西部成为外国列强争夺的热点地区之一。俄、英、德、法、日和瑞典等国的所谓探险队在我国西北地区频繁活动，于收集政治、地理、人文等方面情报之同时，大肆劫掠珍稀的动植物资源和被喻为绝世奇珍的古代文物。众多的"探险家""游历者"在我国西北地区（主要是新疆的塔克拉玛干盆地各绿洲地区和甘肃河西走廊一带）的古文化遗址上，大肆盗取、劫掠了大量极其珍贵的表明我国古代与中亚、西亚、南亚、欧洲、北非等地文明交流融汇的文物。这些古代东西方文明交流的产物，实证了丝绸之路的存在和发展的历程。同时引发各国东方学学者的极大关注。那些探险家、游历者在完成他们每一次探险和游历，满载那些珍贵的古代文物回国之后，在其游记、探险考察报告、研究著作中也大量使用"丝绸之路"这一名称，把古代东西方文明交汇、融合、互动的亚欧大陆所有区域都包括在丝绸之路的范围内，并很快得到国际学术界的认同。

路所在亚欧大陆古代交通的范围内。于是"丝绸之路"名称成为从中国出发，横贯亚洲，进而连接欧洲和北非的古代交通路线的总称。

无可替代的重要性　丝绸之路在人类文明的形成和发展历史进程中发挥过举足轻重的作用，是东西方文化交流的主动脉，也是亚欧大陆主要古代文明发展昌盛的主要动因，因而广泛地受到社会各方面的重视。这主要有以下几个原因：

首先，丝绸之路作为连接亚洲、欧洲和非洲三大陆的通道，是世界历史发展的中心。丝绸之路犹如人体动脉一般把古代中国、阿富汗、印度、阿姆河和锡尔河地区（河中）、伊朗、伊拉克、叙利亚、土耳其、北非等地区文明连接起来，并使之相互依存地发展起来。

其次，丝绸之路是孕育世界主要文明的温床。最值得注意的是，在这条道路的末端部分曾经分别产生了美索不达米亚文明、埃及文明、地中海文明、两河文明、波斯文明、花剌子模文明、印度文明、中国文明等许多著名的古代文明。还出现了祆教、犹太教、佛教、基督教、摩尼教、伊斯兰教等影响巨大的宗教。这些宗教向东西方传播并给予各地文化以极大的影响。

再次，丝绸之路是东西方文明交流的桥梁。出现在丝绸之路沿线的文化，或经民族迁移（包括战争），或依靠商队传播至东西方各地，同时又不断接受着各种不同的文化，促进了各地文明的发展。

最后，丝绸之路具有中国文明的原生性！丝绸之路出现的原因，在于亚欧大陆其他文明区域与东亚文明核心——古代中国的交流沟通。相关研究表明，亚欧大陆最早只有两个文明核心地区：一个是中国，大概在一万年前开始的；另一个是西亚美索不达米亚，差不多同时代开始的。这两个文明的核心内容完全不一样：东亚中国的是粟黍、水稻的种植和猪、狗的驯养；西亚则是小麦、大麦的种植与黄牛的驯养。

早期物种传播始于公元前5000年左右，完成的时间不迟于公元前1500年。起源于西亚的大麦、小麦等"近东"作物来到了中国东部地区，原产中国的粟和黍传至西欧，水稻种植的范围由东亚扩大至南亚和东南亚。北非的高粱和珍珠粟出现在印度，印度的瘤牛传播到中东。公元前1500年，小麦和黍（分别产于西亚和东亚）的分布范围已经覆盖了整个欧亚大陆：东至太平洋、西至大西洋、北至欧洲各国和中亚山地，南至印度洋。这就是史前丝绸之路的成果！

最早的丝绸之路其实就是距今一万年前后，东亚、西亚的早期农业文化慢慢地向世界各地传播的路线，因而中国文明具有非常明确的丝绸之路原生性。中国起始就是人类文明的高地，是丝绸之路的最重要核心通道区域。如此一来，中国历代王朝必然重视西域和控制经营西域便可以理解，晚清在积弱积贫，面临列强全面侵凌，朝廷趋于衰亡之时收复西域设置新疆省便也由此。

正是由于以上方面的作用，现在举凡古代交通路线，便以丝绸之路称之的习惯，其实是对这一名称的误解。

实际上，丝绸之路很早就存在于以亚欧大陆为主体的古代中国与西方各地区之间。不过早期彼此之间的物质、文化交流基本上都不是有意识地直接或间接进行的，交流过程的完成大都经过诸多地区转手后方得实现。由于转手地区过多，交流速度十分缓慢，且代价极为高昂，再加上有些地区或势力有意控制和垄断某种物品（或商路），这对东西方物质、文化交流无疑是一种巨大阻碍。早期的丝绸之路完全是各自然地理区域之间自然状态下民间意义上的物质、文化交流之路。

早期丝绸之路上的中西交通仅存在于局部地区或某些地区之间。这类交流因其处于自然状态，只是以类似于"二传"的方式从一个地方倒手到另外一处，速度极慢。比如，早期物种粟、黍、小麦、大麦等的种植传播遍及亚欧大陆居然用了几千年。而中亚地区，塞人从北向南、向西的迁徙，波斯居鲁士二世和马其顿亚历山大大帝入侵中亚，叙利亚塞琉西王朝对中亚的统治，大夏对中亚南部、阿富汗北部和印度河上游地区的统治；在西亚和地中海沿岸，波斯帝国、安息王朝和罗马的扩张及其交通网的建立和一系列的贸易活动等，都说明上述地区之间的交通早已有了相当的发展。

再者，大月氏（塞种）和乌孙的西迁表明，从中国的河西走廊经天山到中亚的交通路线也早已为人所知。不过，从宏观上看，早期丝绸之路在中西方之间，塔里木盆地由于被高山环绕，遍布戈壁和沙漠，道路艰险，黄沙漫漫，千百里一绿洲，难于与外界沟通，基本上还处于封闭状态。同时河西走廊、天山北麓至中亚一线，大部分草原地区在新石器时代尚处于不同的渔猎畜牧生业阶段，缺乏移动贸易的能力，加之地理距离过于遥远，所以不便通行。距今约5000年起始，亚欧大陆草原地带驯化了马。马的使用与驯化技术的传播使各种史前优秀文化成果（比如物种）传播进入快车道，但是人类文明的文化成果仍然是逐一地区、逐一人群的二手传播。在张骞凿空汉武帝经营西域之前，道路又被匈奴阻断，所以当时中西方之间物质文化的交流基本上不是主要文明区域一对一直接进行，而是通过第三方、第四方二传、三传进行的。前些年罗布泊地区发掘的小河墓地，因其文化内容之特殊、完整而闻名于世。而其文化内容之简单、所表现的文明发展程度之低下，正是自然状态下亚欧大陆古代交通的反映。

秦人、汉人名称的出现与丝绸之路的畅通　丝绸之路所代表的人类文化交流，从人类文明诞生之初便已开始。丝绸之路不存在何时开通的问题，但是何时畅通确实是一个必须讨论的事情。丝绸之路畅通的标志，是由上古时代自然而然的一个个地理区域、一个个文化单元倒手传播交流的方式，转变为主要文明区域主动和主导彼此之间的文化交流。畅通的时间节点就是"张骞凿空"和"汉武帝经营西域"。

丝绸之路的畅通，实际上与古代中国中央王朝的直接介入和主导相关。古代中国人直接介入东西方交通，并主动控制丝绸之路大商道，开始于春秋诸国争霸时期。代表性事件就是秦国的崛起、称霸，以及西戎被迫西迁中亚和西亚。西戎是长期活动在古代中国西北地区的游牧部族，从学界已有的研究成果来看，他

甘肃马家塬战国墓地出土的马车车轮、连珠纹陶杯

们是古代中国西北地区居民。[1]春秋时期，也就是公元前770—前476年，因为关中秦国强大起来，西戎被迫向西一再退却。最严重的打击发生在公元前7世纪下半叶，那时秦穆公征服西戎，"益国十二，开地千里"[2]，西戎远遁。世居于中国西北的西戎迁移远去中亚、西亚，是古代中国第一次实质性改变世界历史格局和进程的重大事件，也是亚欧大陆古代各主要文明彼此相识、主

1　即古代雅利安人伊朗语族东伊朗语支人群，汉文文献记载又称塞种、大月氏等，西方文献记载的斯基泰人（Scythians）、马萨革泰人（Massagetae）、伊塞顿人（Issedones）、阿里马斯皮人（Arimaspi）均为其中一个部族。西方学术界也概称他们为斯基泰人，这些人操印欧语系伊朗语族东伊朗语，其语言与现在中国塔吉克语有亲属关系。

2　《史记·秦本纪》。

动交流的开始。

　　根据公元前5世纪的古希腊作家希罗多德《历史》中的记载，公元前7世纪在欧亚草原上曾发生过一次较大的民族迁徙。居住在亚洲游牧的斯基泰人（Scythians）由于在战争中战败而在马萨革泰人（Massagetae）的压力之下，越过了锡尔河（Araxes），逃到了克梅里亚人（Cimmerians）的领土上，因为斯基泰人现在居住的地方一向是克里米亚人的土地。伊塞顿人（Issedones）被阿里马斯皮人（Arimaspi）赶出了自己的国土，斯基泰人又被伊塞顿人所驱逐，而居住在南海（里海）之滨的克梅里亚人又因斯基泰人的入侵离开了自己的国土。

哈萨克斯坦出土的黄金斯基泰人形象

如此我们便可以清楚地看到一条西迁关系链，其中每个部众都是被前一个部众所驱赶而迁徙：阿里马斯皮人—伊塞顿人—马萨革泰人—斯基泰人—克梅里亚人。马萨革泰人：里海、咸海间之一大部落联盟，曾与波斯帝国开国君主居鲁士大战；与斯基泰人类似，南俄草原上印欧语系东伊朗语族之游牧民族，公元前7世纪曾对高加索、小亚细亚、亚美尼亚、米底以及亚述帝国大举入侵，威胁西亚近70年。这次几乎影响了整个亚欧大陆规模巨大的部族迁徙，地缘政治格局大动荡主要发生在中亚、小亚细亚及东欧。根据西方文献资料，斯基泰人的活动是历史上欧洲区域北方草原游牧民族进入南方古文明地区的第一次入侵。联系到同一时期东方正发生的历史大事：秦国崛起、称霸西戎。秦穆公的霸业是以征服驱赶西戎占领其领地为前提的，也就是说上述欧亚草原塞种（斯基泰）人群遍及欧亚的大规模迁徙的导火索来自秦国。向西迁徙的西戎部众应该进入了塔克拉玛干绿洲区域、天山北部草原地带以及中亚其他各地。故前述中亚游牧部族大迁徙链条之首阿里马斯皮人应该就是来自秦国西部。西迁的戎人致使"塞种分散，往往为数国"，并最终导致西亚亚述帝国覆亡。这是古代中国通过丝绸之路第一次改变世界（亚欧大陆）地缘政治格局的大手笔之作，此后，类似的中国大手笔、大事件便不断地出现在世界历史舞台。

哈萨克斯坦浮雕中典型的斯基泰骑手与动物图案

　　这场几乎是横跨欧亚草原的游牧部族大迁徙涉及地域之广、影响范围之大，不仅在中国古代的史籍中被记录了下来，在古代希腊文献《历史》中，也曾多次提到一个名叫塞迦（Sacae，Saka，也译作塞克）的人。学界认为塞迦便是中亚草原的游牧人群斯基泰人，其中一部即为马萨革泰人，这些人与中国西部的西戎、塞种、月氏等人群在语言文化等方面大致相同。同样的记载也出现在波斯阿喀美尼朝大流士一世的贝希斯登（Behistun）铭文、波斯纳黑希鲁斯塔姆的楔形文字石刻铭文中，塞迦人是居住在伊朗高原以北，以及中亚草原地带拥有马萨革泰人、斯基泰人等各种名称的草原游牧部族，其中一部分也就是秦国的近邻西戎。这些人实际上控制着丝绸之路的中介区域——西域，而秦人与亚欧大陆其他各大古代文明的接触也必然要经过这些塞种人之手。

早期新疆人的来源　秦穆公征伐西戎，应该还有为数不少的羌人部众也被迫西徙。其中一部分随同西戎（塞种）一同迁徙至塔里木盆地以及天山各地。《三国志·西戎传》记载："燉（敦）煌西域之南山中，从婼羌西至葱岭数千里，有月氏余种葱茈羌、白马、黄牛羌"等羌人部落。由此看来，早期（春秋战国至三国）塔里木盆地诸绿洲居民以西戎、塞种人为主体，其中还包括西迁的羌人。

这里以和田绿洲为例，先介绍一个新疆早期居民的来源的例子。文献记载，古代和田地区早期居民人口分别由从印度和从中国内地来的两支人群构成。《大唐西域记》记载："昔者此国虚旷无人，毗沙门天于此栖止。无忧（阿育）王太子在呾叉始罗国，被抉目已，无忧王怒遣辅佐，迁其豪族，出雪山北，居荒谷间。迁人逐物，至此西界，推举酋豪，尊立为王。当是时也，东土帝子蒙谴流徙，居此东界，群下劝进，又自称王。"吐蕃文（古藏文）《李域记》文本以基本吻合的形式记载这一传说，证明和田传说的正宗性和古老性。

上述记载可做如下解读：一、来到于阗国地方早期居民为东土帝子所率领人群即为东土来人与西土来人之融合，居民都是移民定居者。能够对等传说中西土孔雀王朝阿育王的，只有东方大国秦王朝始皇帝。其中还明确记载被罢黜流放到于阗（西域）的东土帝子民众打败西土帝子阿育王遗臣后立国。这里隐含了两个历史事实：一则说明东方大国秦王朝的力量强于西国阿育王孔雀王朝，中国国力、人口、文化大于古印度，影响完全覆盖于阗；二则暗示秦朝始皇帝罢黜的太子扶苏可能被流放到于阗。这种历史记载的逻辑合理性表明除了此地居民和文化的主流来自古代中国内地和印度两个文明区域，而且其中中国内地的人和文化占据主导。这，应该就是新疆塔里木盆地绿洲早期居民历史真实的根源。二、文献多有于阗地方原本"虚旷无人"的记载，大量民众的进入源于东西方不同部众的迁徙，该地原有居民数量有限，其力量影响不大。出土文物证实至迟在齐家文化（距今4000年左右）时期，以及殷商（距今3600—3000年）王朝时期，和田玉就输入到甘青地区黄河上游一带地方和内地。虽然说明早期采玉、运输玉料的人很可能来自内地的西部地区，但是于阗地方确是出产中国古代"真玉""国玉"之地，同时也是中西方文化交流之枢纽。

由此，形成古代西域绿洲居民与中原居民的血缘共祖现象，类似的情况也可从中国南北方居民大量融合的历史事实方面来看。以匈奴为例，在两汉持续强势攻击压制之下，匈奴先是分裂为南北两部，其后南匈奴降汉，北匈奴持续遭受汉王朝联合南匈奴等部的打击，人口大多归于以南匈奴为主的北方部族。人口所剩无几的北匈奴，最后被迫远远迁徙欧洲。而留在中国以南匈奴为代表的各古代匈奴部族人群，则是古代匈奴人口的主体。这些留下来的匈奴人，逐步融入中原居民人群，成为古代中华民族共同体成员。也就是说，古代匈奴部族人群的主体，绝大部分其实已经融入古代中国中原人群。类似的北方部族大量融入中原人群的历史情况还有很多，比如，西戎（塞种）、大月氏、乌孙、鲜卑、突厥、契丹等。

大约在公元前3世纪时，河西西戎余种月氏部众在匈奴的压迫下西迁，其中一部分很可能进入塔克拉玛干南部绿洲，进一步补充了早前西迁的塞种人口。其使用语言属印欧语系伊朗语族东伊朗语支的"胡语"，即所谓塞语，与今天帕米尔高原塔吉克人所用语言类似。由此看来，塔里木盆地各绿洲早期居民以操汉藏语系语言和印欧语系语言的人群为主，操突厥语言的人群进入并与当地居民融合的事发生在之后很晚。

我们还可以找到语言学方面的证据。亚欧大陆西侧、南部称呼中国多用"Cini""China"，汉语音读为"秦""秦尼""秦那"。原因即为秦平定西戎二十余国，西戎多部西迁远迁于塔里木盆地、葱岭以西各地带去的自称。大约公元前5世纪，波斯古文献记载，遥远的东方以秦国为代表的华夏名称为"Cina""Saini"，波斯古文献称呼中国为"Cin""Cinstan""Cinastan"[1]，这只能是同操古代伊朗语族语言的河西塞种西迁的影响。古印度人也很早就称呼中国为秦"Cini"，大约起源于公元前4世纪的印度史诗《摩诃婆罗多》《罗摩衍那》就有类似记载。大量考古资料说明，商周时期，东西方的文化交流紧密而频繁，通道就是丝绸之路中国西

1　季羡林：《中印文化关系史论文集》，北京：生活·读书·新知三联书店，1982年，第76—78页。

北路线和新疆路线；而秦国于春秋战国时期完全控制了沟通亚欧大陆东西各主要文明区域的丝绸之路东部大商道。

甘肃马家塬战国墓地出土马车车轮上的大角羊青铜饰件，表明西戎文化具有明显的游牧民族特征

　　秦人、西戎文化很大程度上被视为同一文化系统。[1]西戎是活动于中国西北部和中亚广大区域与秦人关系密切的游牧部族斯基泰人，我国文献称之为塞种。秦人深受西戎尚武之风的影响，并在生活习俗等方面大量吸收戎狄文化。狄是指上古中国北方阿尔泰语系部族人群。秦人立国于戎狄之地，与戎狄人杂处，自然十

1　赵世超：《秦国用人的得失与秦文化》，《文史知识》1992年第10期。

分有条件广泛吸取融汇西方、北方各部族文化的特点。而戎狄部众是中国上古时代接触亚欧大陆西方各大文明区域文化最便捷的人群，其多元文化的特点极为鲜明和突出。

客观地说，秦人是春秋战国时代中国吸收亚欧大陆多元文化与向西传播中国文化的主力，因此也是最大的受益者。秦国在列国中称霸便最大程度反映出丝绸之路作为科学技术、物流财富和文化艺术传播通道的巨大作用。通过西域塞种游牧部众大量吸收亚欧大陆西部各优秀文化，秦国由一个偏处西隅的落后小邦国逐步发展，进而吞并六国，建立了中国历史上第一个强大帝国。中国历史上的始皇帝也由此出现。

血缘共祖现象　新疆古今居民与中原居民存在一种血缘共祖现象。中国人的血缘关系，从分子考古学或者基因研究最新进展成果来看，其基因构成比例，存在大量的交叉和混合。较大比例的共有基因凸显出历史发展过程中的古今中国人血缘共祖这个有趣现象，混杂最频繁、混血程度最大的区域往往是西域即古代新疆——丝绸之路大通道地带。维吾尔人便是其中最为典型的例子，其血缘混杂程度惊人，而且与东亚人群（汉族）血缘（基因）共同部分比例很大。

新疆地处亚欧大陆腹地，丝绸之路要冲，一直是欧亚大陆东西部人群进行文化、技术，以及遗传交流的重要通道。新疆史前人群的起源和迁徙一直是学界研究的热点问题。自20世纪70年代末，新疆文物考古研究所相继开展了一系列青铜时代遗址的考古发掘工作，其中塔里木盆地的小河墓地等遗址因独特的墓葬形制以及文化特征备受关注。吉林大学研究人员利用最新的古基因组技术成功获得了这一地区距今5000—3500年的古人类高质量基因组数据，并通过对基因组数据进行大数据建模分析，发现了一支更新世晚期由古北亚（ANE）和古东亚（AEA）成分组成的，广泛存在于欧亚草原中、东部广袤区域的古老遗传谱系。这一谱系与青铜时代的欧亚草原人群以及中亚绿洲人群都没有直接的遗传联系，也没有显示出与任何其他全新世群体混合的迹象，产生这一现象可能是由于塔里木盆地独特的沙漠环境形成的天然遗传屏障，造成塔里木盆地古代人群长期的遗传隔离。研究人员计算小河人群的祖先成分形成时间至少在其183代以前，也就是距今9000年左右。

同时，研究人员采用古蛋白质组技术在牙结石中还发现了小河人群长期大量食用奶制品的证据，加之墓葬中小米以及小麦等考古发现，表明塔里木盆地长时间的遗传隔离并未阻断该地区与外界文化和贸易的交流。

这一研究成果重塑了学术界对新疆以及欧亚草原的人群演化过程的认识，为更加全面系统地还原古人类的起源与进化历史提供重要的遗传证据；同时也阐释了新疆自古以来就是欧亚大陆上多文化交流融合的并存之地，展示了多元一体的中华文化之绚烂多彩。[1]

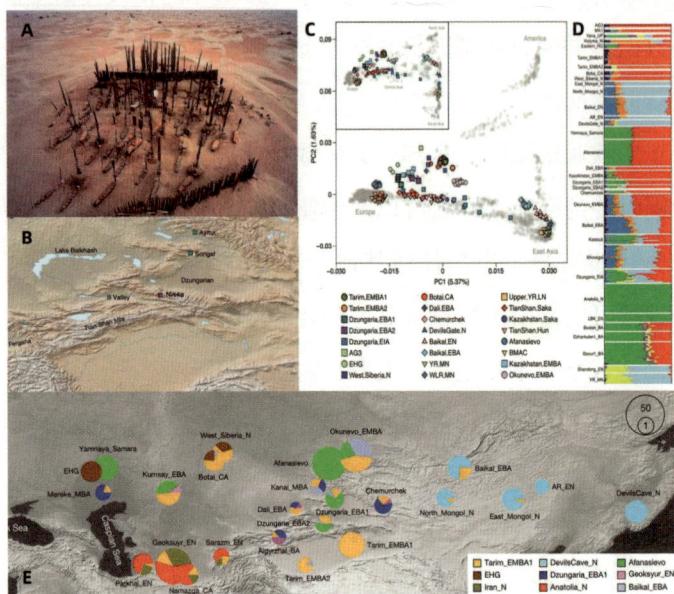

上图 A 研究中的小河墓地的俯瞰图（由新疆文物考古研究所提供）；B 研究中样本采集的考古遗址的地理位置；C 研究中古代个体的基因组数据主成分分析结果（PCA）；D 古代新疆个体和其他古代欧亚人的 ADMIXTURE 图（K=8）；E 欧亚大陆青铜时期以及青铜时期之前的古代人群 qpAdm 分析结果

1　在国家自然科学基金项目（批准号：42072018、41925009）等的资助下，吉林大学生命科学学院崔银秋教授团队与国外合作者利用最新的古基因组技术成功获得了中国新疆迄今最早的古人类基因组数据，在新疆史前人群的起源和形成的研究中取得重要进展，相关研究结果以《塔里木盆地青铜时代古人类基因组起源研究》（The genomic origins of the Bronze Age Tarim Basin mummies）为题，于2021年10月27日在《自然》（Nature）杂志上在线发表。论文链接：DOI：10.1038/s41586-021-04052-7。本书相关论述与图片来自国家自然科学基金委员会网页地球科学部刊发的《我国学者与国外合作者在古人类基因组研究方面取得进展》文章，作者为吕大炜、初航、任建国。

解析新疆维吾尔人的遗传祖源及基因交流历史　新疆地区北连俄罗斯和蒙古国，西临中亚五国，南接巴基斯坦、印度和我国西藏地区。独特的地理位置使得新疆自古以来是欧亚大陆东西方人群的融会之地，也是古丝绸之路的必经之地，在欧亚大陆人群迁徙和演化史上扮演着重要的角色，同时也造就了新疆人群的多样性。居住在中国西北地区的人群历史和来源复杂，大多数人群都在文化、语言、面貌和遗传等多方面表现出不同程度的混合特征，没有例外。其中维吾尔人是新疆人口最多、东西方混合特征最显著、最具代表性的混合人群。

早前遗传学的研究已经揭示了维吾尔人是源自东西方人群基因交流的混合人群，但对维吾尔人的具体祖源缺乏全面认识，遗传学的时间估计也存在较大差异。中科院马普计算生物学研究所徐书华研究员早前的研究估算，维吾尔人人群的东西方祖源混合时间在107—146个世代之前，即2500—3600年前。徐书华的研究分析了涵盖新疆全境的近千例维吾尔人样本的基因组数据，并发展新的计算分析方法（MultiWaver），力图从遗传学角度对维吾尔人的群体结构、祖源构成和人群融合历史做一个较为全面的解析。

维吾尔人人群分布的地理坐标和遗传坐标　新疆的地形特点是"三山夹两盆"，研究发现这条"基因沟壑"并非沿着天山呈东西走向，而是沿着阿尔泰山一路向南，与天山部分重合，穿越南部的塔克拉玛干大沙漠，最终与昆仑山汇合，亦即新疆维吾尔人人群在遗传上呈现为"东—西"分化，或者更精确地讲，东北和西南分化。这意味着天山造成的地理隔离并非导致维吾尔人在遗传上呈现群体分化的唯一因素，后续的分析表明，分别来自东部和西部的基因交流对维吾尔人的遗传背景可能产生了更为强烈的影响。

例如，对新疆西南部和田地区于田县阿羌乡流水村青铜时代墓地出土的18具颅骨的148个颅面测量特征进行了调查，并应用树图聚类分析、主成分分析、多维尺度分析和群体混合比例分析等多元生物统计方法，对于阗样本的17个颅骨测量学参数与新疆周边其他古代样本进行比较分析。结果显示距今约3000年前的古于阗人是欧亚大陆东西方人群的混合群体，且东方人群的贡献比率高达79%。这一研究是迄今首次在塔克拉玛干沙漠南缘的距今3000年前的古墓葬中发现有相当规模的东亚人种成分存在，并得到考古学材料的印证。该项研究重新审视了新疆早期人群的体质特征，推翻了单纯的人群西来说，指出早期有更多的东方人群进入新疆，与其他地区来的人群和谐共处，聚居繁衍。相关研究成果作为特邀论文和封面论文发表在 SCI 期刊 *Chinese Science Bulletin* 和国内核心期刊《科学通报》上 [1]。

维吾尔人的祖源构成　研究发现，维吾尔人人群的遗传成分

1　TAN JingZe, LI LiMing, ZHANG JianBo, FU WenQing, GUAN HaiJuan, AO Xue,WANG LingE, WU XinHua, HAN KangXin, JIN Li, LI Hui. Craniometrical evidence for population admixture between Eastern and Western Eurasians in Bronze Age southwest Xinjiang . *Chinese Science Bulletin,* 2013, 58(3): 299—306. 谭婧泽、李黎明、张建波、傅雯卿、管海娟、敖雪、王玲娥、巫新华、韩康信、金力、李辉：《新疆西南部青铜时代欧亚东西方人群混合的颅骨测量学证据》，《科学通报》2012年第57卷第C2期。

主要起源于欧亚大陆上东、南、西、北四个方位的已分化的人群，大致可以由现代东亚人（28.8%—46.5%）、南亚人（12.0%—19.9%）、西欧人（24.9%—36.6%）和西伯利亚人（15.2%—16.8%）构成。有趣的是，这四种遗传成分比例在东北部和西南部维吾尔族亚群体中呈现显著的差别。来自东部（东亚和西伯利亚）的遗传成分在东北维吾尔族人群中要显著高于西南维吾尔族人群，并随着经度的增加而增加（越往西成分越少），而来自西部（西欧和南亚）的遗传成分则正好呈现相反的趋势。这个结果揭示了来自相邻人群的基因流可能是维吾尔族在遗传结构上呈现"东—西"分化的重要因素。

维吾尔人的祖源演化历史——"混合之混合" 该研究进一步构建了维吾尔人人群的遗传祖源人群混合演化模型。主要可以分为两个阶段：第一阶段是维吾尔族祖源人群的形成：早在5000—5500年前，遗传成分类似于现代东亚人和西伯利亚人的古人群在欧亚大陆东部发生了一次大规模的混合。而与此同时或者稍晚的时间（5000—3750年前），在欧亚大陆西部，遗传成分类似于现代西欧人和南亚人的古人群也在发生着遗传混合。第二阶段是维吾尔人祖先人群的初步形成：当欧亚大陆东西方分别形成了遗传上混合的人群，进一步的东西方人群接触，使得分别携带两种遗传成分的东西方古人群之间再次发生了持续的大规模混合，就此四种谱系全部融合在一起，形成早期的维吾尔人祖先人群（那个时期并没有维吾尔人，甚至也不是一个单一的族群；现在的维吾尔人也可能只是其中一个分支的传承）。后续的人群接触可能是比较连续的，但也可能发生较长时间的中断。

从数据中可以识别的有两次显著的群体融合事件，分别发生在约3750年前和约750年前。这其中，较早的人群混合时间与塔里木盆地发掘出的干尸的考古时间估计有较大的重合。而较晚的人群混合时间与Nick Patterson等的估计比较接近，这表明他们的方法倾向于识别较晚近的人群混合事件。

2017年10月1日，国际知名杂志《分子生物学与进化杂志》（*Molecular Biology and Evolution*）正式发表了题为《解析新疆维吾尔人的遗传祖源及基因交流历史》的文章。该项工作基于覆盖全疆维吾尔人样本的基因组数据，参考全球200多个人群的遗传信息、发展新的计算分析方法，解析了新疆维吾尔人的遗传背景和祖源构成，重构了维吾尔人祖先人群的基因交流和演化历史，同时揭示了欧亚大陆人群始自青铜时代的广泛接触和交流。而且该项研究不仅解析了新疆维吾尔人的遗传结构和祖源构成以及重构了其遗传融合历史，还揭示了欧亚大陆人群自青铜时代就已经有广泛的接触和基因交流，研究结果和方法对了解欧亚人群的迁徙历史和理解欧亚人群的遗传多样性形成机制有重要意义。[1]

总之，维吾尔人与汉族人、蒙古人、哈萨克人、藏族人等存在较大比例的共同基因，也就是说血缘上与汉族等中国主体人群更接近。而土耳其人群与维吾尔人人群反而相去甚远。从国际学

1　文章全文链接：https://academic.oup.com/mbe/article/34/10/2572/3864506/Genetic-History-of-Xinjiang-s-Uyghurs-Suggests.

术界已发表的相关基因成果来看，更直接一些。基因除了反映共同血缘（东亚基因），还可以看出如下方面问题：新疆地理因素影响的丝绸之路西域通道地位显要；维吾尔人与东亚中国各主要人群血缘更接近；维吾尔人与土耳其人血缘（基因）十分遥远，土耳其人其实与亚美尼亚人（即希腊人）血缘更近。

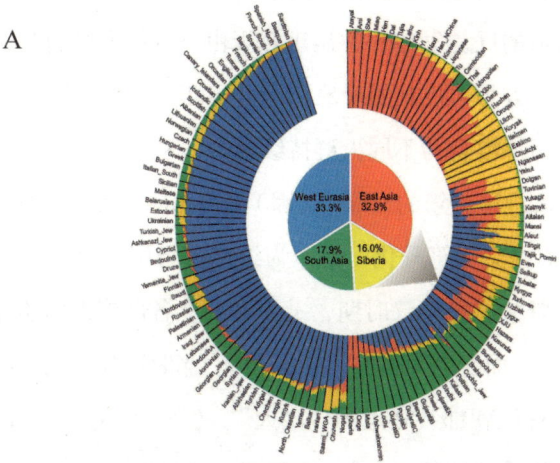

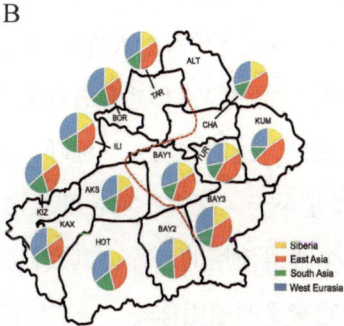

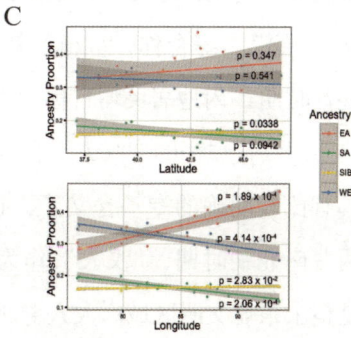

维吾尔人基因比例图示

至于说新疆之于丝绸之路有着唯一性的重要地位，则还可以从血缘（基因）混杂程度来讲。血缘（基因）混杂程度越高、越复杂，说明从古至今不同部族、不同人群混血融合频次极高。这正是丝绸之路这个人类文明各区域不同文化沟通交流大通道的作用与重要性之体现。因为新疆古代丝绸之路通道作为亚欧大陆陆路唯一性交通路线非常重要，会频繁使用，也因为重要，会出现各方势力对这一通道的反复争夺，并出现今天由一方势力控制明天就会变成由另外一方势力控制的现象。因此不断发生大数量、高频次的不同人群血缘混合与不同人群持续融合，从而使得丝绸之路主干道古代新疆地区频繁的血缘（基因）交流与融合现象出现。

"汉人"名称的文化符号化　秦作为统一大帝国的时间虽很短暂，但影响非常大。至两汉时期，北方和西北各部族人们还称汉朝人为"秦人"，而汉朝人自称"中国人"。当时边疆各或游牧或山居部族往往称汉朝郡县之民为"汉人"，但它还不是一个民族概念，它的意思是"汉朝的人"。不过汉时已出现"胡汉""越汉""夷汉"等合称，大概已初具区分不同文化背景人群的意义。魏晋时期，内地居民均自称"中国人""晋人"，但边疆各部族仍然使用汉代惯用的"汉人"称呼。显然，这时"汉人"称呼，已具有比较明确的专一含义了，已然是今天"汉人"称呼的雏形。两晋南北朝时期，"汉人"作为一个普遍使用的名称，其实已经是整个东亚文明区域广大人群所共同接受的通用称呼。

这个时期，东亚核心农耕区域广大人群仍然自称为"中国人"，而汉人这个名称这时已为居于中国文明影响区域的包括农耕、游牧人群在内的所有人共享，汉人真正成为超越胡汉、夷汉、羌汉等名称的汉代中国文化大认同符号。"汉人"这个名词不再具有族群范畴的含义，而是拥有了一种文化和种族熔炉的意义。这是中国文化的第一次世界化影响，也是汉代"天下"思想观念的社会成果。从此中国文明自身拥有了完全不同于世界历史上其他文明的长处，成为世界唯一的上下五千年传承不断的活体文明。

汉代是中国古代历史的第一个黄金时期，初步奠定了中国此后2000多年的大致疆域，也使"天下一统"的观念深入中国人的内心。自秦王朝之后，汉代又一次使中国以稳固强大的帝国面貌登上世界历史的顶级大舞台，并成为当仁不让的一号角色。其标志性的事件就是汉武帝派遣张骞通西域和随之举全国之力大举打击匈奴、经营西域，进而全面控制丝绸之路这个大商道的关键路段——西域。汉代经营西域的直接成效是古代人类文明的快速全球化传播（泛亚欧大陆的文明交流与互动），而主导者就是中国。

丝绸之路的第一次畅通　西汉王朝经营西域的初衷是要断除其主要威胁——匈奴的"右臂"。匈奴代表的草原游牧势力能够长期与中原农耕力量对峙抗衡的主要资本，就是他们控制了西域这个亚欧大陆最关键的文化交流、物流贸易通道——丝绸之路。

这条通道源源不断提供的各类物资、最先进的军事技术产品、向商队课税获得的巨额财富是支撑其对抗中原的物质基础。为了打击匈奴，汉武帝两次派遣张骞出使西域拟联合大月氏、乌孙等国。张骞的出使，几乎完成了西域诸国全面与汉王朝的直接联系，并促成了乌孙与西汉的结盟，极大地削弱了匈奴的军备物资来源和军事动员的财力基础。这也是后来匈奴被迫退出东亚草原这个历史大舞台，不得已向亚欧大陆西部迁徙的主要原因。这类因东亚主体文明区域——中国的压力，导致东亚草原部众大规模西迁，进而全面改变亚欧大陆西部地缘政治格局的历史大事不断发生。它既是丝绸之路的历史作用，也是东亚文明主体中国文明对人类历史的卓越贡献。

自从张骞首次西使归国向武帝报告西域形势开始，西汉通西域的目的，便从单纯的"制匈奴"变为"广地万里，重九译，致殊俗，威德遍于四海"和"致四方异物"的强烈政治、经济、文化要求。笔者认为"张骞凿空""汉武帝经营西域"是西汉王朝控制了丝绸之路主要通道，丝绸之路从而畅通的标志，而非丝绸之路开通的标志，因为丝绸之路作为亚欧大陆东西方文化交流之路早已存在。

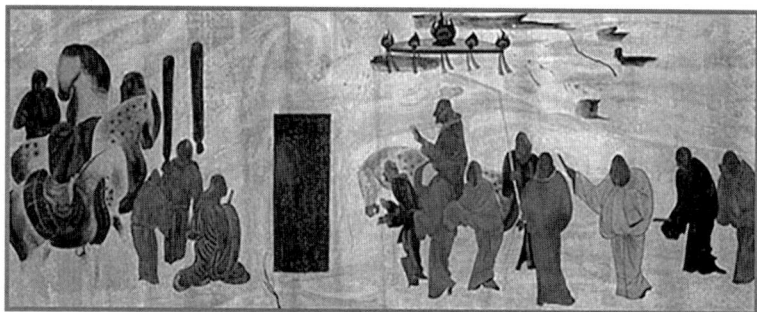

张骞西使图（敦煌壁画）

西域绿洲的世界级影响　中国及其以西诸国或地区通过各种主观努力肃清交通线匪患、地区性势力阻碍等因素，全力打通亚欧大陆大商道，进而获得最大商贸物流利益的有意识活动，最终将各自的主要交通路线互相连接了起来。但是使这条东西交通主干线全线贯通，亚欧大陆各主要文明区域之间能够没有阻滞直接交流局面的出现，则是西汉武帝的创举。直接结果便是出现了一批诸如高昌、楼兰、且末、精绝、于阗、龟兹、焉耆、疏勒等拥有当时世界最好物质、文化物品的亚洲中部中介性国家。在高速世界贸易过程中，这类地区享有世界顶级文化交流、高端精华物流带来的最大利益，地位类似于现代国际社会中的纽约、伦敦、巴黎、新加坡、香港、东京、上海、北京、迪拜等集世界顶级奢侈品、物流、金融、时尚文化为一处的世界性大都市，因而其影响也是世界性的。

张骞两次出使，加上西域各国随之向汉朝派遣的使臣，既使汉朝了解了西域，也使西域了解了汉朝。中国汉代史学家司马迁称张骞凿空（即凿通）了阻碍中西交通的壁垒，现代各国史学家也都把这段大规模的交往，视为丝绸之路畅通的标志。

丝绸之路主干线东起长安（或洛阳），西至东罗马帝国首都君士坦丁堡，全长7000多公里，横贯欧亚大陆。这条东西交通主干线在中国境内约有1700公里。为叙述方便，人们通常把丝绸之路分作三段。即东段：从长安出发，经陇西高原、河西走廊到玉门关、阳关，称为关陇河西道；中段：从阳关、玉门关以西到帕米尔和巴尔喀什湖以东、以南地区，称为西域道；西段：西域道以西，南到印度，西到欧洲、非洲，通常称为中国境外路段。应当指出，在各个不同历史时期，丝绸之路的走向、路线多有变化。每一路段之内，实际上都有几条并行的路线，它们的大致走向和一些主要路段虽然是清楚的，但是由于文献记载的局限和不同历史时期地缘政治形势的变化，局部地区的变化在所难免。丝绸之路各主要路段每一历史时期的实际路线，至今仍是学术界未能完全解决的问题，同样也是正在进行研究的课题。

丝绸之路既是一个文化交流主通道的抽象历史概念，同时还是一个具体的地理概念。地理区域以欧亚大陆为主，中枢地域或说中介地域就是我国古代史籍广泛指称的"西域"。因朝代不同，西域的地理范围也各异。一般说来，我们今天所使用的"西域"有广义和狭义的区别。广义指古代玉门关、阳关以西广大地区，狭义指历史上的新疆（本书所论及的西域地理范围即以新疆为主）。西域是两河、地中海、印度和中国四大文明的交汇地和传播中介，也是中西交通最为重要的枢纽地带。

在中西文化交流史上，汉唐是西域丝绸之路最为辉煌的时期。这一时期，丝绸之路由通过不同区域、种族缓慢过渡的自然交流状态，一举转变为几大文明地区直接沟通的局面。这种局面的出现，极大地推动人类文明发展的同时，也造就了许多璀璨的丝路明珠——文明高度发达的西域城郭诸国。

丝绸之路又称中西交通，所谓中西交通包括以下几层含义：第一，"中"指以中国为代表的广大亚洲区域，"西"指以罗马为代表的西方世界，地域上包括沿途诸国及有关地区。第二，中西交通分陆路和海路两部分，包括陆路和海路交通线的构成及与交通有关的问题。第三，中西方及沿途诸国和地区之间，通过相关的交通路线所进行的政治、经济、文化、艺术、宗教和科技等方面的交往、交流和传播。这种交流在推动亚欧大陆各区域古代文明发展的同时，也共同完成了人类古代文明的发展，并为人类现代文明的产生奠定基础。

第三节　西域与中国古代文化之渊源

西域是华夏文化最重要的发祥地之一。早期交流是从人类文明在亚欧大陆普遍出现之时开始的，诸如小麦大麦种植、牛羊养殖等均从西域传入，可见中国上古时期许多美好的东西都来自西部。

昆仑、天山、河源、天命与西域　昆仑是"帝之下都""百神所在"，是"天下之中"。文献记载的古代中国许多先祖、先王，如轩辕、伏羲、炎帝、黄帝、嫘祖、帝尧、帝舜、大禹等多与昆仑有关。最早记录"昆仑"一词的是先秦典籍，之后历代对昆仑的关注就一直是人文热点。但历代典籍所反映的"昆仑"语源与词语含义均无确切无疑的一致性答案，唯一明确的是"昆仑"是一个伟大的地理名词和一个极为重要的符号性文化名词。

这样的昆仑，早期散布在华夏大地各处，后来逐步向西部集中，逐渐成为西域大山的泛称。先秦时期，人们认为昆仑是天下最高的一座山，在中国的西部，是黄河的发源地。

天山山脉东西长2500多公里，无论是在中亚的西天山还是在中国境内的天山主体，都只有一个名字"天山"。更多的时候使用的是其汉语译音，这一点非常明确地表明天山名称是中国文化的产物。苏联学者 H.M. 休金娜认为："从远古以来就确定下来的名称也无可争辩地证明，中国人是这些大山系的首先发现者。"[1]梳理分析文献资料，我们发现昆仑、天山名称的核心意涵是"天"和天崇拜，"昆仑"与"天山"的名称很可能受到古代中国天命观思想的影响。

　　昆仑的含义　关于"昆仑"一词的含义，学界颇多观点，这里仅就笔者认同和关注的观点做一简述。朱芳圃先生认为："昆仑"即"穹窿"的转音。《尔雅·释天》："穹苍，苍天也。"郭璞注："天形穹窿，其色苍苍，因名云。"故以其高言之，谓之天山，以其形言之，谓之昆仑。[2]吕微先生认为"昆仑"是旋转的"圆"，即是"天"，因而昆仑山也可以是"天山"。昆仑的本义是圆，因此汉语里面，凡是圆的东西，多半可以昆仑名之，比如天。司马光注杨雄《太玄经》云："昆仑者，天象之大。"《集韵》："昆仑天形。"古人称天为穹窿，昆仑乃穹窿音。《太玄经》又云："天穹窿而周乎下，地旁薄而向乎上。"天色为苍，又称苍穹。《尔雅·释天》："穹苍，苍天也。"郭璞注："天形穹窿，其色苍苍，因名也。"邢疏引李巡曰："古时人质，仰视天形穹窿而高，其色苍苍然，故曰

1　［苏］H.M.休金娜著，姬增禄、阎菊玲译：《中央亚细亚地图是怎样产生的》，乌鲁木齐：新疆人民出版社，2012年，第21页。
2　朱方圃：《中国古代神话与史实》，郑州：中州书画出版社，1982年，第149页。

穹苍。"昆仑是天形，穹窿也是天形，天形圆，故名。[1] 至此，可以明确古代"昆仑"有着十分明确的"天"含义。

"天"在中国人观念中，并不是一个抽象词语，而是一个客观的存在。"天圆地方""天似穹庐"之类的认识和想象出现得很早。即"天"就像是一个巨大的圆形存在物，覆盖在地上，一切都在这一空间之内。从高度上看，一切都处于天的下方；从广度上看，整个世界都被天所笼罩。"天"指的不只是大自然的天，它实际上是包括了自然、民众、社会、祖先、世间万物的一种汇聚，代表最高的正义和权威。这直接导致了中国人只有一个"天下"的认识，也致使"天下一家"观念的出现。因而昆仑也就直接与古代中国的国土与主权关联。

远望昆仑雪峰（巫新华 摄）

1　吕微：《"昆仑"语意释源》，《民间文学论坛》1987年5期。

穹窿又可能与"穹庐"直接关联，因为二者皆为圆形。穹庐是中国古代北方游牧人群使用的圆形毡帐，起源与广泛使用应该在青铜时代，文献记载的使用者以我国匈奴为最早。《史记·匈奴列传》："匈奴父子乃同穹庐而卧。"《汉书音义》："穹庐，旃账。"[1]《汉书·匈奴传》："穹庐，旃账也。其形穹窿，故曰穹庐。"《盐铁论·备胡》："无坛宇之居，男女之别，以广野为闾里，以穹庐为家室。"[2]穹庐应该是模拟天形，具有早期宇宙观或哲学观念的色彩，其名称含义均应该与"昆仑、穹窿"关联，表达天崇拜的文化意涵。阿尔泰语系量达语族诸语言中关于"天""日"之词多用"Kun（昆）"作为基础词或词根，比如突厥语族各语言均为 Kun，锡伯与满语则是 Kundurum。目前资料看来，上述昆仑之类词语应该来自阿尔泰语系远古语词，而匈奴的穹庐一名应该早在公元前 5 世纪已经普遍使用。

归纳而言，正因为昆仑是"天"的意思，又是用来命名西域的大山脉，可以说先秦文献所记载的 3000 年前的昆仑，应该泛指西域大山（包括今天新疆的昆仑山与天山），这是由中国早期"天崇拜"文化"天命观"决定的。

汉武帝确定昆仑的意义　2100 多年前，中国历史上"秦皇汉武"之一的汉武帝，钦定昆仑山为西域南山。历史证据如下：《史记·大宛列传》记载："汉使穷河源，河源出于阗，其山多玉石，

1　《丛书集成续编》，台北：新文丰出版公司，1988年，第273册，第137页。
2　（汉）桓宽著，陈桐生译注：《盐铁论》卷七，北京：中华书局，2015年，第382页。

采来，天子案古图书，名河所出山曰昆仑云。"以上记载的意思是，以张骞为代表的汉使出使西域还有寻找黄河源头的任务，汉使发现河源出于于阗大山，而且山中多玉石并采回来汇报，汉武帝根据上古地图和文字记载资料命名西域于阗出玉的山为昆仑。

根据上古文献记载的神话象征，理解"汉使穷河源"，昆仑山必须成为黄河河源所在才能得出合理的解释。这其实一直是长期困惑中国历史地理学的一个问题。"河出昆仑"其实并非一个现代科学的自然地理现象，而是一个古代中国的人文（神话）地理观念，即是说，象征母亲之河的黄河本是源出于帝之下都昆仑。河出昆仑，换句话说，也就是"黄河之水天上来"，天为昆仑，上古中国宇宙观与神话中的天也是母体的表象，是万物的本源，天地（宇宙）开辟的原型亦是女性的生育。因此，作为河源所出，作为通天之山的昆仑不过是指孕育我们人类和万物的母体或母亲。正是在这个意义上，我们可以理解"黄河之水天上来"或为"黄河之水昆仑来""黄河之水天山来"，甚至可以说"黄河之水西域来"。

此后，《汉书·西域传》记载："河有两原：一出葱岭山、一出于阗。于阗在南山下，其河北流，与葱岭河合，东注蒲昌海。蒲昌海，一名盐泽者也，去玉门、阳关三百余里，广袤三百里。其水亭居，冬夏不增减，皆以为潜行地下，南出于积石，为中国河云。"进一步把整个西域南山和葱岭（帕米尔）定为昆仑，强调这里是黄河源头，这样的观点随即成为中国历代王朝正统学说，直至晚清。

这是中国历史上唯一一次，由国家出面确定昆仑山的举措，包含了四个方面的重大意义与文化要点内容：昆仑在西域是西域南山；昆仑与黄河源头直接关联；昆仑和玉石原料直接关联；昆仑所在就是中国天下所至。这是西域历史上的重大事件，具有极为重要和深远的国家主权方面的政治、文化意义与影响。

可以说，这是一次空前绝后的创举，但是绝非汉代张骞凿空之后中国人对亚欧大陆各个主要文明区域重要性的新认识，而是在先秦认识基础上进一步强化和强调了西域，乃至西域南山之重要性。背景是亚欧大陆这块世界最大的地理板块是人类文明最基本的策源地，而西域以及昆仑山是上古世界各大文明区域之间文化交流的主要通道与关键区域。[1]

《穆天子传》记载，周穆王登昆仑，拜谒山上的黄帝之宫，为丰隆（雷神）墓封土，并举行祭祀昆仑山的仪式。类似的记载也多见于《山海经》，那时的昆仑已经泛指西域大山。《穆天子传》《山海经》成书于战国时代，秦穆公平定西戎，西戎大部进入西域，并且经昆仑山、天山、帕米尔西迁。此类文献是上古中国昆仑文化的真实记录，同时很可能主要依据上古时期流传下来的周穆王西巡昆仑的早期历史记载与秦穆公平定西戎所掌握的西域情况，一定程度证明古代西域山河的重要性。如上所述，汉代汉武帝则正式把文化昆仑、神话昆仑、地理昆仑落实为真实的地理学山脉，并将黄河源头也定于此。

1　拙作：《新疆的丝路地位与文化底蕴》，《遗产与保护研究》2015年第1期。

昆仑所在即天下所至，而黄河起源于昆仑山，中原、西域同饮黄河水，天下一家。这既是古代中国的政治思想理念，也是国家的实际政治需要和地理方面的真实发生。再者，随着西域南山确定为昆仑，玉出昆仑也成国家认定昆仑的要素内容。

　　昆仑与玉文化　从远古至今，玉文化传统中的"文化密码"随时代发展而不断发生衍变。从最初的沟通天地之媒介，进而发展成为社会秩序与等级的标志文化，再进一步转化成中国社会的文化传统。这一传统不仅为人们所接受，而且还因为它与过去的联系而被推崇。

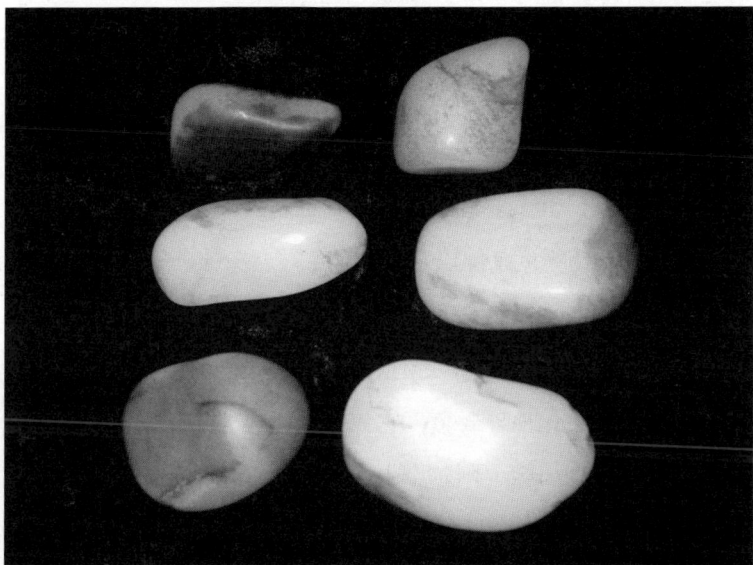

和田玉籽料（巫新华 摄）

玉器在我国的使用不少于9000年[1]，一直被视为沟通天人的神物。而出自昆仑山的和田玉作为具有唯一性玉料地位的"真玉"，其使用已有数千年历史。考古证明，距今4000年左右齐家文化大量使用和田玉，另外不晚于商中晚期，来自昆仑山北麓的和田玉就已经被中原王朝大量使用，中国社会科学院考古研究所发掘的殷墟妇好墓755件玉器中一大部分都是来自新疆的和田玉。之后，儒家以和田玉比德，和田玉因而被赋予了许多文化精神。诸如"宁为玉碎，不为瓦全"的气节；"化干戈为玉帛"的宽厚风尚；"润泽以温"的无私品德；"瑕不掩瑜"的清正气魄；"锐廉不挠"的进取精神等，都与和田玉的物理特性直接关联。

因而，昆仑山和田玉在中国历史上并非仅仅被当作一种地理地貌资源与矿产资源看待，某种程度上也是中国文化乃至国家的象征。和田玉作为中国历代王朝确认的国玉，随着汉武帝钦定西域南山为昆仑，其重要性也被提升到更高的国家治理政治高度和国家认同的文化维度来加以定义。

文化昆仑、地理昆仑　昆仑山分为地理地质构造的山系（地理昆仑）与历史文化山系（文化昆仑）两种不同的山系。中国古代昆仑，是一种文化地理概念，它包括现代地理昆仑山脉、帕米尔高原、喀喇昆仑山脉、阿尔金山山脉、祁连山山脉以及秦岭等大

1　2017年11月22日，在黑龙江饶河小南山遗址发现了数量庞大的玉器，碳-14数据测年显示为距今9000年左右（树轮校正后的年代），为目前我国发现的应用玉器年代最早的考古学文化。

山脉，是一个中国西部高山的集合体，也是华夏大地的中央山系。

现代昆仑山脉：昆仑山略呈向南突出的弧形，西部呈西北走向，在东经82°以东呈东北走向，环峙在塔里木盆地西南方，它的南面有一地形上的稍低下地带同西藏高原和喀喇昆仑山分开，山地长600公里以上，平均宽度为150公里。

昆仑山的西北端紧靠帕米尔，西南部毗连喀喇昆仑山脉，它们彼此连接在一起，在地形和自然条件方面都有很大的一致性和共同性，因此，学术界也将属于亚洲中部范围的帕米尔高原和喀喇昆仑山脉部分与昆仑山脉划分为一个自然地区。这样的划分，恰好与文化昆仑的山系概念形成一致性，成为文化昆仑的西端。

帕米尔山谷（巫新华 摄）

文化昆仑的西端是中国中央山系开始的地方，也是中国西高东低三级阶地地势的最高地，古今大喀什地理范围恰好就在之内，故而也就成为中国文化昆仑天柱所在，也是中国龙脉之首。

昆仑——中国中央山系　从地理学的角度来看，把包括阿尔金山、祁连山在内的昆仑山附近山脉都算进昆仑山系，再向东延伸，把中国中部的秦岭、大别山脉也都囊括进来，重新命名为"中央造山带"或"秦祁昆造山带"。在地理学上，仅就现代的宏观地形区划特征来看，可将它们笼统地称为中国中部的"中央山系"。

地理学上的"中央山系"，关涉地理构造的内涵，是地质运动中的自然巧合，然而这一巨大的地理构造山系却与中国古代文化对昆仑的认识完全一致，我们可以直接把这条连绵的巨大山系称为"中国昆仑山系"，它涉及山脉、水系、交通，以及人类的生存栖息。

早期中国人的生活家园、发展壮大、联络交流大多通过"昆仑山系"实现，对自然和社会的认识，以及世界观、价值观的形成塑造也多是在这个"昆仑山系"地理范围内实现。同时，中华文化成果的向外辐射、影响亦主要通过"昆仑山系"得以完成，亚欧大陆各文明区域的政治、经济和社会发展也是主要围绕这个巨大的山系展开，形成呼应和互动的。由此而言，西域昆仑、喀什昆仑、于阗昆仑之于中国具有无与伦比的文化价值！

2100年前，汉武帝实定西域南山为昆仑。此后"帝之下都""百神所在"，以及中华文化的核心内容与符号等便与西域昆仑关联。

万山之祖、万水之源　亚洲中部范围内的帕米尔高原，是中国传统昆仑山的起始点。帕米尔是亚洲中部、中亚细亚和西南亚山地的总汇，诸如天山、昆仑山、喀喇昆仑山、喜马拉雅山、兴都库什山均在这里交界。完全可以说是内陆亚洲所有大山脉开始的高原，所以号称万山之祖。

喀喇昆仑山—昆仑山地区发育有现代冰川12445条，冰川总面积21194.95平方公里（其中，喀喇昆仑山冰川2991条，冰川面积6295.19平方公里；帕米尔冰川1530条，冰川面积2361.4平方公里；昆仑山冰川7924条，冰川面积12538.36平方公里），占青藏高原中国境内冰川面积的43%。冰川雪线介于海拔5000 —6100米，高差悬殊，变化大，冰川发育形态多样，类型齐全。

这一区域每年补给河川径流的冰川融水有105亿立方米，其中，补给塔里木盆地河流占冰川融水总量的78.6%。其中音苏盖提冰川位于新疆喀喇昆仑山脉乔戈里峰北坡，长约42千米，冰舌长约4200米，面积达380平方千米，估计冰储量不少于116立方千米，是我国境内已知的最大冰川和固体水库。整个喀喇昆仑、帕米尔山地高原地带几乎发源了亚洲腹地所有的大河，故而整个西昆仑是名副其实的万水之源。

文化昆仑与新疆　古代中国人始终而且坚信不疑地认为：通天的昆仑、天山是具有天命意志的神山，是国家与王朝正统性的来源，其起点在西域。汉武帝之前如此，汉武帝之后这种认识更是深入中国文化核心，尤其是统治哲学。这样的观念深远地影响了中国历史数千年。

新疆古称西域，这一名称汉代以前就出现于我国史籍。1757年，清朝乾隆皇帝平定这片土地上的大小和卓叛乱，把这片土地命名为"新疆"，取"故土新归"之意。又以其为新辟疆土而称新疆（其时贵州新辟疆土亦称新疆）。后来新疆建省，新疆一名用以专指，以及我国现在保有西北疆域新疆，应该就是中国河源文化在国家最高政治决策中一次又一次发挥作用的表现。

左宗棠平定新疆，是在清朝内乱四起、外患当头、国力衰微之时倾全国之力竭力而为之大事。在众所周知的原因（海防、塞防）之外，还有一个解释：保住昆仑、天山与河源，保住国脉，维护清王朝皇权天授的道义。

19世纪中后期，东洋、西洋列强坚船利炮全面侵略中国。随着《南京条约》《马关条约》《北京条约》《中俄勘分西北界约记》等不平等条约的签订，列强割占了我国大片领土。

此时期，太平天国始定，各地叛乱蜂起，清王朝的统治受到全面威胁。而新疆则在俄英竞争性蚕食下，面临全面丧失的危机局面。清同治三年（1864），中亚安集延（浩罕）国在英国支持下派阿古柏入侵我国新疆，攻占南路八城，不久又占领了北路的乌鲁木齐和伊犁地区，并于同治六年（1867）悍然宣布成立"哲德沙尔汗国"。1870年，为了达到永远占领新疆天山南北的目的，阿古柏又公然开始在新疆各地征收地税，命令汉回人民一律遵照安集延人的风俗，"光顶圆领"，剪去发辫，改变服装，意味着新疆已是安集延国领地。

此时，沙俄又开始觊觎新疆，1871年7月上旬，俄军越过边境，侵占了伊犁九城地区，"设官置戍，开路通商，晓示伊犁永归俄辖"，并对清政府谎称"代为收复，权宜派兵驻守"。

同时期，日本入侵我国台湾，西北边疆和东南海疆同时告急，引发了清廷一场海防与塞防之争。以李鸿章为代表的海防派坚决主张放弃新疆；以左宗棠为代表的塞防派坚决主张收复新疆。当时，朝廷上下大都支持李鸿章的观点，只有大学士文祥和湖南巡抚王文韶二人支持左宗棠的主张，堪称少数派。而慈禧最终钦断裁决时却采纳了左宗棠的建议，使左宗棠得以率兵西征，两年以内收复新疆失地，并正式在新疆建省，保持了既有国土的不再丢失，一定程度抵御了沙俄、英国对我国土的蚕食，把损失降到了最低。

学界的分析认为，清廷以少数民族入主中原，一直非常注意在蒙古、新疆、西藏等地的治理与管理。新疆不稳会导致其根本动摇。当时左宗棠的战略考虑："我朝定鼎燕都，蒙部环卫北方，百数十年无烽燧之警……是故重新疆者所以保蒙古，保蒙古者所以卫京师……若新疆不固，则蒙部不安，匪特陕、甘、山西各边时虞侵轶，防不胜防，即直北关山，亦将无晏眠之日。而况今之与昔，事势攸殊。俄人拓境日广，由西而东万余里，与我北境相连，仅中段有蒙部为之遮阂。徙薪宜远，曲突宜先，尤不可不豫为绸缪者也。"[1]"若此时即拟停兵节饷，自撤藩篱，则我退寸，而

<hr />

1　（清）左宗棠撰，刘泱泱等校点：《左宗棠全集》奏稿六，长沙：岳麓书社，2014年，第648—649页。

寇进尺。"

李鸿章《筹议海防折》记载："历代备边，多在西北，其强弱之势，客主之形，皆适相埒，且犹有中国界限。"而"今则东南海疆万余里，各国通商传教，来往自如，麇集京师及各省腹地，阳托和好之名，阴怀吞噬之计。一国生事，诸国构煽，实为数千年来未有之变局"。列强凭借船坚炮利实为中国"数千年来未有之强敌"，而中国仍"犹欲以成法制之"，则如患者不论何种疾病皆以古方治之，肯定不能见效。因此他认为"居今日而欲整顿海防，舍变法与用人，别无下手之方"。"揆度情形，俄先蚕食，英必分其利，皆不愿中国得志于西方。而论中国目前力量，实不及专顾西域，师老财痡，尤虑别生他变。"在他看来，"新疆不复，于肢体之元气无伤；海疆不防，则腹心之大患愈棘"。"其停撤之饷，即匀作海防之饷。否则只此财力，既备东南万里之海疆，又备西北万里之饷运，有不困穷颠蹶者哉？"

经过反复斟酌，清廷决定采取海防、塞防并重的方针，一方面任命左宗棠为钦差大臣督办新疆军务，"速筹进兵，节节扫荡"；另一方面任命李鸿章督办北洋海防事宜，沈葆桢督办南洋海防事宜。虽然清廷的倾向性明显是海防重于塞防，但既然确立了"海防、塞防"并重的方针，就不能过分偏重海防，结果不仅实现了规复新疆的计划，而且海军建设开始得到高度重视。所谓筹备海防，主要就是建立近代海军，由于财力确实困难，清政府不能不放弃同时创建三支海军的想法，决定"先就北洋创设水师一军，俟力渐充，就一划三"。1876年4月，左宗棠从甘肃省城兰州移驻肃州。时已入新疆的张曜部屯哈密，金顺部屯巴里坤、古城一带。根据既定方针，左宗棠令刘锦棠率所部湘军分批出嘉峪关，经哈密前往巴里坤，会合金顺所部先取北路。1876年8月上旬，刘锦棠、金顺二部清军从阜康出发，近乌鲁木齐北面重地古牧地。扫清敌外围据点后，用大炮轰塌城墙。18日收复乌鲁木齐。挥军西进，于11月6日占领玛纳斯城。至此，天山北路全部收复。时临冬季，大雪封山，刘锦棠等就地筹粮整军，以待来年进军南疆。1877年4月，收复吐鲁番。5月下旬阿古柏于库尔勒气急暴病而死。10月，刘锦棠部以破竹之势收复喀喇沙尔、库车、阿克苏、乌什等南疆东四城。12月中下旬连克喀什噶尔、叶尔羌、英吉沙尔。1878年1月2日，清军攻克和阗。至此，整个新疆除沙俄侵占的伊犁地区外，全部收复。

1881年2月24日，订立了《中俄伊犁条约》和《陆路通商章程》。沙俄归还伊犁，但割去了伊犁霍尔果斯河以西、伊犁河以北的大片领土。

中国收回了伊犁九城及特克斯一带地方。左宗棠对这一条约表示满意，说"中俄和议，伊犁全还，界务无损。领事只设嘉峪关、吐鲁番两处，此外均作罢论，则商务亦尚相安。吉林俄船撤还，松花江不许俄船来往"。而对曾纪泽也赞扬道："劼刚此行，于时局大有裨益，中外倾心，差强人意也。"

1882年，左宗棠再次向清朝政府奏请新疆建省，提出乘新疆收复伊始和西征大军未撤之威，不失时机地建省设县。这样顺应民心，有利于百废待举，恢复元气，实行切实有效的管理。左宗棠恳切陈词说服了清朝政府，同意着手在新疆建省。时任新疆巡抚的刘锦棠，制订了建省的具体方案。省会设于迪化（今乌鲁木齐市），下设镇迪道、阿克苏道，以下设府、厅、州、县。伊犁仍设将军府，但不再统帅全疆的军政事务，政治中心移至迪化。1884年11月16日，户部奏请添设新疆巡抚、布政使各一人，除刘锦棠任巡抚外，又调甘肃布政使任新疆布政使。从此，新疆省正式建立。

黄河数千来一直是中国文化和王朝皇脉的象征。秦汉以降，寻找黄河源头并加以祭祀，便成为皇权天授、天子正统性的直接体现，为国之大事。自汉武帝起，历代王朝都把黄河源头认定在目

神山博格达（巫新华 摄）

前起源于昆仑山、帕米尔高原山麓，流经塔克拉玛干全境的塔里木诸支流。左宗棠平定新疆其实有着中国历代王朝统治哲学方面的考虑，那就是保住昆仑、天山、河源，保住国脉，维护清王朝皇权天授的道统，以保清王朝万世基业。新疆省的出现与保有便是几千年统治哲学的现实反映。

平定新疆后，随之开展的一次罗布泊地区河源考察也是证据之一。这样来说，古代帕米尔、昆仑山、天山与中国古代文化的发生、发展有着至关重要的血肉联系。一句话：国脉之所系。

经略西域的战略目的　张骞西行之后，武帝强力经略西域，西域之门户大开。系列举措最初目的在于联系月氏，夹击匈奴。

帕米尔石头城（巫新华 摄）

这是西汉经营西域，即《汉书·西域传》所谓"通西域"的特殊目的——"断匈奴右臂"，也是《汉书·西域传》所谓"事征四夷"统治思想的具体反映。这一事件的历史背景是，汉初就已崛起于中国北方草原地带的匈奴一直是西汉政权最大的直接威胁。我国古代历史上北方草原游牧民族政权对中原政权的威胁，是历代统治者必须面对和解决的问题。不仅秦汉如此，自魏晋以至隋唐以下无不如此。

西汉以后历代经略经营西域的目的，首先是打击削弱北方强大游牧政权；其次如《史记·大宛列传》所说"广地万里，重九译，致殊俗，威德遍于四海"；另外还有保持丝绸之路畅通"致四方异物"的强烈经济、文化要求。某种程度上，中国古代只要是有声有色、具有泛亚欧大陆影响力的王朝，无一不以经营西域为重。由此亦说明西域对于中国的重要性。

第四节 西域十字路口——吐鲁番

新疆——亚欧交通关键点，史接千载，路通万里。亚欧大陆唯一四个方向直接连接东亚、西亚、南亚、中亚几大区域的便是新疆。新疆古代文化最大特征为与世界所有著名文明的关联性，亚欧大陆各主要文明的发生、发展取决于东西方文明的相互沟通与交流。作为通道区域的新疆，自然也就成为亚欧大陆所有著名古代文明的通过场所和文明标本保留地，从这个角度看，新疆古代文化可以说是亚欧大陆所有著名古代文明的亲戚。

新疆的极限资源　新疆这个文明关联区域不仅仅是文明的中介，而且实质上推动着各个文明区域文化的发展。甚至也可以说人类近现代文明的产生过程中，新疆这样的文明中介区域厥功至伟。新疆这个"亚洲心脏"既是古代中国人西出的门户，也是横贯亚洲大陆的交通线的连接处，曾经在人类各地古代文明发生、发展中发挥了非常重要的推动作用。

独一无二的文化底蕴和亚洲腹地的地理位置，使得新疆拥有全世界独有的极限特点。首先是自然环境极限：这里有世界最高山峰、最高最大的高原、最大流动沙漠、世界第一旱级、最著名的高原走廊等无数险阻。其次是人文极限：是世界上关联所有人类古代文明的文化中介之地。

新疆具有全球最具特点，最好的人文、自然资源财富。只要新疆人能够眼界开放、胸怀开阔，将拥有文化创新和旅游开发的无限空间。

西域十字路口　吐鲁番正是古代中国经西域沟通西方，以及西方通达我国所必经之地。研究这一地区古代交通路线，对进一步研究西域的交通路线和古代经营西域诸多涉及交通之大事都具有十分重要的意义。同时，这一问题的解决，也对了解围绕这一地区发生、进行的商贸和宗教文化等活动大有裨益。

吐鲁番自古以来便是多民族聚集的地方。仅从这里遗存的用多达22种语言文字（从希腊斜体字到叙利亚文，直至汉文）写成的出土文书来看，不计地区性宗教，仅就长期信仰的世界性宗教而言就有四个：佛教、基督教、摩尼教、伊斯兰教。可以说，这个绿洲的历史、文化充满了国际性。不过，如此丰富多彩的文化面貌中，占主导地位的是由中国精神支配的文化。

几乎没有哪一片绿洲，在文化面貌方面像吐鲁番这样丰富多彩。吐鲁番位于西域东西交通与南北交通的交会点上。从敦煌出发进入西域中道，无论经过楼兰地区还是经过哈密地区，吐鲁番都是必经之地。吐鲁番位于新疆天山东部山间盆地。东邻哈密盆地，东南接敦煌地区；西达伊犁河流域，西南连通焉耆盆地；北越天山沟通天山以北地区。其贯通天山南北的山间孔道自古便是连接天山南北塔里木盆地、准噶尔盆地两大盆地和昆仑山、阿尔泰山两大山系的重要通道。吐鲁番地区是汉代西域北道干线必经之地，同时又有数条道路连通西域南道，地理位置极为特殊。因此，吐鲁番地区自然成为古代西域南北往来、东西交通的要道和十字路口，也就十分自然地成为多种文化的相会地。

吐鲁番的一切历史文化成就，都源于它作为丝绸之路门户重镇的地位，都与吐鲁番沟通天山南北、大漠东西的各条古代交通路线有着直接而密切的关系。以往，吐鲁番的丝路古道成就了车师、高昌、回鹘等辉煌的古代经济文化，留下了丰富的文化遗产；而今，在旅游日益成为各地支柱性产业的经济发展形势下，蕴含无数重大历史事件且形式富于变化的吐鲁番丝路古道应该也能够发挥出相应的经济文化效应。

目前国内外对丝绸之路的关注主要集中于西域（今新疆境内）路段。不同历史时期由于地缘政治形势的变化，丝绸之路西域路段个别地区的交通路线曾发生过由频繁使用的繁荣状态突然或逐渐进入因废弃而失落的境地。吐鲁番丝路古道中的赤亭道（即唐玄奘所走的大碛路）、乌骨道（高昌城通往天山北部最便捷的道路，也是唐代安西都护郭孝恪邀击突厥所用之路）、大海道（吐鲁番前往敦煌最近的道路）、楼兰道（两汉至南北朝时期沟通西域的干线通道，也是最早的丝绸之路）、他地道（交河城通往天山北部最便捷的道路）等就是已经湮没于历史尘埃之中的著名丝路古道。这些古道从天山东部开始，依次相连，顺序向西排列，它们不管现在的境遇如何，都曾在丝绸之路的使用和发展史上发挥过重要作用，也曾为东西方文化交流，乃至人类文明的发展做出过不可漠视的贡献。

以西域历史背景、丝绸之路的沙漠戈壁和天山腹地路线为地理依托，以著名历史人物和重大历史事件为主线索，用探险考察的方法从厚重的历史尘埃中重新发掘出这些失落的丝路古道，向今日世界展示吐鲁番丝路古道昨日的辉煌，一定可以给吐鲁番旅游带来新的商机。

吐鲁番古道的景观特点 吐鲁番的许多古道自从失落之后，就未曾再被人触及。沿着大唐将士和高僧玄奘的足印，在领略大患鬼魅碛（今南胡戈壁百里风区）的大漠孤烟、驼铃悠扬浪漫之同时，感受和体会大海道"常流沙，人行迷误，有泉井，咸苦，无草，行旅负水担粮，履践沙石，往来困弊""四面茫茫，道路不可准记，唯以六畜骸骨及驼马粪为标识以知道路，若大雪即不得行，兼有魑魅"的严酷；还将在乌骨道上穿行山险石粗、危岩壁立、唯通人径、马行多损的深山峡谷；于他地道翻越伸手触天、冰川如练的白山雪岭之时，在天山冷月映照之下，听雪鸡啼鸣，看山羊奔走，欣赏松林如海、涧水凌冽的塞外奇景。

另外，通过追溯吐鲁番的壮美历史，给游客以历史的真实感、亲切感；置身于丝路古道，与古人同行。用探险旅游等特种旅游方式开发这些失落已久的丝路古道，准确把握重要历史人物的经历、重大历史事件的发展过程和对历史的重大影响，十分重要。

可以走近的博格达（巫新华 摄）

第二章 吐鲁番盆地与天山

吐鲁番盆地是东天山中一个完整的山间断层陷落盆地，位于博格达山与库鲁克山（觉罗塔格山）之间。吐鲁番盆地是天山孕育的诸多地貌中最低矮的，也最独特。博格达山平均山脊线约3500米，最高峰5445米。库鲁克山海拔1000—2000米，平均不到1500米。盆地西起东经87°55′的阿拉沟，东至90°10′的七角井谷口，东西长约245公里；北界在博格达山南麓的北纬43°13′，南抵库鲁克塔格山北麓的北纬42°30′，南北宽约75公里，总面积约7万平方公里，封闭性较好。盆地最低点为艾丁湖面，在海平面之下150米，大部分地区海拔不到200米。最高点与最低点的相对高差为5595米。

第一节 吐鲁番盆地

这里在汉唐时期是车师前部、高昌壁、高昌郡、高昌国和西州的所在地，现在行政区包括吐鲁番、鄯善、托克逊一市二县。盆地自天山山麓以下，为宽广南向缓缓倾斜的洪积平原。盆地南部的觉罗塔格非常低矮，海拔高度一般在600—1500米，干燥、少雨、无积雪，山地剥蚀强烈，植被极少。盆地内部为广阔的无植被的戈壁砾石地带，成为流沙和干热风的发源地。

喜马拉雅造山运动以来，这里产生一系列东西向的天山前山带，即盐山—火焰山，并将盆地分隔为二。前山与博格达乌拉之间为一条向斜谷，由天山下来的洪积物质充塞谷底，形成一个位置较高的山间盆地；前山之南为洪积扇和淤积平原组成的低位山间盆地。这里受到新构造运动的影响，强烈下沉，大部降到海平面以下，南部的艾丁湖便成为世界上最低的内陆盆地之一。这个被分隔开来的盆地能保存至今且不被沉积填高，一方面是由于受地质构造运动的影响，另一方面这里气候干旱，沉积物质来源较少，又加以阶梯形式的地形，沉积物大部分停留在盐山、火焰山等前山带以北的高盆地内，低盆地中堆积作用减弱，使这里长期以来保持在海平面以下的位置。这种地势特殊低降的情况，必然会引起一系列特殊的自然现象的发生。例如，这里夏季气温特别高，最高温可达48℃以上。其次，吐鲁番盆地与天山山地之间的高差很大，引起气压梯度的增大，加强了北来气流的强度，强烈的风蚀与风积作用造成了盆地里的风成地貌，给农业生产和交通带来不利影响。

盆地中的这条前山带（盐山—火焰山）包括很多短小的褶皱。鄯善以东为七克台山，鄯善以北为东红山与西红山，鄯善与吐鲁番之间为火焰山（主峰837米），火焰山以西称为吐孜塔格（系维吾尔语 tuztag，意为盐山），一般高出附近地面300—800米。七克台山与火焰山的山坡非常陡峭，不过顶部往往有削平面存在。由于盐山—火焰山这一前山带对吐鲁番盆地的天然分隔作用，盆地内的交通线多因循盐山—火焰山山系的走向而分布。此外，南北向横贯山系的沟谷、山口的自然地理位置对交通线也有影响和制约作用。如盐山大旱沟、火焰山的胜金口、木头沟、色尔克普山谷等俱为盆地内部交通要道。

博格达乌拉与前山带之间的洪积扇，南北宽30—40公里，坡降很大，天山山麓海拔1000米，洪积扇前端降至200米。洪积扇大部分地区为砾石区，唯前端分布着细土质的山麓倾斜平原，新冲积扇往往覆盖在山麓平原上。它包括鄯善、连木沁一带的山麓倾斜平原和位于火焰山与吐孜塔格交叉处的吐鲁番山麓倾斜平原。这些都是吐鲁番盆地绿洲所在地。这种冲击—洪积扇的透水性很强，河流由博格达山流出山口后，迅速转入地下，只有特大洪水才能穿过这个地带。前山带的阻挡，使得这个斜向构造储蓄着丰富的地下水。但埋藏深度较大，只在前山带的北沿有泉水出露，泉水通过前山带成为吐鲁番盆地农业灌溉的泉源。地下水埋藏深度大，加上这里蒸发极端强烈，地表缺乏径流，农业发展在很大程度上受水的限制。当地劳动人民利用吐鲁番盆地阶梯式的地形，开挖坎儿井引取地下潜流解决农业灌溉等方面的用水问题，成效显著。

此外，盐山—火焰山这条前山带，还成为盆地局部气候的分界线，改变了盆地中水热盐分的分布状况，影响着水文植被土壤的演变。山麓两侧分布着广阔的平原绿洲，占盆地总面积的9%。山北为天山山系，古老的山麓倾斜淤积平原形成了鄯善绿洲，由于山体东段不透水断层阻挡，形成一个壅水区和潜水溢出带。这片绿洲由东西狭长的两个种植片组成，西部包括胜金、苏巴什、连木沁等地，东部包括辟展至七克台。胜金口以西，由于火焰山西段的第四纪地层透水，加上火焰山西段北麓不存在壅水区，没有形成绿洲。火焰山南，天山水系通过火焰山口带来的洪积物质形成了巨大的冲积平原。这一平原，因地理位置和地下水位不同而分为吐鲁番平原绿洲带和托克逊平原绿洲带。吐鲁番平原绿洲带西自亚尔乡，东到鄯善的鲁克沁一带，位于火焰山断口附近，地下水位较深，一般为5—20米，地层主要由第四纪中期的壤质沉积物组成，质地疏松含盐量少。这一带气温高热量丰富，是理想的农业区。托克逊平原绿洲位于盆地西部白杨河和阿拉沟造成的冲积扇上。西有阿拉沟、北有白杨河等地面水流入，地下水补给充足，因而地下水位较高，深度一般在3米左右，盐分较高，风害严重。由于吐鲁番盆地特殊的地理构造所致的鄯善、吐鲁番、托克逊三大平原绿洲带，自古便是人们在吐鲁番盆地的主要繁衍生息地，同时也制约人们的生产和活动只能以此为中心而发展。因而，自古以来吐鲁番地区内部的交通线便主要是这三大平原相互沟通的道路，其通往外部的道路也以此为中心向四面八方辐射。

盆地东部是鄯善库木塔格吹积沙丘地，地貌奇特，第三纪地层组成的剥蚀高原上，覆盖新月形沙丘，沙丘高出鲁克沁平原约600米。库木塔格沙丘主要是受西北风（来自达坂城垭口）和东北风（来自七角井）两种风的交互作用形成的。每年春秋两季，达坂城与七角井都经常发生强烈的暴风，这两种风在吐鲁番盆地的东南边缘相遇，使其所携带的沙砾都在库木塔格沉积下来，形成了新月形沙丘，高度一般为10—20米。库木塔格西部地区的沙丘受西风的影响，形成新月形沙丘链，东部受东北风的影响，两种风力相互作用的地区则形成沙垄。虽然库木塔格北部邻近鄯善绿洲，但因沙丘移动性不大，鄯善绿洲并未受到风沙的威胁。

新月形沙丘（巫新华 摄）

吐鲁番盆地因其独特的地理构造，对人们的生产、生活以及交通活动有影响的自然条件有四大特点：

　　平原极度干旱，夏季气候酷热　盆地底部年平均气温11℃—14℃，1月平均 –10℃左右，7月平均29℃—33℃，极端最高温度47.6℃。夏季气温之高在同纬度地区是少见的。大于或等于10℃的年积温达4500℃—5400℃，无霜期250—300天，日照时数3000—3300小时，均创同纬度地区最高记录，对农业生产十分有利。

　　天山南坡河流是唯一水源　平原年降水量为4—26毫米，无法形成径流，水源全靠山区。库鲁克山区年降水量40—50毫米，暴雨只能形成临时性径流，所以库米什（古作"库木什"）所在的谷地被称为干沟。天山中，高山带年降水量100毫米以上，坡度大者能形成小河，共有地表径流量14亿立方米，为盆地地表水和地下水唯一补给来源。盆地内最大的河流是白杨河，较大的还有大河沿河、阿拉沟河、塔尔郎河、煤窑沟河、黑沟河、恰勒坎河、二唐沟河、科克亚河、开尔其河等。

　　大风和干热风是主要自然灾害　低洼的盆地与天山之间高差悬殊，春夏冷暖气团交替频繁，冷暖平流很强。夏季新疆高空是浅槽区，地面受热强烈，气层不稳定，遇到冷空气入侵就出现阵性大风，所以春夏多大风，大风最多的在6—7月，持续长达7—13天，春季亦常有连续多日的大风。干热风有高温低湿、大风低湿和高温窝风（高温为主，通风不良）三种类型，吐鲁番地区三种类型都有，而以干热风为主，干热风又称"焚风"，对农业生产和交通多不良影响，是吐鲁番盆地较为严重的自然灾害。吐鲁番每年有干热风40天，频率60％。托克逊超过40天。从天山后峡沿白杨河至三个泉长约30公里的峡谷，八级以上大风常年多在100天以上，俗称三十里风区。从鄯善红旗坎至哈密了墩之间约100公里的区间，全年大风也在100天以上，俗称百里风区，明代称黑风川，清代称风戈壁。而这两处地方又是吐鲁番东西两面沟通外界的重要通道，风害对交通的影响较大。

山口谷道多　较多的山谷通道，便于南北交通和东西往来，这也是吐鲁番盆地成为中西交通干线上重要枢纽和经济比较发达的一个重要原因。

第二节　十三间房—南湖戈壁

十三间房—南湖戈壁位于吐鲁番与哈密盆地之间，南北两侧地势较高，中间地势低洼，北部天山山麓海拔为1200—1300米，南部觉罗塔格北麓海拔为800—900米，中部沙泉子到沙尔湖一线（在北纬42°50′附近）海拔仅为200—300米。七克台山在此向东一直延伸到东经92°附近，地貌表现已不像七克台那样明显，海拔仅为500—600米的低冈。附近山地没有固定河流流入本区，广大地区仅有临时性降水形成的短小河流。第三纪地层受切割，形成一系列劣性地形，地面十分破碎。由于地形的影响，北部七角井、十三间房天山南北通道一带，常年有大风。据统计，七角井全年大风日为67.8天，年平均风速达4.9米／秒，4月份平均风速更达到13.3米/秒。因此，该区风蚀作用十分明显，三间房到十三间房一带，风蚀地貌极为典型。

该区为吐鲁番、哈密两盆地的连接地，东天山此段海拔不高（1200—1300米），且有横向的低矮山冈，自古便为连接天山南北的交通枢纽地带。库鲁克塔更低（800—900米），自天山隘口"东灌"的北方气流便由此进入南疆，这一带自古就是有名的风区，亦是前面所提及"黑风川""风戈壁"的主要地段。风害对交通的影响至今仍然很大。

第三节　哈密盆地

哈密盆地位于天山最东段和库鲁克塔格（喀尔里克山与噶顺戈壁）之间。在地理构造上，它与吐鲁番山间盆地连接在一起，整个盆地的地势由东北向西南倾斜，发源于喀尔里克山的短小河流携带下来的物质组成山前倾斜平原，山麓海拔1500—1800米，盆地底部为200—300米，最低的疏勒诺尔（沙尔湖）为81米。北部有许多复合的洪积扇，宽约30公里，主要由砾石组成。洪积扇的下部为砾质为主的古老的洪积平原，地形平缓，地下水位一般在5—7米，哈密等绿洲即分布于这种地貌部位。在骆驼圈子、三堡等地，可以看到许多东北向或西北向的谷地和封闭的小盆地，并出现三四级阶地，其海拔为10米、30米，甚达至60米。哈密盆地东通河西走廊，西连吐鲁番盆地，北达东天山以北地区，古来便是中原地区通西域的重要门户。

第四节　噶顺戈壁

噶顺戈壁北为吐鲁番—哈密盆地，南为罗布泊洼地和疏勒河下游谷地。噶顺戈壁本部为一在海拔900—1200米的高原，其间没有高大的山地，大部地区相对高度不足50米。其边缘分布着许多断块山地与断陷盆地。西部为库鲁克塔格、觉罗塔格、焉耆盆地，东南为北山断块山地，山脊突出在准平原之上。噶顺戈壁降水量极小，一般不超过30毫米，地表水和地下水都很缺乏，到处呈现着干旱荒漠的景象。封闭盆地里的一些向心式的干涸河床，只有在暴雨之后才汇集一些暂时性的水流，而且是多年一遇的现象。大部分地区终年盛行东北风，尤以冬春季节风力强劲。噶顺戈壁一般分作六个地貌小区，即库鲁克塔格、焉耆盆地、库米什山间盆地和克孜勒塔格、觉罗塔格残余基底台原、噶顺戈壁本部、北山山地。

库鲁克塔格为南天山向东延续的一个分支，位于焉耆盆地和孔雀河谷地之间，东西长380公里，南北宽40—60公里，西部较窄，铁门关附近只有5公里，地势西高东低，是古代吐鲁番地区与新疆南部地区之间交通必经地带。

库米什山间盆地和克孜勒塔格是位于库鲁克塔格和觉罗塔格之间的山间盆地和荒漠低山带。低矮的山脊分隔着若干狭长的盆地。库米什山间盆地被低山分隔为许多小型的、大致呈东西方向的山间盆地。盆地中大部分为洪积碎石所覆盖，只在盆地中央分

库鲁克塔格一瞥（巫新华 摄）

布着厚层盐壳，在地下水出露地点还出现少数盐沼。库米什—乌
宗布拉克谷地，海拔约700米，南北宽25公里，是吐鲁番盆地通
往焉耆盆地最为便捷的通道。谷地边缘分布着山麓石质平原，与
广大洪积扇。山间盆地边缘透露出稀疏的泉眼，其中以库米什附
近泉水量稍多。本区常年受西北风的影响，山麓洪积扇的砂质被
风吹扬，往往在山的北坡堆积成高8—10米的沙丘。泉水出露地
区的周围则分布着密集的红柳包。

　　觉罗塔格残余基底台原即通常所称之觉罗塔格，位于吐鲁
番、哈密盆地与库米什谷地之间。它是一个不对称的拱形隆起山
脉，北坡泻落在吐鲁番洼地里，南坡短促，隐没在库米什平原。

山地西部一般海拔为1300—2000米，形成宽广的低山残余丘陵和基底台原，向东山势逐渐低减，平均海拔降落到1000—1200米。山地全部为荒漠性质。实际上觉罗塔格是吐鲁番—哈密盆地的南缘，亦是由吐鲁番盆地南行必须穿越之地。

综上所述，本书讨论的吐鲁番地区交通所关涉的地理区域，以吐鲁番盆地为主，同时还包括东天山以北毗邻地区、哈密盆地、库鲁克塔格、焉耆盆地、库米什山间盆地和克孜勒塔格、觉罗塔格残余基底台原等地区。

第三章　吐鲁番史事记略

　　西域与中原王朝的关系，一般认为始于张骞首次西使。正如前文所述，张骞首次西使，目的在于为西汉联系月氏，夹击匈奴。这是西汉经营西域，即《汉书·西域传》所谓"通西域"的特殊目的——"断匈奴右臂"，也是《汉书·西域传》所谓"事征四夷"统治思想的具体反映。这一事件的历史背景是，汉初就已崛起于中国北方草原地带的匈奴一直是西汉政权最大的直接威胁。我国古代历史上北方草原游牧民族政权对中原政权的威胁，是历代统治者必须面对和解决的问题。不仅秦汉如此，自魏晋以至隋唐以下无不如此。

　　这些游牧政权在其能力所及之时都极力控制西域或力图控制西域。个中缘由在于控制西域便等于控制以天山为界的中西交通的草原丝绸之路和绿洲丝绸之路的咽喉路段。巨大的商贸利润和控制者源源不断获得的政治、经济方面的多种精神和物质的补充，又是维持控制者强大军力的有力支持。而自西汉始，中原政权经营西域的目的，除打击削弱北方强大游牧政权和如《史记·大宛列传》所说"广地万里，重九译，致殊俗，威德遍于四海"之外，还有保持丝绸之路畅通"致四方异物"的强烈经济、文化要求。吐鲁番地区因其特殊的地理位置和优良的绿洲自然环境成为我国古代历朝政权经营西域必须控制的目标。

第一节　姑师与车师时期

有关吐鲁番地区历史的最早文字记述始见于《史记》，续见于《汉书》，当时这一地区被称为"姑师"。《史记·大宛列传》有"楼兰、姑师邑有城郭，临盐泽"，表明姑师是一个临近罗布泊，还可能与楼兰为邻的城市国家。

《史记·大宛列传》还记有"楼兰、姑师小国耳，当空道"，此处"小国"，与《汉书·张骞传》的记载相同。所谓"小国"，根据《史记·大宛列传》关于楼兰、姑师皆属"兵少易击"之列的记载，姑师确为人口不多、兵力很弱的偏邦。这样一个小国绝对没有可能直接有效地控制从东天山到罗布泊如此广大的地域，姑师的主要活动地域当为吐鲁番盆地。所谓的"空道"，即西汉通西域的主要道路，也就是沿天山西进亚欧大陆其他区域的主干道路。

姑师的灭亡直接缘于西汉经略西域。西汉初年，匈奴"控弦之士三十万"，力量强大，连年侵扰汉朝边境，严重威胁着汉朝北方地区的安全和生产发展。汉武帝即位，先后对匈奴发动了三次大规模的出击。溃败的匈奴主力不得不退出河套及河套以西地区。但是匈奴依然控制着东部天山，强有力地影响着西域，西域作为亚欧大陆东西方向最大的物流通道，源源不断地向匈奴提供着强大的财力与物力的支持，所以对汉朝的威胁仍然存在。为彻底击败匈奴，根除边患，西汉采取联合西域诸国夹击匈奴的策略。这场斗争中，姑师是争夺的焦点。据《汉书·西域传》记载，当时匈奴在西域的势力以蒲类海为大本营，控制了天山东部地区。此外，匈奴西边日逐王还在焉耆、危须、尉犁间置"童仆都尉"控制了天山南麓一带[1]。匈奴在西域的上述态势与姑师地理位置的作用密不可分。

姑师王城在交河城，控制着吐鲁番盆地及博格达山以北地带。匈奴通过控制姑师，就可以进而制约天山南北各地，西达乌孙；向南到焉耆、危须、尉犁，以及天山南麓的其他地区。另一方面，西域姑师这条通道是确保匈奴控制东西方大商道，获得对抗西汉财力物力支持的关键。所以，此时姑师这条通道，实际上已成为与匈奴安危密切相关的生命线。此外，对于西汉而言，汉王朝若要达到联合西域诸国、断匈奴右臂的目的，也非首先控制姑师不可。由于姑师与匈奴邻接，且当汉通西域的孔道，故只有控制姑师，才能确保汉通西域之路畅通无阻；才能切断匈奴西域各童仆都尉的后援，使其失去立足的基础；让西汉的力量直接出

---

1 《汉书·西域传》记载："西域诸国大率土著，有城郭田畜，与匈奴、乌孙异俗，故皆役属匈奴。匈奴西边日逐王置童仆都尉，使领西域，常居焉耆、危须、尉黎间，赋税诸国，取富给焉。"

现在西域，即出现在匈奴的背后，形成夹击匈奴的态势。如此，对西汉来说，姑师都是"必争"之地。由此而后，吐鲁番盆地对我国历代王朝经营西域的大业而言，都是必争之地，一直未变。

《史记·大宛列传》记载："明年（元封三年，即公元前108年），击姑师，破奴与轻骑七百余先至，掳楼兰王，遂破姑师。因举兵威以困乌孙、大宛之属……于是酒泉列亭鄣至玉门关矣。"自此，拉开西汉为经营西域而与匈奴争夺姑师的序幕。西汉击破姑师国后，姑师分裂为车师前、后部和天山以北六国[1]。车师前国与天山北部的车师后国和其他六国不同，独处天山以南的吐鲁番盆地一带。而"姑师"与"车师"实为同名异译。

根据《汉书·西域传》记载，西汉与匈奴为争夺姑师共进行了五次较大的战役。第一次战役："武帝天汉二年，以匈奴降者介和王为开陵侯，将楼兰国兵始击车师，匈奴派遣右贤王将数万骑救之，汉兵不利，引去。"第二次战役："征和四年，遣重和侯马通将四万骑击匈奴，道过车师北，复遣开陵侯将楼兰、尉犁、危须凡六国兵别击车师，勿令得遮重和侯。诸国兵共围车师，车师王降服，臣属汉。"第三次战役："昭帝时，匈奴复使四千骑田车师。宣帝即位，遣五将将兵击匈奴，车师田者惊去，车师复通于汉。"第四次战役："地节二年，汉遣侍郎郑吉、校尉司马憙将免罪刑人田渠犁，积谷，欲以攻车师。至秋收谷，吉、憙发城郭兵万余人，自与所将田士千五百人共击车师，攻交河城，破之。王

1　《汉书·西域传》记载："及破姑师，未尽殄，分以为车师前后王及山北六国。"

尚在其北石城中，未得，会军食尽，吉等且罢兵，归渠犁田。收秋毕，复发兵攻车师王于石城。王闻汉兵且至，北走匈奴求救，匈奴未为发兵。王来还，与贵人苏犹议欲降汉，恐不见信。苏犹教王击匈奴边国小蒲类，斩首，略其人民，以降吉……匈奴闻车师降汉，发兵攻车师，吉、憙引兵北逢之，匈奴不敢前，吉、憙即留一侯与卒二十人留守王，吉等引兵归渠犁。车师王恐匈奴兵复至见杀也，乃轻骑奔乌孙，吉即迎其妻子置渠犁。东奏事，至酒泉，有诏还田渠犁及车师，益积谷以安西国，侵匈奴。吉还，传送车师王妻子诣长安，赏赐甚厚，每朝会四夷，常尊显以示之。于是吉始使卒三百人别田车师。"第五次战役："得降者，言匈奴大臣皆曰：'车师地肥美，近匈奴，使汉得之，多田积谷，必害人国，不可不争也。'果遣骑来击田者，吉乃与校尉尽将渠犁田士千五百人往田，匈奴复益遣骑来，汉田卒少不能当，保车师城中。匈奴将即其城下谓吉曰：'单于必争此地，不可田也。'围城数日乃解。后常数千骑往来守车师。吉上书言：'车师去渠犁千余里，间以河山，北近匈奴，汉兵在渠犁者势不能相救，愿益田卒。'公卿议以为道远烦费，可且罢车师田者。诏遣长罗侯将张掖、酒泉骑出车师北千余里，扬威武于车师旁。胡骑引去，吉乃得出，归渠犁，凡三校尉屯田。车师王之走乌孙也，乌孙留不遣，遣使上书，愿留车师王，备国有急，可从西道以击匈奴。汉许之。于是汉召故车师太子军宿在焉耆者，立以为王，尽徙车师国民令居渠犁，遂以车师故地与匈奴。车师王得近汉田官，与匈奴绝，亦安乐亲汉。"这段记载，《资治通鉴》卷二五记为元康二年（前64）。

此次西汉与匈奴争夺车师，汉得其民，匈奴得其地。数年后，西汉再次规复车师。"至宣帝时，遣卫司马使护鄯善以西数国……时汉独护南道，未能尽并北道也。然匈奴不自安矣。其后日逐王畔单于，将众来降，护鄯善以西使者郑吉迎之。既至汉，封日逐王为归德侯，吉为安远侯。是岁，神爵三年[1]（前59）也。乃因使吉并护北道，故号都护。都护之起，自吉置矣。童仆都尉由此罢，匈奴益弱，不得近西域。"西汉设置都护负责西域事务，不仅开创了中原王朝统治西域的新局面，而且从此揭开汉民族开发吐鲁番，乃至西域各地的历史序幕。

西汉神爵二年（前60）秋，由于匈奴日逐王降汉，车师完全成为汉的属国。汉始置西域都护，并护西域南北两道。北道因近匈奴，为加强控制，又置戊己校尉在车师前国屯田。《汉书·西域传》记戊己校尉刀护曾遣"司马臣韩玄领诸壁，右曲侯任尚领诸垒"。著名的高昌，西汉为屯军壁，东汉为斥候垒，都是军事设施，魏晋时才渐具绿洲城市规模并成为著名的绿洲国名[2]。高昌一名，最早出现在西汉平帝元始中（公元2年前后），当时也已经成为戊己校尉治所[3]。关于高昌名称的由来，依据《北史·高昌传》记载："昔汉武遣兵西讨，师旅顿弊，其中尤困者因住焉。地势高

1　西汉以郑吉为都护，《汉书·百官公卿表》作"地节二年"，《传赞》同，《帝纪》作"神爵二年"，《通鉴目录》亦作"二年"。郑吉封侯在神爵三年，置都护当在神爵二年。详细论述见黄文弼《高昌史事略》，载《黄文弼历史考古论集》，北京：文物出版社，1989年，第157页。

2　王素：《高昌史稿·统治编》，北京：文物出版社，1998年，第69页。

3　《汉书·西域传》记载："元始中……戊己校尉徐普……召姑句……系之。姑句……驰寇出高昌壁，入匈奴。"

敞，人庶昌盛，因名高昌。"

西汉平帝之后，王莽篡位以后，贬易西域诸王，西域绿洲小国大都叛离。车师投降匈奴。西域与中原的直接联系中断，西汉王朝直接管理车师70余年。

东汉明帝永平年间，匈奴挟持西域诸国共同侵扰河西郡县。焚毁城邑，杀略甚众，以至城门昼闭。永平十六年（73），明帝派大将窦固、耿忠等出居延塞征讨北匈奴，取伊吾卢地。随后班超趁势服鄯善、降于阗，"西域自绝六十五载，乃复通焉"[1]。第二年，窦固、耿秉击破白山，降车师前后王，复置西域都护、戊己校尉，车师与西域诸国遂内属。明帝死后，车师屡次反叛，章帝乃召还戊己校尉，车师与中原的联系再次中断。和帝永元元年（89），大将军窦宪大破匈奴。永元二年（90），窦宪派副校尉阎盘将二千余骑，击破伊吾。永元三年（91），班超平定西域，复置戊己校尉，派兵五百人居车师前部高昌壁。到安帝永初元年（107），西域复叛，车师与匈奴屡次寇扰河西。延光年中，安帝采纳陈忠的建议，派班勇为西域长史，西屯柳中。班勇击破车师，杀车师后王军就，西域复通。近百年期间，西域三绝三通。这以后东汉朝政腐败，宦官弄权，直至汉献帝末年都已无暇顾及西域。

三国时期，曹魏政权直接控制高昌。它以高昌壁为治所，设有西域戊己校尉管理西域事务和对周近地区施加影响。晋初置高昌郡，设太守统领。而车师王居交河城如故。前凉张轨，后凉吕

1　《后汉书·西域传》。

光，及沮渠蒙逊等，割据河西时，皆置高昌太守。这期间，车师自为王如故。后魏太平真君三年（442），沮渠无讳西走鄯善，据有高昌，奉表于宋文帝，拜为西夷校尉，凉州刺史，河西王。高昌有王，自此始。太平真君十一年（450），沮渠安周破车师，车师前部灭亡。

第二节　麹氏高昌、唐西州及以后

北魏和平元年（460）沮渠氏被柔然消灭。柔然立阚伯周为高昌王。北魏太和初年（477），阚伯周死，子义成立，被从兄首归所杀。太和五年（481），高车王可至罗又杀首归，以敦煌人张孟明为王。国人杀张孟明，立马儒为王，巩顾礼、麹嘉为左右长史。太和二十一年（497），马儒上表请求内迁，国人反对，又杀马儒，立麹嘉。由此拉开麹氏高昌王国140余年历史的序幕。

6世纪中叶至唐初，突厥成为统治西域的主要势力。西域诸国中，麹氏高昌王国一直占据着举足轻重的战略地位，它不仅与突厥政权有着密切的关系，而且也是与中原地区交往最多的西域政权。隋末大乱，大碛路不通，西域各国朝贡使臣、商队都经过高昌前往内地，高昌通过垄断商路获得了很大的收益。贞观六年（632），焉耆请求唐朝主持重新开辟大碛路，以方便商旅往来。唐太宗同意了焉耆的请求，但这严重损害了高昌的利益。于是高昌完全投靠西突厥，与西突厥联兵攻破焉耆五城，转而公开与唐朝为敌。

贞观十三年（639）十二月初唐太宗下诏，以侯君集为交河道行军大总管，率领大军讨击高昌。高昌王麴文泰惊惧之下，发病而死，其子麴智盛继位，兵败投降。贞观十四年（640）九月，唐朝完全控制了高昌。以高昌故地为西州，置五县：高昌［天宝元年（742）曾一度改为前庭县］、柳中、交河、天山、蒲昌，并置安西都护府予以统领。高宗显庆三年（658），改置西州都督府，徙安西都护府于龟兹。天宝元年（742）一度改为交河郡，乾元元年（758）又恢复为西州。德宗贞元七年（791），西州失陷于吐蕃。唐王朝实际领有西州计151年。

唐贞元六年（790），吐蕃与回鹘争夺北庭（今吉木萨尔），吐蕃占北庭。随后，攻占西州。吐蕃与回鹘对西州进行了长年反复的争夺，最终回鹘控制了西州。唐咸通七年（866），北庭回鹘仆固俊克西州，建立以高昌为中心的高昌回鹘王国，国都高昌城，史称"西州回鹘"或"高昌回鹘"。高昌回鹘先后臣属于辽、宋、西辽。元太祖四年（1209），高昌回鹘归附蒙古。高昌回鹘王国称为畏兀儿王国，保留亦都护王治。

元太祖二十年（1225），成吉思汗分封诸子，高昌亦都护保持原辖地。至元十一年（1274），元朝于畏兀儿地置断事官。1275年，察合台汗国汗都哇与海都联兵反元，率兵十二万，围攻火州（高昌古城）长达六个月。畏兀儿亦都护火赤哈儿的斤将其女送于都哇，叛军解围而去。之后，都哇又围攻火州。火州陷落。火赤哈儿的斤退守哈密，哈密随之被攻陷。火赤哈儿的斤战死，其子纽林的斤率部东奔甘肃永昌。高昌回鹘王国名存实亡。至元十五年

（1278），元在畏兀儿地初设提刑按察司，1281年撤销。至元十七年（1280），置交钞提举司，专理至元钞发行和管理。至元二十年（1283），设火州宣慰司，掌管军民事务。大德三至六年（1299—1302），都哇控制了火州。大德十年（1306），海都之子察八儿向元朝投降，叛乱告终。火州归元朝直接管辖。至顺元年（1330），元朝复立总管府于火州。元末，吐鲁番分为柳城、火州、吐鲁番三部，皆设万户府达鲁花赤，吐鲁番地名第一次出现。至正七年（1347），东察合台汗国攻占吐鲁番、火州、柳城。吐鲁番、火州、柳城臣属东察合台汗国，并朝贡于明王朝。明正统十三年（1448），吐鲁番地面也密力火者吞并火州、柳城，称王，王都安乐城（今吐鲁番市东郊安乐故城）。成化二十三年（1487），阿黑麻在东察合台汗国东部的吐鲁番称汗，建都吐鲁番（安乐城）。隆庆四年（1570），臣属东察合台汗国的叶尔羌汗国占领吐鲁番，吐鲁番属叶尔羌汗国。

清康熙十七年（1678），准噶尔汗国曾一度控制吐鲁番，与清朝反复争夺。雍正十年（1732），准噶尔进攻吐鲁番，额敏和卓不敌，率部八千余人迁入甘肃瓜州（今甘肃安西）。乾隆二十年（1755），清平定准噶尔，吐鲁番属清王朝。乾隆二十一年（1756），额敏和卓率部迁回鲁克沁（今鄯善县鲁克沁）。乾隆二十三年（1758），清封额敏和卓为郡王。乾隆二十四年（1759），清置辟展（今鄯善县城）办事大臣及同知，隶甘肃布政司。建吐鲁番六城：辟展（今鄯善县城）、吐鲁番城（今吐鲁番市东南）、鲁克沁、色更木（今胜金）、哈喇和卓、托克逊。办事大臣驻辟展。设办事大臣后，吐鲁番军府制与扎萨克制并行，扎萨克由郡王担任。乾隆三十六年（1771）设辟展巡检。乾隆四十四年（1779），辟展办事大臣改为吐鲁番领队大臣，及同知，移驻广安城（今吐鲁番市老城），行政中心移至今吐鲁番市。同治九年（1870），浩罕汗国阿古柏侵占吐鲁番、辟展、托克逊各城，在各城建回城。光绪三年（1877），清收复吐鲁番、辟展、托克逊。光绪十年（1884），新疆建省。吐鲁番直隶厅成立，辖今吐鲁番、鄯善、托克逊范围。光绪二十八年（1902），辟展巡检改置为鄯善县，隶属吐鲁番厅。民国时期，扎萨克制废弃。

关于汉唐时期吐鲁番地区在中西交通中的地位和作用，《史记·大宛列传》记载姑师虽为西域小国，却"当空道"，控制着西汉通西域的交通要道，其地理位置具有极为重要的战略意义，所以，武帝经略西域便要首先控制姑师[1]。《汉书·西域传》总序以车师为北道起点，更为充分地反映出西汉王朝对车师的重视，以及

1　《史记·大宛列传》："楼兰、姑师邑有城郭，临盐泽。""楼兰、姑师小国耳，当空道，攻劫汉使王恢等尤甚。""遣从骠侯破奴将属国骑及郡兵数万，至匈河水，欲以击胡，胡皆去。其明年，击姑师，破奴与轻骑七百余先至，虏楼兰王，遂破姑师。"另外，关于姑师还有《汉书·西域传》记载："及破姑师，未尽殄，分以为车师前后王及山北六国。"汉武帝之前，姑师辖地包括车师前后王，以及且弥、卑陆、蒲类等地。车师前王辖地与今吐鲁番地区大致相当，史书记载中的车师也大多专指车师前王辖地，即今吐鲁番地区。与汉朝交涉最频繁的也是车师，因而，《汉书·西域传》有车师传，没有姑师传。

车师在西域交通方面举足轻重的作用[1]。《后汉书·西域传》则已明确点明了车师前部为西域门户的交通枢纽地位[2],《隋书·裴矩传》肯定高昌不仅是西域之门户、中道的重要枢纽,而且还是西域南北中三道诸国南北交通路线的枢纽[3]。至唐代,西州作为中西交通主要路线和西域内部交通重要枢纽的地位更显突出。因此,唐王朝进一步利用西州优越的地理位置,把西州发展成为其经营西域的进可攻退可守的大本营,从而,使西州内外交通路线在西域交通网络中占有十分重要的地位。此后,吐鲁番地区作为西域交通关键枢纽的地位一直延续至今。

第三节　天山的历史意义

亚欧大陆中部这个人类古代文明交流的中介区域,主要是辽

1　《汉书·西域传》记载:“自玉门、阳关出西域有两道:从鄯善傍南山北,波河西行至莎车,为南道;南道西逾葱岭则出大月氏、安息。自车师前王廷随北山,波河西行至疏勒,为北道;北道西逾葱岭则出大宛、康居、奄蔡焉。”

2　《后汉书·西域传》记载:“自敦煌西出玉门、阳关,涉鄯善,北通伊吾千余里,自伊吾北通车师前部高昌壁千二百里,自高昌壁北通后部金满城五百里。此其西域之门户也,故戊己校尉更互屯焉。”

3　《隋书·裴矩传》记载:“发自敦煌,至于西海,凡为三道,各有襟带。北道从伊吾,经蒲类海铁勒部突厥可汗庭,度北流河水,至拂菻国,达于西海。其中道从高昌、焉耆、龟兹、疏勒,度葱岭,又经钹汗、苏对沙那国、康国、曹国、何国、大小安国、穆国,至波斯,达于西海。其南道从鄯善、于阗、朱俱波、喝盘陀,度葱岭,又经护密、吐火罗、挹怛、忛延、漕国,至北婆罗门,达于西海。其三道诸国,亦各自有路,南北交通。其东女国、南婆罗门国等,并随其所往,诸处得达。故知伊吾、高昌、鄯善,并西域之门户也。”

阔的干旱沙漠和广袤的干旱草原。无垠的沙漠这里只有面积很小的星星点点绿洲，广袤的干旱草原则是游牧人的生活舞台。天山山脉，就是亚欧大陆中部这个广阔无垠极度干旱和荒漠化大地表面地壳隆起的一个大褶皱。天山的存在以及它涵养的水源、滋养的植被是亚欧大陆东西方古代交通得以大规模进行的基本保证。

天山是亚欧大陆最大的山系之一，横亘在亚洲腹地，东西向绵延于准噶尔盆地与塔里木盆地之间，是沟通亚洲大陆东西方向天然的一道地理桥梁。东西长约2500公里，南北宽度为250—350公里。天山在我国新疆境内部分长达1700公里，通常较高的山峰海拔在3500—4500米，但是山结处可以达到5000米以上。汗腾格里地区是天山最大的山结，其次是玛纳斯河流域上游的伊林—哈比尔尕山结。整个天山地区很多山峰高度都在雪线以上，天山雪线海拔一般变动于3500—4500米，北天山雪线比南天山低数百米。

天山主体位于新疆，新疆面积达160多万平方公里，约占全国总面积的六分之一，是亚欧大陆的中心区域，古代西域的主体部分。全区因中部巍峨天山的耸立，地形多样，气候异致，物产丰富。地形方面，新疆高山与盆地截然分界，形成明显的地理单元。巍峨高大的天山山脉把全新疆分隔为南北两部。北部在阿尔泰山与天山之间为准噶尔盆地，南部在天山与昆仑山、阿尔金山之间为塔里木盆地。三大山系与两大盆地大致都沿纬线方向伸展，影响了自然条件的各个方面，也制约着人们在这一地区的生产、生活等各种重要社会活动。

天山最东端的喀尔里克雪山（巫新华 摄）

天山与阿尔泰山、昆仑山最大的不同在于它具有相当广大的断块陷落盆地和谷地，其中吐鲁番、哈密盆地便是典型例子。无论山地还是盆地，它们的走向都受到北西西、北东东两组主要大地构造方向的控制。具有这两组方向的诸山脉与介于其间的菱形盆地是天山大地形的主要特征。

1. 天山山脉的自然地理特性

天山山脉从被称为世界屋脊的帕米尔高原北端向东一头扎进亚洲腹地中心区域的茫茫沙漠荒原之中，把世界上极为干旱的这个地方一分为二，形成一道连接亚洲东西的大陆桥。以天山的最高峰海拔6000多米的汗腾格里峰为首，其他诸如度斯梅干乌拉、博格达、喀尔里克等山脉并肩形成一个巨大的地理屏障。汇集众多峡谷溪水的河流在天山山麓两侧荒漠中形成大小不等数量不一的绿洲，成为这条巨型山脉身侧涵养生命孕育文明的绿色宝珠。

新疆主要山脉的雪线、永久积雪区和现代冰川的分布，随着其气候条件和山文条件的差异而各有不同。山脉所处纬度、位置、高度、迎背气流、日照强度也均有影响。惯常的情况是纬度高的，气候寒冷，雪线海拔低；反之则高。山地迎背湿润气流对于雪线、永久积雪和冰川的分布起着巨大的作用。新疆主要湿润气流来自西北方（以北冰洋为主），它几乎影响着全境。除喀喇昆仑山以外，其他山地冰雪、降雨分布情况都与西北气流有关，其中天山尤为表现突出。就天山而言：①雪线纬度降低，降水量较为丰富；②迎向湿润气流的北坡山地雪线海拔低，降水量较为

西天山古墓（巫新华 摄）

78

丰富，永久积雪区分布面积较广，背向湿润气流的南部山地则恰恰相反；③同一山脉的西段，降水量丰富，雪线低，而东段正好相反。

山文条件方面，山地的高度、坡度和其他地形条件对永久积雪分布区起着直接的决定作用。天山之外的其他山地或者本身降水量就少，或者虽然降水丰富，但是大部分山地海拔低于雪线，冬季降雪春季全部融化，永久积雪区域面积十分有限。天山由于其横拦气流，山区有较多的降水，而其高出雪线以上的山地面积广大，因而永久积雪和冰川规模就亚洲中部这个地理区域相对而言最大。

天山永久积雪区和冰川规模相当巨大，并在几个围谷区形成冰川作用的中心，最大的是汗腾格里山地，其次是伊林—哈比尔尕山地和博格达山地等。天山雪线的海拔在东段和西段，南坡和北坡均有显著差异。

由于以上特点，从帕米尔山结开始向东延伸2500多公里的天山，接纳和拦截来自北冰洋方向的水汽，其北坡形成了连绵不断的垂直分布绿色植被带。海拔1000米左右的山前地带是广阔的旱地草场；海拔1200—3000米是密集的天山雪松针叶林带和其中的林地草场；海拔3000—3600米是大面积高山草甸。因而在亚欧大陆腹地出现了一条3000公里的丰美水草分布带，保证了亚欧大陆人类文明开始以后各个阶段东西方向大规模人群迁移和大型商队运输的水草供给。山涧河流则又把绿洲远远地带向干旱盆地的深处。天山垭口以及低矮的地方也成为南北方向的便捷通道。

由于来自遥远的西伯利亚北冰洋气流，越过天山的水汽极为有限，所以天山南部山坡和谷地之间极少看到大面积的绿色的树林。其南面则隔着极度干燥的塔里木盆地，与作为青藏高原北界蜿蜒起伏的昆仑山高大山系相对，更无点滴水分补充。南部天山就像一个在亚欧大陆流浪了千万年的浪子，裸露着千沟万壑的干燥山体，赤体耸立于戈壁和沙浪之中。站在遥远的绿洲，人们经常可以看到天山山脉巍峨峰顶上的万年冰雪，可南部天山无数山峦中被大自然镂刻出无数千奇百怪的峡谷，却常常是干涸的。虽然每年都有融雪或解冻的水流过这里，但除了极少的时期，大多数时候都是干河。然而这些汇集了无数峡谷溪水倾泻下来的南部天山河流，大多是流到山麓，在靠近山脚下的沙漠时便立即被干燥的沙粒所吸收而失去了河道。这就是所谓的"没有归宿的河流"，不过在它消失的沙漠中却形成了绿洲。

　　山南没有山北绵延不断的绿色植被分布带。但是冰川河流由西向东每间隔一段距离便会形成一片片河流滋养的绿洲，而少数几条河流汇集而成的塔里木河东西方向长达1000多公里。不管是沿河而行，还是沿绿洲长途旅行，同样都能够得到水草保证。天山也就成为亚欧大陆中部这块远离海洋的干旱区域最大的古代交通"高速公路"。而与吐鲁番古代交通关系最为直接的是东天山。

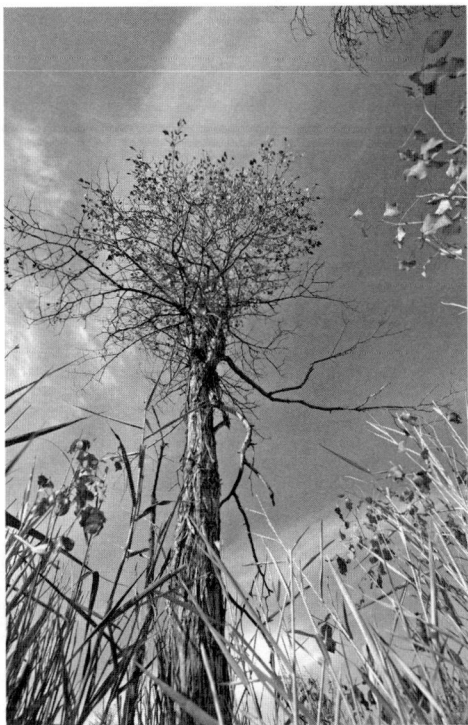

绿洲冬季的胡杨（巫新华 摄）

2. 天山山脉的历史意义

人类文明从远古时期开始一直到近代，基本都是在亚洲大陆的东西两端的一些区域较为发达。在那里，曾经分别产生了中国文明、印度河文明、地中海文明、美索不达米亚文明、古埃及文明等许多著名的古代文明；出现过波斯帝国、马其顿帝国、罗马帝国、奥斯曼帝国等地跨亚欧的世界性大帝国；还出现了佛教、祆教、基督教、摩尼教、伊斯兰教等影响巨大的宗教。这些宗教向东西方传播最为重要的地理通道就是天山，这样的商贸物流、思想文化传播给予亚欧大陆各区域主要文明的成长发展以极大的影响。

大商道　长龙一般的天山南侧多数孤立的绿洲和天山北部的绿洲、草场，在历史长河中被亚欧大陆各区域文明以贸易通道、军事路线、宗教思想传播线路相互联结了起来。而这样的交通在天山南北两侧的荒漠、绿洲、河流、草场中所留下来的痕迹便是商队、僧人、军人、部落的迁移之路。向西，与天山南北的绿洲群分别相连的两条大商路，在西部与帕米尔以西的古代商业网络联结了起来，沟通着印度、伊朗、西亚、欧洲和非洲东北（埃及）。向东，则从喀尔里克雪峰两侧天山东端直接向东经过马鬃山进入蒙古高原东部；折转向东南则进入河西走廊，进而到达中原和蒙古南部。

由于亚欧大商道的存在，荒漠绿洲本身也就起了变化，即它不仅改变了早期绿洲农牧业各半的社会经济形态，使之主要转向农业，并同时最大限度地增加了贸易的因素。绿洲因而展现出中转市场的性质，并起到了商队驿站的作用。大型绿洲内的城镇、村落，呈现出商业都市的面貌。来自亚欧各文明区域最好的物流贸易所提供的商业利润推动了各个大型绿洲地理单元的财富积累，使其变成了绿洲商业小国。随着亚欧大陆东西各文明区域商贸文化交往的不断加深，各大文明区域的优良文化从各个方面渗入了绿洲文化，使绿洲小国的文化变得丰富多面。绿洲居民并不是单纯的农耕人群，而兼有商业居民的性质，甚至在一些特定的历史阶段，比如汉唐时期，花剌子模的粟特人就是亚欧大陆最好的商人。

商道与天山　回顾亚欧大陆主要物流贸易通道上西亚及阿拉伯、伊朗绿洲的历史，与天山各地绿洲极为相像。可以说亚欧大陆绿洲的发展与大商道关系密切。

天山正式进入中原王朝的视野开始于公元前2世纪，汉武帝派遣张骞出使西域。此时，排列在天山山脉山麓的诸多荒漠绿洲大都已经发展成为绿洲商业都市，并分别出现了自己的土王，号称西域三十六国。这些绿洲小国的通商活动非常活跃，随着西汉王朝强力介入西域天山南北两麓，商道大通，过去各方势力各自控制一段，亚欧大陆大商道由各个自然单元转手贸易的历史全面改变，进入有史以来最为畅通的时期。

天山山脉横亘在亚欧大陆腹心地带，以其2500多公里东西向的延伸成为古代商队、行旅仰望的永恒路标。这一点极其伟大，在人类文明史上确实是无与伦比的。亚欧大陆东西两端各地千里跋涉而来的商队一旦进入亚洲腹地，大多数时间都身处茫茫戈壁沙漠之中。只有那些分散排列在天山山麓的绿洲群，是商旅们休养身体、补充驼队给养的生命之岛。沙海中一片片绿洲有如大洋中连续的孤岛，形成链条来决定东西方交通线。在这种情况下，天山山脉完全可以被看作亚欧大陆古代交通的生命线。

文化与天山　同样的情况在文化方面也可以看到。就拿宗教来讲，产生于南亚印度的佛教，产生于中亚的拜火教与摩尼教以及产生于欧洲，从遥远的西亚安纳托利亚流传过来的基督教（景教），还有产生于阿拉伯半岛的伊斯兰教（回教）等，大多数时候也都是与商队一起进入并影响到这一地区。当然，其中也因贸易关系在进入该地区后被逐步接受或扩大影响。这样的文化交流，使绿洲各国的文化开始丰富多彩。同一时间，文化传播并未停下脚步，而是马不停蹄地一直奔向东亚文明核心区——中国。同样，来自东方中国的文化和丝绸等诸多珍贵时尚高档物品也源源不绝地向西运送。

唐代高僧玄奘在其《大唐西域记》序言中记述："赡部洲地有四主焉。南象主则暑湿宜象，西宝主乃临海盈宝，北马主寒劲宜马，东人主和畅多人。故象主之国，躁烈笃学，特闲异术，服则横巾右袒，首则中髻四垂，族类邑居，室宇重阁。宝主之乡，无礼义，重财贿，短制左衽，断发长髭，有城郭之居，务殖货之利。马主之俗，天资犷暴，情忍杀戮，毳帐穹庐，鸟居逐牧。人主之地，风俗机慧，仁义照明，冠带右衽，车服有序，安土重迁，务资有类。三主之俗，东方为上，其居室则东辟其户，旦日则东向以拜。人主之地，南面为尊。方俗殊风，斯其大概。"玄奘所表现出来的唐朝中国人的世界观，极为精彩。把亚洲分为象主、人主、马主和宝主四国。象主之国为南亚次大陆印度，人主之国为东亚中国，马主之国为天山北部游牧地带，而宝主之国则指天山南北两麓的绿洲区域。玄奘如此解释宝主，"有城郭之居，务殖货之利"，清清楚楚地表现出中亚天山绿洲的亚欧大陆区域性中介特性。

这样的商贸活动，并不限于中亚绿洲居民，草原游牧人群也非常重视商贸。二者都与东亚中国、南亚印度、伊朗高原、西亚两河流域以及欧洲来往密切。但是天山并没有隔绝山南山北的各种沟通来往。中国古代文献中有大量关于匈奴、突厥等游牧人群和西域诸绿洲小国进行各类活动的情况。作为中亚两种自然环境天然界线的天山山脉，对山北的游牧民族来说起到了将其政治势力推向南方的作用，而对山南的绿洲民族来说则是通向北方进行贸易的道路。

此外，天山山脉，还有一个不能忽略的作用，那就是引导草原游牧人群流入绿洲，并使之转变为绿洲农业居民[1]。以本书的研究目标地吐鲁番为例，公元9世纪，建立在蒙古高原的回鹘汗国崩溃之际，四散而去的回鹘部众中的一部分，逃往天山北麓的别失八里，不久，他们顺着天山博格达山系山谷通道，武力占据了博格达山南麓的陷落谷地吐鲁番盆地。随后，这部回鹘人在吐鲁番绿洲定居下来并转变为从事农耕和商业贸易的绿洲居民。再有就是元朝时期金帐汗国、察合台汗国相当多部众最后融入天山南部的喀什噶尔、叶尔羌、于阗等绿洲。

有趣的是，从天山北部迁入绿洲地带的游牧人群会转入定居的农耕生活，而隔着这条山脉游牧的人群却鲜有改变。天山在相当长的历史时段里都是绿洲与游牧两种社会生活形态的分界。

在天山山脉的庇护下，数千年来亚欧大陆东西方文化交流以及天山南北农耕、游牧两种社会生活形态的交互影响得以持续。

---

1 ［日］松田寿南著，陈俊谋译：《古代天山历史地理学研究》，北京：中央民族学院出版社，1987年，第112—128页。

实际上，亚欧大陆东西交往以及南北往来都有赖于天山，它是古代亚欧大陆所有交通通道中最大也最重要的枢纽型"十字路口"。

争夺天山　天山作为亚欧大陆最大和最重要的商贸物流通道，从人类文明东西方交流开始便成为各方势力的争夺目标。之所以这样，是因为控制了天山，其实就等于控制了丝绸之路这条亚欧贸易的最大商道。争夺者主要是亚洲中部草原地带的游牧部众势力与中原的汉人势力。

中国历史上，从西汉至东汉以迄北魏、隋、唐、宋、元、明、清，历代中原王朝都顽强地从政治上进入西域。而另外一个方面，以蒙古高原为代表的草原游牧势力，在匈奴之后接二连三地企图控制东部天山，并图谋从这里进而全面控制西域。

中原王朝经营西域主要就是依靠文化影响力和武力，把天山北部的游牧部族势力从天山以北驱逐出去，把中亚绿洲诸国天然形成的东西贸易道路控制起来。实际效果前文已经提到过，那就是通过商贸大通道以合适的价格获取亚欧大陆其他文明所在区域最精华的物质、精神产品，也以我方最合适的价格把自己的优势产品销售出去，不言而喻地直接得到经济、文化利益。此外，一定要说明的就是限制和削弱北方区域游牧部众的势力。因为中亚商贸大通道是游牧人群最大的财力、物力、人力来源。汉朝的西域都护府，唐朝的安西都护府、北庭都护府等都是这种活动的结果。

只要东方主体文明势力顺利地在西域开展这种活动，东西贸易大商道百年畅通无阻，亚欧大陆各文明区域之间的商贸便更加蓬勃地发展起来了。与此同时，也出现了派往西域屯田的士卒以及其他诸如商旅、流民等人员在当地大量定居下来的现象，中原汉文化的影响便超过所有文明区域的文化影响，而成为主流文化。这种倾向表现得最明显的地方便是东部天山南麓的吐鲁番盆地。

沿天山山脉展开的亚洲腹地作为连接亚欧东西方的通道，还可以说是世界历史发展的中心。这个区域犹如人体动脉一般把古代中国、阿富汗、印度、阿姆河和锡尔河地区、伊朗、伊拉克、叙利亚、土耳其等地区连接起来，并使之相互依存地发展起来。另外，它还是东西方文明交流的桥梁。出现在这个地区各地的文化，或经民族迁移（包括战争），或依靠商队、宗教传道者传播至东西方各地，同时又不断接受着各种不同的文化，促进了各地文明的发展。

关于这个亚欧文明大陆桥的重要性，我们还可以从人和物两方面加以说明。来往于这一地区的古代人物，著名的有张骞、甘英、法显、惠生、玄奘、慧超、马尼亚赫、蔡马库斯、耶律楚材、长春真人、常德、柏郎嘉宾、罗伯鲁、马可·波罗等。除此之外，往来不绝的，人数最多的还是那些为寻找理想家园而千里迁徙的族群和不畏艰险逐利往来的商人，以及那些为了信念而万里奔波的传道者。当然，也还有大量的使者、工匠、士兵也曾来往于这这一地区。

物的方面，指的是来往于此地的东西，包括物质文化与精神文化两种。诺音乌拉、楼兰、尼雅、吐鲁番和叙利亚的帕勒米拉出土的汉锦，中国各地出土的玉器，罗马的玻璃和金器，伊朗的银制品、犍陀罗和克孜尔，以及敦煌的佛教美术、中国制造的纸张与陶器、都兰出土的波斯锦等。这些东西无论哪一件都是那样的细腻与华丽，都是亚欧历史与文化的写照。

连接亚欧大陆东西方的古代交通路线被称为丝绸之路，它通过亚洲腹地即中国西域的路线一共有三条。串联天山南北各绿洲的两条道路是其中的主要干道，另外一条则是沿着塔里木盆地南缘东西方向伸展的道路。古代被称为西域的亚洲腹地广大地区完全映入东方世界的眼帘，是在汉武帝派张骞通西域之后，而这三条道路完全为人们所知，那又晚了许多。最早出现在中国史籍中的时间是在隋代。"西域通"裴矩在其著作《西域图记》中记载并进行了介绍。裴矩的著作后来失传，但是他的记载保留在《隋书·裴矩传》里：

> 发自敦煌，至于西海，凡为三道，各有襟带。北道从伊吾，经蒲类海铁勒部突厥可汗庭，度北流河水，至拂菻国，达于西海。其中道从高昌、焉耆、龟兹、疏勒，度葱岭，又经钹汗、苏对沙那国、康国、曹国、何国、大小安国、穆国，至波斯，达于西海。其南道从鄯善、于阗、朱俱波、喝盘陀，度葱岭，又经护密、吐火罗、挹怛、忛延、漕国，至北婆罗门，达于西海。

凡以上诸条路线，主要通道是沿天山进行的北道和南道，使用频率和发挥的作用都无可比拟。而其中吐鲁番所在的东天山相当长历史时期都是从东亚大陆进入中亚、南亚、西亚和欧洲的门户通道。

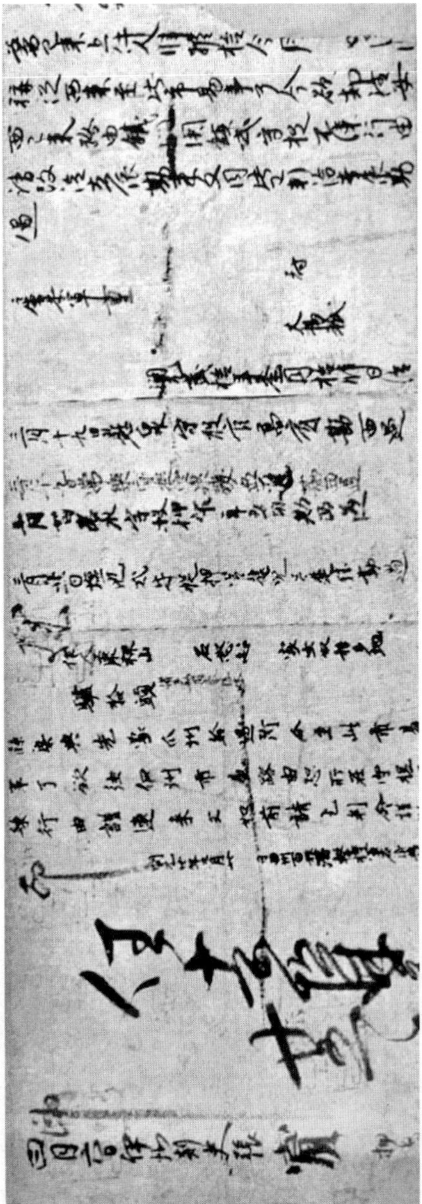

阿斯塔那墓地出土唐代石染典过所文书（通行证）

第四章　与古道相关的遗址

吐鲁番地区现在仍然保存有大量的古代城堡、居住遗址和烽燧戍堡遗址。众所周知，城镇是古代交通枢纽，也是确定古代交通路线的主要坐标点。从这个角度来讲，古城遗址的性质和准确的地理位置以及年代，对研究古代交通路线具有十分重要的意义。

第一节　吐鲁番地区唐代古城遗址

1. 高昌古城遗址

高昌古城遗址位于吐鲁番市东约50公里，胜金口南8公里三堡南侧，地理坐标为东经89°32′10″，北纬42°51′2″，海拔 –50米。城址在火焰山南部平原绿洲，地处吐鲁番盆地的中心。由此东略偏南行可至鲁克沁（柳中城所在地），再东行到达鄯善（唐蒲昌城所在地）；东南或南行越过库鲁克塔格，通过哈顺沙漠（唐代大沙海）可至敦煌和罗布泊地区；西南行到达托克逊（唐天山县城所在地）；西行可至交河故城（唐交河城所在地）；北经胜金沟谷（唐新兴谷）穿越火焰山，再沿恰勒坎山谷北行翻越天山直达奇台，折西行可达吉木萨尔护堡子古城（唐庭州所在地）。古城地理位置十分重要。

现存古城遗址，是高昌回鹘时期在唐代高昌城基础上改建增筑的。遗址分内、外城。外城周约10里，平面呈不规则方形。城垣基址厚约12米，城墙残高5—11.5米，夯筑墙有弧线及内凹现象；墙外筑有较密集的马面，遗存5座城门缺口，个别的还有瓮

高昌古城墙一瞥

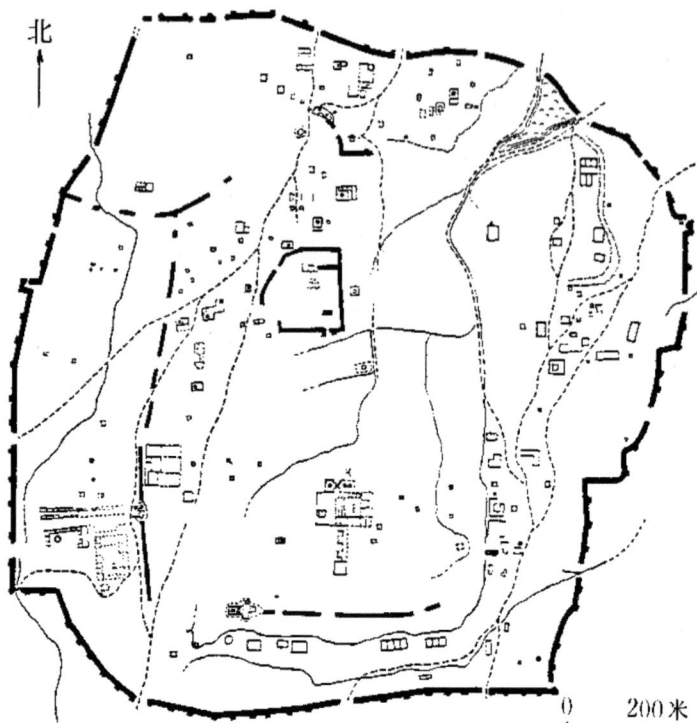

北

0   200 米

高昌古城平面示意图

城残迹。内城大致位于外城中间，平面呈南北长方形，城周约7里。西及南墙保存较多，北墙仅余部分残迹，东墙毁，城门无存。内城主要为宫城及寺院建筑；外城有寺院及居住遗址。遗迹中较为重要的约有四处：①内城中偏北的堡垒式建筑，平面呈不规则椭圆形，周约700米。内有残高15米的土坯塔及一些殿基残迹，俗称"可汗堡"，似为宫城。②外城北部中间建筑基址群，规模较大，与宫城关系密切。③外城东南部塔基和残窟，窟内残留壁画。④外城西南部四合院式寺庙遗迹，残存有多层龛的塔基及一些附属建筑残迹。遗址中出土文物众多，其中唐代和回鹘时期文物所占比例较大。本遗址经多次科学考察和发掘，有材料说明唐代高昌城大致相当于现今古城遗址的内城[1]。

2. 交河故城遗址

交河故城位于吐鲁番市西10公里的亚尔乡，在亚尔果勒村两河床之间的台地上。地理坐标为东经89°3′56″，北纬42°57′，海拔100米。古城地处盐山北麓绿洲的西缘，地扼翻越天山从西北进入吐鲁番盆地的咽喉地段。由此，东行直抵今吐鲁番市（唐西州安乐城所在地），及以东的高昌古城（唐西州州治）、鲁克沁（唐西州柳中城所在地）、辟展（唐西州蒲昌城所在地）；西南经阿拉沟可前往伊犁河流域或焉耆盆地；南经托克逊（唐西州天山县城所在地）翻越库鲁克塔格可达焉耆。地理位置具有极其重要的战略意义，在唐代，交河城也是西州仅次于高昌城的交通枢纽。

1　黄文弼：《吐鲁番考古记》，中国科学院，1954年，第4—7页；武伯伦：《新疆天山南路的文物调查》，《文物》1954年第10期；阎文儒：《吐鲁番的高昌故城》，《文物》1962年第7期；侯灿：《高昌故城址》，《新疆文物》1989年第3期；《中国大百科全书·考古学》"高昌故城"条，北京：中国大百科全书出版社，1986年；Albert Gruwedel. *Bericht uber archaologische Arbeiten in Idikutschari und Umgebung im Winter 1902-1903*. Munchen, Faranz'scher Verl. Page 78-102.

交河故城遗址航拍图

　　古城所在台地平面呈柳叶形，左右河水环抱。古城地形狭长，呈西北—东南走向，长1760米，最宽处300米，崖高30米，总面积43万平方米，建筑面积36万平方米，集中在台地的东南部，约占古城总面积的大部分。城的东侧和南端各有一处伸延到崖下的路口，应是古城原来的出入通道。崖上建筑群外侧没有城墙围绕。一条贯穿南北的中央大道长约350米、宽约10米，把建筑群分为两部分。大道北端是城内最大的寺院，南端和东侧均有巷口通往城外。大道两侧是高而厚的土墙，没有向街的门户。由大道分支出的纵横小巷将建筑群分割为若干区，只在小巷两侧才有院落门户。大道以西以北为寺院区。寺院建筑大都左右对称，中央殿堂里都有坛座和龛柱。大道东区南、北部为居民区，中部为官署区。20世纪中外学者已多次在亚尔遗址进行过考古工作，根据古城布局规模，所在位置和地形，出土碑刻文字等来看，确系两汉车师、高昌国和唐代西州交河县治之交河城所在[1]。现在古城内部建筑布局，似主要形成于唐代，并沿用至回鹘时期。

3. 鲁克沁古城遗址

鲁克沁古城位于鲁克沁西约2公里处。地理坐标为东经89° 45′ 6″，北纬42° 44′ 35″，海拔 –10米。城址在火焰山南麓，西连高昌古城，东通鄯善（唐蒲昌城所在地），北有连木沁沟谷通往火焰山北，东南翻过库鲁克塔格，穿越哈顺沙漠可直抵敦煌。地处吐鲁番盆地东南部咽喉要地，是盆地内重要的交通中继站。

现存遗址仅余古城西南角50余米一段城墙，依其残迹判断，古城东西长约1000米，南北宽约400米，周长近3公里。现存城墙最高处仍达12米，城墙底基残宽5—8米，城墙顶部残宽亦有3米多。残余城墙的中部和北端有两处较大的晚期洞口，北端城墙洞口断面特别厚重。这是一处具有相当规模的古城遗址。城墙夯筑而成，每层夯土厚约10厘米。城墙时代延续较长，古城范围内可见到具有唐代风格的陶片。另外，城墙的建筑形式与高昌古城颇多相似之处。古城年代上限当在唐代或者更早，下限应在宋以后。

1　黄文弼：《吐鲁番考古记》，第8—13页；观民：《交河城调查记》，《考古》1959年第5期；武伯伦：《新疆天山南路的文物调查》；新疆首届考古专业人员训练班：《交河故城、寺院及雅尔湖古墓发掘简报》，《新疆文物》1989年第4期；《中国大百科全书·考古学》"交河"条；新疆社会科学院考古研究所编：《新疆考古三十年》，乌鲁木齐：新疆人民出版社，1983年，第86—97页。

4. 东巴扎古城遗址

东巴扎古城遗址位于鄯善县东巴扎乡小学后面的耕地上。地理坐标为东经90° 13′ 23″，北纬42° 51′ 35″，海拔360米。

遗址位于沙山（库木塔格）北缘的天山洪积扇上，地势北高南低，至沙山又逐渐高起。著名的火焰山绵延东来，至此断开形成大片绿洲，过鄯善绿洲再往东火焰山变为低矮的小山——七克台山。遗址恰好在火焰山这一断开地带，由此向东是至哈密（唐伊州所在地）必经之地——七克台古城遗址。北行翻越天山至木垒，转西行可到达奇台（唐庭州领地）；往西沿火焰山北侧西行经连木沁、胜金口等地可抵达高昌古城。沿火焰山南侧西经鲁克逊（柳中古城所在地）直至高昌古城。由此可见，东巴扎古城往昔曾是吐鲁番盆地东部重镇。

遗址地处两河之间，东西宽约600米，南北已无从判断。遗址周围泉眼较多，水源丰富，因距县城较近，民居和农田遍布。遗址仅存一道断断续续几乎已看不出是城墙的小土梁，城墙夯筑。据附近老年居民介绍，解放初期尚有城墙存在，后被推土机推平。遗址上还能见到红色夹砂陶片和灰色厚胎夹砂陶片，鄯善县文管所曾收集到此处出土的唐代钱币等文物。另外，古城遗址下还叠压着一处面积较古城大得多的新石器遗址。城址很可能延续时间较长，时代大致为高昌王国至唐代，下限不能排除更晚的可能。

5. 七克台（Qiktiim）古城遗址

七克台古城遗址位于鄯善县七克台乡南湖村南面的一道东西向独立的小山上，西北距七克台乡政府约5公里，北距兰新公路约2.5公里。地理坐标为东经89°39—40′，北纬42°59—60′，海拔490米，相对高度约30米。古城遗址坐落在一座小山上，遗址北面平地原是南湖村二队的一处居民区，后因水土原因，居民迁移他处，现仅留下村落废墟。其东北500米开外台地上的一处民国时期的军营遗址，除该古城遗址外，方圆数十公里内至今未发现其他古城遗址。这里西通高昌古城，往东可达哈密（唐伊州所在地），而且是通往哈密的必经之路。由此向北翻越天山到达木垒之路是吐鲁番盆地东部通往天山以北相对好走和较为近捷的道路。现今前往哈密和天山以北两个方向的公路仍由古城遗址附近通过。可以说，七克台古城遗址曾是古代吐鲁番盆地最东端的一处重镇和交通要道，具有极其重要的军事战略地位。

七克台古城遗址地表

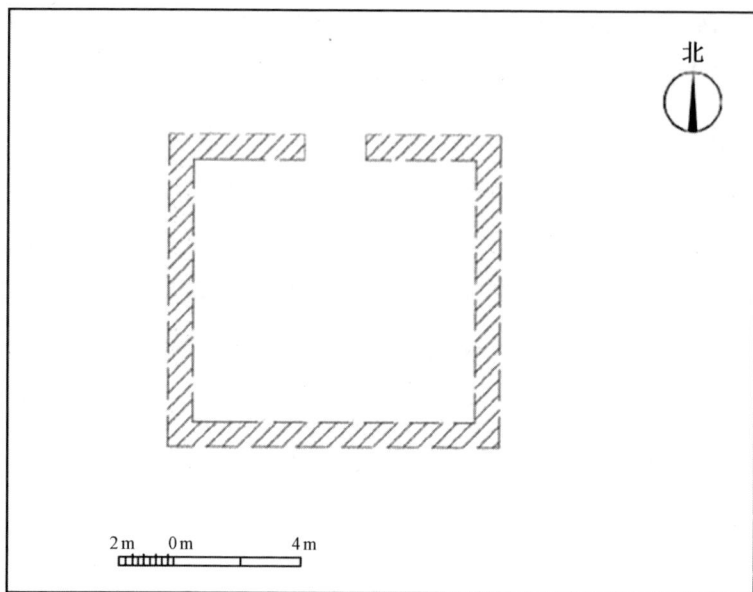

2m　0m　　　4m

七克台古城遗址平面图

　　遗址坐落在小山东端的制高点上，扼旧时东西交通要冲。小山土色赤红，山体南北狭窄，东端突起高耸，西部趋于平缓。遗址所在地北、东、南三面山势陡峭，地形险要。古城东、北面地势平坦，村落棋布，田野广袤；东南、南、西面丘陵起伏，戈壁漫漫。北偏东约500米处的台地南侧一股清泉南流成溪，溪水东侧是一片草甸。遗址东面山脚下一条现代化公路笔直南去，南面缓坡上又有一条土路蜿蜒东来。

　　古城为南北向，平面呈长方形，东西长约28米，南北宽约9米，面积约252平方米。所在地势中间高两头低，古城就山势砌墙建屋，因而，中部房基高出东墙基约1米，高于西墙基约0.6米。古城东、南、北三面城墙土坯垒砌，土坯规格大致为48厘米×23厘米×12厘米。东城墙厚约1.3米，残高约3.4米，偏南有一高约2米、宽约1米的椭圆形墙洞。东墙外约5米南临峭壁的低处，有一破损严重的塔形建筑，残高约4米，基座为方形（约2.5米见方），疑为烽燧。南城墙紧临峭壁，西段已倒塌，露出夹芦苇和树枝的墙基。东段残墙长约3米，厚约1.7米，高约3.9米，与北墙相接。北城墙大部分倒塌，与东墙相接处一段残墙长约3米，厚约1.3米，残高约2米。在北墙中部墙基内侧有一口径为0.8米的圆井，深不见底（作者曾用15米长的绳索连接10米长的皮尺垂测，未得到底。估计深30米以上）。西城墙与其他三面城墙不同，为夯筑。现仅余一段长约8米、厚约1.6米、残高约3.8米的城墙。夯层厚0.09—0.1米，墙上可见两排16个用土坯砌成的桩木眼，孔径为0.1—0.15米。

古城中部有一夹有芦苇树枝的夯筑平台，东西长约10米，南北宽约9米，似为房基址。古城西城墙外8米处有一道南北向的土墙，从山上延伸到坡底，全长约50米。现仅存南北两段墙体，南段在坡上，土坯砌筑，残长约2.8米，厚约1.35米，残高约1.2米；北段在坡底，夯筑，残长约8.6米，厚约1.9米，残高约3.1米，夯层厚约0.1米。两段城墙有一道墙基相连。由此向西约50米外土梁北侧洼地，有一处东西向的居住遗址，一排三间，面积约60平方米，房基夯层中夹有芦苇、树枝。与这一居住遗址相对的西面也有房基，隐约可辨，夯层中亦夹有芦苇、树枝。因沙土淹埋，无法判断规模。再往西还有房基址可见，夯层中也夹有芦苇、树枝，但已遭严重破坏。建筑遗址范围内散见夹砂厚胎红灰陶片和泥制灰陶片。

西城墙外土梁南侧为墓葬区，东西长约160米，南北长约80米，面积约12000平方米。地表有几处浅圆形凹坑，此外无明显标志，有几处墓葬被盗，堆土未清理，墓坑不呈圆形，看不出墓葬形制。被盗墓葬堆土中有少量夹砂红陶片。

从古城建筑遗迹的形式来看，现存遗迹可分为早晚两期。早期建筑物当是夯筑，晚期建筑是在早期建筑毁坏之后，再利用早期建筑仍可使用的残余部分用土坯重筑而成。另外，从遗址范围判断，早期建筑规模较晚期建筑规模大。

1982年10月，南湖村村民马合木提等三人曾在遗址附近巨石下发现一洞，在洞内找到一沓古代文书，其中的汉文文书遗失，回鹘文文书曾经卡哈尔·巴拉提研究断定为唐代高昌回鹘时期佛教文献[1]。

由以上情况判断，唐代是七克台古城遗址的重要活动期，遗址年代上限很可能到南北朝，下限亦可能延至宋代，甚至更晚。

6. 阔坦图尔古城

阔坦图尔古城位于吐鲁番市艾丁湖乡大墩附近，地理坐标为东经88° 54′ 38″，北纬42° 53′ 22″，海拔 −50米。古城坐落在严重风蚀的坚硬的白板地上，城北有一条东西向延伸的干涸河道，

1　参见《新疆文物》（维文版）"唐代高昌回鹘文书解析"，1986年第1期。

北距盐山大旱沟9公里（大旱沟是交河城从西面横穿盐山沟通盐山以南地方的通道。除此之外，从交河只有东行绕过盐山方能通向盐山以南地区），南距大墩烽燧2.5公里。古城遗址所在地为一空旷平原，站在遗址之上，大旱沟和盐山东端以南的所有景物尽收眼底。从此处向南一直到托克逊县城方圆数十公里范围并未发现其他古城遗址（其近旁的大墩古城除外）。另外，由此处东行直抵高昌古城，向西则可北越天山到乌鲁木齐（唐轮台故地），西南至阿拉沟通往焉耆盆地或伊犁河流域，南经托克逊过库鲁克塔格可至焉耆。显而易见，此地的军事战略地位十分重要。而一地有两处古代城堡遗址，也足以说明其地理位置的重要性。

城址大致呈西北—东南方向。南北长150米，东西长176米，平面略呈长方形。颓损的城墙多被沙砾覆盖，城墙由土坯砌成，残高1.5米，厚3米；城外有护城河残迹。城墙西北角和西南角各有一方形土墩台，残台高2米。城门在东墙正中，宽5.5米，门外两侧各有一座边长4.5米的方形土台，残高1.65米，似与瓮城有关。沿城墙西、北、南三面内均分布有房址，房址平面呈矩形由土坯砌成。西侧一房址内发现有烟道，其形式与吐鲁番地区唐代房址烟道极其相似，紧挨房址外有圆形坑，近旁散布厚重的陶片。城址中心是一座高大的堡垒式土坯建筑，平面呈方形，东西长18.5米，南北长19米，残坯高7米。从现存部分来看，建筑分上下两层，底部建筑内有四条甬道，东侧甬道后被土坯封死；中部是一矩形建筑由多个单连券顶组成。底层东面墙有三个门洞，门洞高2米，宽0.95米。上层建筑破坏严重，四面残墙中以南墙保存为好，南墙距地面残高约7米。上层内部有六个单连券顶式小房间，中间有一道短墙将其分为两组。在底层券顶和上层建筑之间利用底部券顶的结构形式修建有三个狭长的暗道式建筑。古城内这一堡垒式建筑形式，以及内部结构都与二唐沟烽燧遗址和连木沁大墩遗址有众多相似之处。1928年黄文弼先生曾到此考察，称此城为布干土拉。采集物多为粗质、厚胎的夹砂灰红陶片。

西距阔坦图尔古城250米另有一南北向古城，南北长125米，东西长90米，仅存土坯墙基。城内隐约可辨有矩形房址，房址内多见大小圆形坑，周围散布较厚重的夹砂陶片。

两座古城中的陶片，在质地、色泽、形式方面多具共同点。建筑形式也多有相似之处。从采集物的特点、古城布局和建筑物形式分析，这两座古城应是高昌王国—唐代回鹘时期遗址[1]。这两古城遗址彼此之间在时代和作用方面的关系，以及延续使用的时代下限，单从地表现象无法判断，就只能寄希望于以后全面的考古发掘了。

7. 拉木伯公相古城遗址（Lampo gongxiang）

拉木伯公相古城遗址位于吐鲁番市恰特喀勒乡杜四坎尔孜村（1958年称解放一大队，1978年改称拉木伯公相大队，1984年改用现名）东北约2公里，地理坐标为东经89° 12′ 49″，北纬42° 50′ 31″，海拔 -90米。城址所在地四周平旷，多耕地农庄。由此地向东可直抵高昌古城。向西有帕克拉克古城遗址，再向西

1　参见《吐鲁番地区文物普查资料汇编》"阔坦图尔古城"，《新疆文物》1988年第3期。

则到阔坦图尔古城。南行则可经艾丁湖西侧，进入库鲁克塔格。这一带自古便是屯垦区，周围多有废弃的居住址，且多古墓。作者一行在城址周围调查时，曾遇到农民兜售他们在附近荒庄子和墓地掘得的物品，其中有夹砂陶罐和开元通宝铜钱。

古城东西长415米，南北长435米，平面略呈方形。东城墙仅存一段长11米、高约4米的残墙，基宽1.9米，残顶宽1.2米；西城墙残存五段，由南向北长度分别为8米、4.5米、2.3米、1.4米、17.6米，高约4.2米，残顶宽1.1米，基宽1.8米。北城墙仅有2米长，高约0.45米的残墙暴露在沙丘之上。南城墙残存21米，高4.3米，残顶宽大致为1米，基宽近2米。古城受风沙侵蚀极为严重，城基已为风沙掩埋，仅个别地方还在地面裸露。一道名为杜四的坎儿井，从城西北向城东南横穿而过。采集物为厚胎夹砂灰陶、带有青釉和黑釉的瓷片和陶片。城墙建筑方式与柳中古城墙相同。由此判断，拉木伯公相古城在高昌王国时期和唐代西州时期就已存在，且延续时间较长。

1928年，黄文弼先生曾到此考察，称古城址为让布工商。其实也是维吾尔语地名发音 Lampo gongxang 的汉语音译。黄文弼先生来时，城墙虽已圮，但远较现在保存为好。城南部尽管辟为农田，原无风沙侵害，而今却已是满目黄沙。黄文弼先生认为这一遗址与交河、高昌诸城为同一时期之遗址[1]。

---

1 黄文弼：《吐鲁番考古记》，第12页。

8. 帕克拉克（Paklik）古城遗址

帕克拉克古城遗址位于艾丁湖乡东南3.5公里处，地理坐标为东经89°51′31″，北纬42°51′47″，海拔–87.5米。帕克拉克是维吾尔语，意为青蛙很多之地。城址所在地空旷平坦，四周均为耕地和农庄。由此东行可经拉木伯公相古城遗址到达高昌古城。向西可直抵阔坦图尔古城或交河故城。西南可经阿萨墩古城直接进入库鲁克塔格前往焉耆，亦可经由托克逊前往焉耆。帕克拉克古城遗址和拉木伯公相古城遗址都是高昌古城、交河故城和且克曼遗址之间的重要交通中继站。

城址现仅存一道断续的夯筑北墙，夯层厚10—15厘米。墙基长约111米，宽约8米，最高处达5.1米。城墙构筑方法与柳中古城相同。城址的其余部分毁于城墙土被挖取用于肥田。年代上限大致应在高昌王国—唐代，下限可能更晚一些。

9. 安乐古城遗址

安乐古城遗址位于葡萄乡努尔鲁克村，西距吐鲁番市约2公里，西北距苏公塔约百余米。地理坐标为东经89°12′21″，北纬42°55′58″，海拔20米。古城所在地为火焰山南缘绿洲，其西至交河故城，东到高昌古城的距离大致相等，古今俱为二者之间交通的重要中继站。

古城为不规则形，东部与耕地相接，地势平缓，残存墙基大致呈直线，但大部已毁。古城附近曾设有一家砖厂，以古城为取料地点，破坏严重。城东西残长200余米，城西、西北、西南三面临土崖，崖高近10米，颇具深沟高垒的特点。南墙残高2—3米，下部夯层厚约10厘米，中部厚约20厘米，很可能不是同一时期建造。上部为土坯垒砌，但从其结构看亦有断续补筑的痕迹。古城唯存南门，位于城墙中段，有瓮城残迹，与北庭故城北门形式相同。城墙无马面结构，其他均与高昌城类似。城内建筑多为半地穴式居址，壁顶呈弧状。也有长方形基址，距地表浅，壁上稍具内向弧度，显系纵券顶建筑。出土物有长条花砖、瓦当，说明城内曾有砖木结构的建筑。豆绿色厚重碗形器瓷片，以及有"成化年造""嘉庆年造"印款的明代青花瓷片等。明代瓷片上的字迹有散晕现象。瓷片本身及其年款与明代高昌馆来文中所记当时吐鲁番王向明朝乞赐之事一致[1]。城内南侧散布有炼渣，估计古城当年应有冶炼作坊。另外，在城墙东北段出土一个铁制夯头，李征认为该夯头与中原地区出土的汉代夯头区别明显，体形大，口部有双耳，时代当在汉魏以后[2]。

古城内建筑从其总体来看，大型居址和公廨格局不显著，小型的居址星罗棋布，具有明显的戍防特点。城外西侧临廓处据说原有一重楼遗址，尚存北墙半间，楼上内壁绘有套色边饰图案，均为番莲卷草纹。建筑有浓厚的回鹘风格[3]。

古城东北约2公里处有一古墓群，均为斜坡土洞式墓，1967年因一墓门出露曾进行过清理，出土随葬器物仅为灰陶罐，器形

1　胡振华、黄润华：《明代文献〈高昌馆课〉》，乌鲁木齐：新疆人民出版社，1981年，回鹘文第15篇，第27页。
2　李征：《安乐城考》，《中国史研究》1986年第1期。
3　据李征记述为其亲眼所见，见李征《安乐城考》。

与阿斯塔那高昌王国时期的相近。古城时代当在高昌王国—明代[1]之间。

10. 乌江布拉克古城遗址

乌江布拉克古城遗址位于胜金乡木头沟内，东北距柏孜克里克千佛洞约3.5公里。地理坐标为东经89°31′22″，北纬42°59′7″，海拔200米。古城坐落在火焰山木头沟东侧高地上。木头沟河由北向南流。古城依山傍水，城东、北两面为陡峭山壁，地势险要。沿木头沟南行穿过火焰山经胜金口可到高昌古城，古城实际扼守着穿过火焰山到达高昌古城的山谷通道的南口。

古城东西向，平面呈不规则矩形，最长处约131米，最宽处为65米，面积8400平方米左右。古城破坏严重，早期建筑已荡然无存，仅存断续的城墙和仍可辨识的残墙基。城外现是穆斯林墓地。残墙夯筑，东、北两段城墙沿陡峭山壁筑成，东面随山势变化而呈不规则多边形。西、南两段城墙笔直，西北角一段城墙保存较好，残高4.1米，厚2.1米，古城城墙建筑方式与柳中城相同。城门位于东南一段长22米的斜墙中部，城门宽3.6米。城内散布红、灰夹砂陶片和少量瓷片，偶见红底黑彩陶片。古城年代似在南北朝至元代。

11. 阿萨协亥尔古城遗址（Asa Xehr）

Asa一词属于哪一种语言，词义是什么，目前还没有定论。有学者认为Asa为波斯语，意谓"城堡"，准确的发音应为"伊

1　李征：《安乐城考》。

萨尔（Hisar）"[1]。作者也曾就 Asa 和 Hisa 等语音请教过波斯语方面的专家学者，未能得到与城堡相关的答案。在塔里木盆地周缘众多古遗址中，用 Asa 命名的古城并非仅限于吐鲁番一地，昆仑山南缘的一些古城遗址也用 Asa 这一名称。比如，和田地区策勒县阿恰镇阿希村的阿萨（Asa）古城就是典型的一例。这些古城历史上大都曾或长或短有过吐蕃入主的时期，故此也不能排除 Asa 为古藏文语音遗存的可能。Xehr 为维吾尔语，意谓"城"。阿萨协亥尔遗址当地人称大阿萨古城（Qong Asa Xehr），位于鄯善县达浪坎乡拜什塔木（Bex Tam）村西南约10公里处。拜什塔木为维语"五道墙"之意，也许是村里以前曾有古建筑遗址，并因此得名。地理坐标为东经89° 37′ 18″，北纬42° 35′ 39″，海拔 –138 米。

遗址位于艾丁湖东部一片风蚀荒漠沙地上，四周多风蚀沙沟。所在地部分地表轻度盐碱化，生长有骆驼刺、芦草等植物。遗址北约1公里处有一条东西走向的泄水沟，沟宽而浅，时常有水，车辆难以通行。沟北岸有一片斜坡墓道的晋唐时期墓葬群。西北为一片芦草地。东北约2.5公里为克其克阿萨佛教寺院遗址，克其克（Kiqik）是维吾尔语，意谓"小"。

遗址为土坯建筑，大致呈长方形，方向北偏西20°。西城墙和北城墙较为平直，东墙略呈弧形，南城墙中部稍突，均已倒塌。东城墙、西城墙长约58米，南城墙、北城墙长约95米，面积约5400平方米。城墙基宽近5米，从倒地的残墙判断高3—3.5米。

---

1 参见《吐鲁番地区文物普查资料汇编》"阿萨协亥尔古城"。

土坯尺寸：48厘米×20厘米×10厘米，45厘米×20厘米×9厘米。紧挨南墙中段为一实体烽燧，已严重损坏，底部因圮土堆积已无法测量原来的形状，残烽顶部南北长15米，东西约11米，残高5.5米，方向北偏西约30度。烽燧保存状况稍好，其南墙与南城墙共用一段。古城东北部、西北部有一些倒塌的土坯堆积，很可能是房屋建筑遗址。东南、西南、西北城角均有形似角楼向外突出的圆角形建筑。北墙中部有一豁口，可能是城门所在。

城内地表散布陶片，大多为夹砂红、灰陶，火候较高，陶质坚硬。相当一部分为轮制陶片，且多为厚胎，显为器形较大的容器，可辨器形的有罐、盆、瓮等。陶片纹饰大致有波带纹、弦纹夹波带划纹。1988年3月，吐鲁番文物普查队的专家来此调查，

阿萨协亥尔古城内建筑遗址一瞥

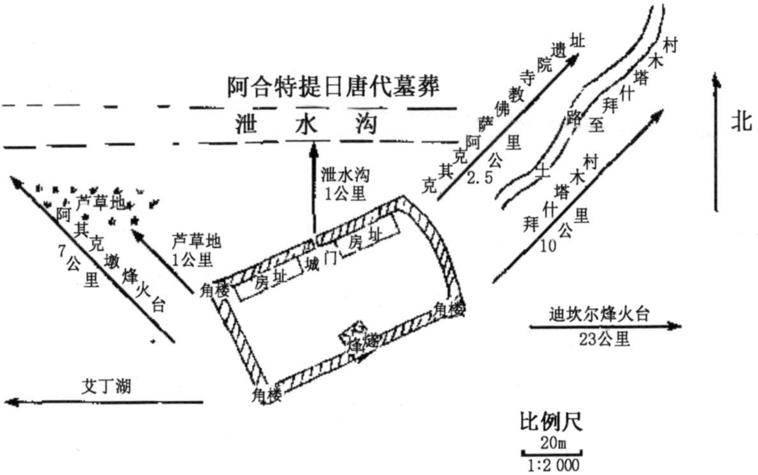

阿萨协亥尔古城交通形势示意图

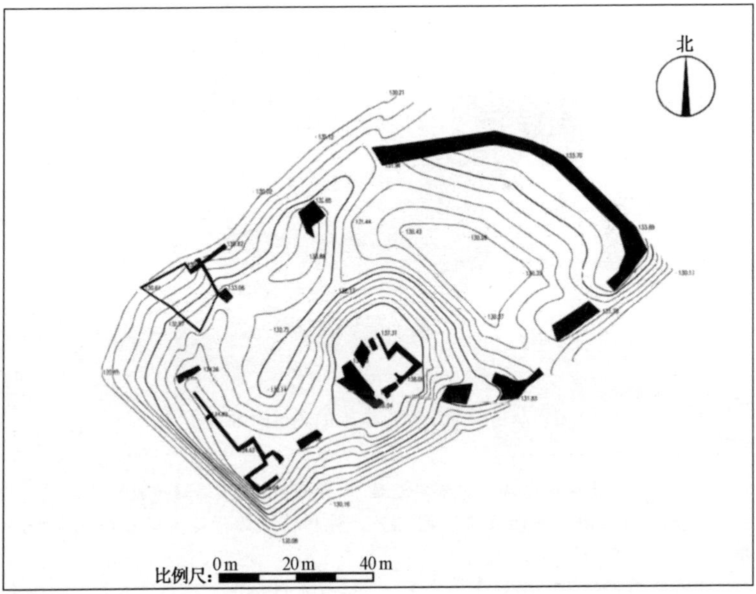

阿萨协亥尔古城遗址平面示意图

曾采集到口径26厘米的浅腹铜盘碎片、北宋真宗（998—1003年）时的"成平元宝"铜钱[1]。史载，20世纪初英国探险家斯坦因曾在此获得一些汉文、吐蕃文和回鹘文文书[2]。另外，在阿萨古城东北约2公里处有一晋唐时期古墓群，墓葬形制为斜坡墓道洞室墓。1988年该古墓群被盗，吐鲁番文管所曾清理出三件陶器，吐鲁番博物馆将其年代定为晋，其中以一虎子和一陶瓶最具特色。虎子高7.4厘米，流高12.6厘米，底径7.4厘米。泥制灰陶，轮制，通体呈扁圆形，平底，以柄为流，柄流合一，流柄呈竹节状，敞口，器表施有黑釉。陶瓶高20厘米，口径4.3厘米，底径5.6厘米。夹砂灰陶，轮制，侈口，细长颈，溜肩，颈肩耳，鼓腹，小平底。外施黑釉，口沿部及颈肩相连处饰有玄纹[3]。

大阿萨古城遗址附近出土的高昌时期虎子

1　参见《吐鲁番地区文物普查资料汇编》"阿萨协亥尔烽燧遗址"。

2　［英］斯坦因：《西域考古图记》，桂林：广西师范大学出版社，1998年，第1160—1164页。

3　《吐鲁番博物馆》编辑委员会编：《吐鲁番博物馆》，乌鲁木齐：新疆美术摄影出版社，1992年，图见第58页，说明文字见第119页。

虎子是典型的中原文化日用器物，其使用者应是汉人或为深受汉文化影响的当地其他族群居民。另外，值得注意的是陶瓶与虎子的制作风格极为近似。1928年，黄文弼先生曾来此处考察，他说："四月五日，发自鲁克沁，向西南行，村舍络绎不绝。约四里许，至伯什塔木村，居民均用坎（儿）井水，为吐鲁番坎（儿）井最富之区。转西南行，经草滩，为本地羊场。又渡鲁克沁河，下午四时，至克齐克阿萨，有六角形建筑三座，中尚残存壁画，已被烟熏黑矣。附近又有穹庐式之庙宇数处，悉为土坯所砌，疑为第九世纪以后之遗迹。外人曾在此盗取古维吾尔文、汉文、藏文，残纸若干，是此庙在回鹘人迁入吐鲁番以后，尚继续为居民所崇拜。复由此向西南行，约四里许，至穷阿萨[1]，有城墙，墙高丈余，城中在当时显有多数之居民。中有一巨大土阜，盖为当时大建筑之倾圮者。其房屋遗迹尚可考见，房屋重叠，类似一高塔，屹立于城中央。墙壁甚厚，中为一圆顶形，四周又有小圆顶屋围绕之，其窗扉正对围墙而罗列。建筑形式，颇类似托克逊北部之遗址，或为当时官署所在地。在穷阿萨之后，尚有一围墙，基址范围甚大，东自克齐克阿萨一并包括在内，是此地与克齐克阿萨为同一时代之遗址。最可注意者，在穷阿萨之北，不及一里，有古道一，车迹犹存，本地居民呼为'北京邮路'，据说此道为从前内地通西域之古道。"[2]

1　"穷"是维吾尔文Qong的汉译，意谓"大"。大阿萨即阿萨协亥尔遗址。

2　黄文弼：《吐鲁番考古记》，第12—13页。

小阿萨佛塔遗址

　　1914年秋，斯坦因探险队来到吐鲁番，他们在大小阿萨古城进行了较为系统的考古发掘工作，出土和搜集到不少重要文物，并将之劫掠而去。以下简略介绍斯坦因所见所得[1]：从拜什塔木到大阿萨城堡遗址只有6英里[2]，水源相对较近，附近的牧草也很丰富。遗址周围的沙漠范围不大，城堡之所以被遗弃，原因可能在于历史上某一时期这里发生了很大的变化。遗址包括一个长方形堡垒和一外部围墙，外围墙的形状不规则。整个遗址位于一低矮

1　以下文字均编译于斯坦因《西域考古图记》，第3卷，第28章，第4节。
2　1英里约等于1.6千米。

的天然台地上，用土坯建造。堡垒呈长方形，长200英尺[1]、宽150英尺，高台上有烽燧建筑基址遗迹。古城围墙内和堡垒内分布有大量拱顶小屋，许多地方这类小屋一间之上再建有一间，大都不甚规整，房屋低矮的入口已被屋顶和墙壁倒塌的土坯阻塞，甚至一些底层房屋已被填满。房屋长10—16英尺，宽6.5—8.5英尺。这种拱顶建筑现在在吐鲁番仍很流行。引起斯坦因注意的还有一座小佛寺。佛寺依堡垒东南墙而建，正对围墙大门。寺庙包括一个长约8.5英尺、宽约6.5英尺的主室，一个宽约3英尺的封闭式拱顶回廊，东北面为一间长19英尺、宽4英尺的前室。主室墙壁厚约3英尺，残高约14英尺。主室和前室曾被德国探险队发掘过。斯坦因清理后获得许多壁画和泥塑浮雕残片。在两块壁画残块上有断续的回鹘文题迹，此外还发现几件汉文、回鹘文和吐蕃文文书残片，说明佛寺在回鹘时期仍在使用。堡垒的西角有一间废弃后堆满垃圾的房屋与西南围墙相连。在大量的麦草和生活垃圾中出土了18件回鹘文文书残片。从文书潦草的字体和其中一两件文书上的红色印章判断，它们全部是信函或文件。

堡垒东角有一处巨大的堆积。其严重毁坏的西北墙面上有五个洞，类似壁龛，在西南墙的东南部有一组拱顶通道与之相连。遗址均用18英寸[2]×8英寸×4英寸的土坯建造，东南墙壁的厚度为6英尺4英寸，西南墙壁的厚度为7英尺。整个遗址建在一个长62英尺、宽53英尺的台基上。地下的一层建筑仍残留有一部分，

1　1英尺约等于0.3米。

2　1英寸约等于2.54厘米。

有一个拱顶中央大厅，长约40英尺、宽约11英尺，从西北延伸到东北，是一处入口通道。大厅的长边上各有五个长15英尺、宽2.4英尺的窄室。如此巨大的地下基础之上一定会有高大坚固的地面建筑。站在堡垒的东北部现在仍能眺望很远，此处是观察通往柳中或高昌古城绿洲地带交通的绝佳位置。距遗址东部不远处有一条从鲁克沁通往辛格尔的道路。

以今之现状与黄文弼先生的记述对比，黄文弼先生当年所见大多今已不存。然遗址年代包括唐代—回鹘时期当无问题，明确的上下限年代还需通过具体的考古发掘工作来确定。

12. 阿萨墩（Asa Dong）古城遗址

阿萨墩古城遗址位于托克逊县托台乡三队以东约5公里，与托克逊镇中心直线距离约22公里。地理坐标为东经88°55′，北纬42°4′30″，海拔 -100米。Dong 是维吾尔语，指墩台。

古城遗址位于觉罗塔格南缘、阿拉沟河的下游，已接近吐鲁番盆地的中心地区，地下水位很高，周围多沼泽地。由此向南经觉罗塔格和库鲁克塔格山间沟谷可前往焉耆，向西可到托克逊。西北可到盐山南缘的阔坦图尔古城和盐山北缘的交河故城。东北行经帕克拉克古城遗址和拉木伯公相古城遗址，可达高昌古城。

1996年4月16日，作者一行在托克逊县文教局官员艾赛提等人陪同下前往考察。在接近古城约1公里处，终因风沙太大，人前1米外昏黄一片，被迫返回。两日后，再次前往，才得以进入古城。古城东西长63米，南北长50米，略呈方形，面积约3150

阿萨墩古城戍堡遗址

平方米。城墙夯筑，东、南、西三面城墙保存完好，高4—5米，残基宽2.5米，残顶宽1.8米。北墙因北风强力吹蚀，向外倒塌。城西北角有一土坯砌筑的正方形实体烽燧，边墙剥蚀严重。烽燧底边长约6米，高5米，顶边长3米左右，土坯规格：0.4米×0.2米×0.13米，烽顶尚积有不少柴灰，沿西墙有一道上登烽燧的台阶。从烽燧的建筑形式推断，现存烽燧的建成年代可能晚于城墙。城内及周围，因地下水位较高地表泛碱严重，土质虚松。南北城墙各有一道豁口，城门特征均不明显，无从判断哪一个是城门。城墙外50米有一圈残高约1米的土墙，可能是外城城墙。城内散布厚胎夹砂灰陶片，还发现半块石磨。1988年吐鲁番地区文物普查过程中，曾在古城内发现一枚唐代开元通宝。由此判断，古城年代或可上溯至唐代，下限无从推断。大阿萨古城遗址附近曾出土一高昌时期虎子。古城周围枯苇缠结，盐壳鳞积，不过西面、北面两三公里外仍有正在耕种的田地，古城南面约5公里处，有一座名叫阿萨霍加木的拱拜（新疆伊斯兰教圣徒墓地）。

13. 沙依布隆古城

位于高昌古城东北约3公里处。地理坐标为东经89° 35′ 20″，北纬42° 50′ 30″，海拔 −50米。

古城破坏严重，现仅存西北角一段长约90米的夯筑残墙基。古城范围内地表仍有夹砂灰陶片可见。古城年代，从城墙夯筑和地表的夹砂陶片来看，有上溯至唐代的可能。

14. 且克曼（Qekmen）遗址

且克曼遗址位于托克逊县河东乡且克曼坎儿井附近的乌鲁木齐至库尔勒公路附近，北距托克逊至大河沿公路1公里处的空旷荒漠上。地理坐标为东经88° 37′，北纬42° 52′，海拔135米。遗址所在地临近托克逊县城，与县城一样地处阿拉沟古河床之上。托克逊县城周围是托克逊绿洲平原最为富饶的地方。由此出发，西行沿阿拉沟进山，翻越科雄达坂，入乌拉斯台沟谷，南行经巴仑台、和静可达焉耆；自乌拉斯台西北斜行，可进入巩乃斯河谷，再东行还可以进入伊犁河谷；由托克逊南行进入苏巴什沟，再经库米什等地到达焉耆的道路是吐鲁番盆地到焉耆最为近捷的路线。此地实为吐鲁番盆地西南门户。

遗址范围方圆约3公里。地表散布着数量较多的夹砂灰陶和炼渣。遗址附近有规模较大的南北朝—唐代古墓群。以此推断，且克曼遗址年代亦当为南北朝至唐代。

15. 老砖厂居住遗址

老砖厂居住遗址位于亚尔乡葡萄沟西2公里，火焰山南面山顶上。地理坐标为东经89°13′7″，北纬42°59′10″，海拔195米。遗址所在地南面地势开阔，远处吐鲁番市的景物尽收眼底，安乐古城遗址自然也在视野之中，山脚有一处废弃的旧砖厂。其他三面俱为山地，不过都有沟谷延伸至遗址所在山脚下。

遗址呈南北方向坐落，土坯砌筑，东西长20.5米，南北宽15.5米，北墙残高1.2米，墙厚约0.38米，面积为317.75平方米。地表散布夹砂陶片、带釉陶片和瓷片。80年代初，曾于葡萄沟谷东侧山坡古墓葬区出土有唐代文书[1]，这处遗址时代延续较长，很可能为南北朝—元朝。

16. 木尔吐克萨依居住遗址

木尔吐克萨依居住遗址位于胜金乡木尔吐克萨依戈壁滩，西距七泉湖公路约1公里，西北距七泉湖火车站约9公里。地理坐标为东经89°26′40″，北纬43°2′50″，海拔412米。

遗址面积约为740平方米。建筑物为两处相距不远，仅存残墙的房屋遗址，南北长28米，东西长26米，墙体残高2.5米，墙厚0.7米。房屋由土坯砌筑，残墙建筑形式与阔坦图尔古城遗址

1　新疆维吾尔自治区博物馆编：《新疆出土文物》，北京：文物出版社，1975年，第60页。

内的房址类似。地表散布有夹砂灰陶片。遗址年代有可能上溯至唐代。

17. 古城村居住遗址

位于亚尔乡交河城南约10公里处。地理坐标为东经89°2′53″，北纬42°57′18″，海拔75米。遗址面积约370平方米。坐落在盐山脚下，邻近交河古墓群，是一处南北朝至唐代居住遗址。

以上所述古城和居住遗址，基本上是吐鲁番地区目前发现的南北朝至唐代全部古城遗址与居住遗址。

第二节　文献和文书记载的古代吐鲁番地区主要城镇

吐鲁番，唐代为西州，之前是高昌国，这两个时期是吐鲁番历史上大发展的阶段，主要绿洲城镇、全区域军事警戒布防设施系统的形成均已完成。所以搞清这两个时期的城镇布局，对了解当时的交通路线极为关键。

首先，我们来看唐灭高昌以前这一地区的城、乡名称。查检《吐鲁番出土文书》所得高昌城名计有高宁、威神、田地、交河、柳婆、无半、盐城、始昌、南平、永安、安乐、横截、临川、永昌、泞林、宁戎、白荔、安昌、诸成、武城、酒泉、龙泉、高昌；新疆博物馆藏吐鲁番墓表中，除上见二十三名，又得新城[1]，罗振

1　转引自侯灿《麴氏高昌王国郡县城考述》，《中国史研究》1986年第1期。

玉《辽居杂著乙编》所收墓表中，又得遥遥；黄文弼《吐鲁番考古记》所收碑文中，又得新兴，合计共得二十六名。出土文书碑铭之外，历史文献所记高昌城名，《梁书·诸夷传》记有交河、田地、高宁、临川、横截、柳婆、武林、新兴、由宁、始昌、笃进、白刀。《南史·夷貊》同，唯"由宁"作"宁由"，"白刀"作"白刃"。《魏书·高昌传》记有高昌、白棘、田地；《魏书·唐和传》记有高昌、白力、横截、高宁。《太平广记·梁四公》记有洴林、无半、高宁、盐城、南平、交河。《大慈恩寺三藏法师传》记有白力、无半、笃进。《通典·边防》记有交河、始昌、田地、东镇、安昌。《新唐书·地理志》记有南平、安昌、龙泉。《西域番国志》仅安乐。

参校文书碑铭与历史文献，白刀、白刃俱为白力之讹，据《资治通鉴》卷二四九胡三省注"力读与棘同"，则白力与白棘相通。很可能由白刀讹转为白力，再由白力讹转为白棘。由宁与宁由，考据者都以由宁为是。今检文书，无由宁、宁由，只有宁戎，可能是以宁戎讹作宁由，《梁书》于著作或传抄中更讹作由宁。文书碑铭城名未见于文献者有八，即威神、永安、永昌、诸成、武城、酒泉、新城、遥遥。其中威神、永安、永昌、武城、酒泉五名在文书中一再出现，绝无疑问。新城、遥遥至今仅各一见，作"新城太守"和"遥遥郡"，均似郡名，然无确证。诸成一名见于《高昌作人善憙等名籍》文书，旁注作"在诸成"，下文旁注有"在高宁""在田地""在安乐""在永安"，均是高昌城名，故诸成亦当是高昌城名[1]。这一说法可商榷之处较多，因"诸成"一名颇有"诸城"略写的嫌疑，而"诸城"又是文书中见过的写法[《高昌诸城丁输额残文书》："诸（许多）城得人六百八十六人"[2]]，不像城名，所以诸成一名的确认亦须有更多的材料。仅见于文献的城名有二，即笃进、东镇。如此，可以确认的城名有24个：高昌、交河、田地、始昌、白力（东镇）、高宁、威神、柳婆、无半、盐城、南平、永安、安乐、横截、临川、永昌、洿林、宁戎、安昌、武城、酒泉、龙泉、新兴、笃进。这些城镇分布在吐鲁番盆地绿洲的各重要地区。城镇的建立是人为的，城镇的分布却是适应吐鲁番盆地自然环境的结果。在古代吐鲁番盆地诸绿洲中，自然环境对城镇地理位置的制约作用十分巨大，因而这些城镇一旦建立后，在不发生大的自然灾害、大事变和人口剧减等情况的前提下，必然延续久远。

自从前凉于咸和二年（327）在此建郡以来，麹氏高昌王国一直在实行郡县制度，共建有四郡二十二县。目前已考出，四郡是交河、田地、南平、横截；二十二县是田地、新兴、宁戎、横截、酒泉、高宁、临川、白力、威神、永昌、高昌、交河、安乐、龙

1　国家文物事业管理局古文献研究室等编：《吐鲁番出土文书》，北京：文物出版社，1981年，第3册，第138页。
2　《吐鲁番出土文书》，第3册，第94页。

泉、永安、涝林、始昌、安昌、南平、盐城、柳婆、无半[1]。从高昌王国诸县名称可以看出，高昌时期的城大都是县。这些县大多是顺应城镇自然形成之势而加的行政管理名称。如前所述，在此基础之上唐朝据要设立了高昌、交河、天山、蒲昌、柳中五县。唐王廷推行郡县制除了发挥加强管理的作用外，还在于实行府兵制和租庸调制，与高昌国时期因循自然之势的管理有较大区别。其对高昌诸县的裁并简化亦为势之必然。《元和郡县图志·陇石道下》"西州"条记载："开元户一万一千六百四十七。乡二十四。"据《通典·食货三》和《唐六典》卷三户部郎中员外郎条，唐代以百户为里，五里为乡。如以户一万一千六百四十七计算，当得二十三乡，而非二十四乡。今检《吐鲁番出土文书》，辑出乡名23个，兹列西州诸乡一览表如下[2]。

1　郑炳林：《高昌王国行政地理区划初探》，《西北史地》1985年第2期；侯灿：《麹氏高昌王国郡县城考述》；［日］荒川正晴：《再论麹氏高昌国郡县制度的性质》，《史学杂志》1986年第95编第3号；张广达：《唐灭高昌国后的西州形势》，载《西域史地丛稿初编》，上海：上海古籍出版社，1995年，第116页。郑炳林认为有五郡，第五郡为"遥遥"，因论据说服力不强，尚不能服人。作者个人亦倾向于五郡说，最后这一郡应为"高昌郡"，由于高昌郡辖地也是高昌国王都直辖地，因而，郡名义下的行政影响力并不大。
2　本表参考了张广达《唐灭高昌国后的西州形势》，载《西域史地丛稿初编》，第117—120页。

县名	乡名	见于文书的简称	现有文书中的始见年代	出处	发表出处备注
高昌县	宁戎乡	戎	贞观十六年（642）前后	67TAM78：46	《文书》四册115页
	安西乡	西	贞观十六年（642）前后	67TAM78：51/3	《文书》四册116页
	武城乡	城	贞观十八年（644）	68TAM103：24/4 68TAM103：20/5	《文书》四册215页
	崇化乡	化	贞观后期	68TAM103：18/10	《文书》四册228页
	宁大乡	大	贞观后期	60TAM337：11/17	《文书》五册107页
	顺义乡	顺	永徽二年（651）之前	65TAM42：101/2a 65TSM42：111/4a	《文书》六册271—272页
	宁昌乡	昌	永徽五年（654）	64TAM10：40	《文书》五册85页
	太平乡	平	永淳元年（682）	64TAM35：24	《文书》七册392页
	尚贤乡	尚	开元年间	72TAM187：194a	《文书》八册430页
	妇德乡	归	开元、天宝年间	72TAM187：194b 72TAM187：951b	《文书》八册438页
	灵身乡		开元十年（722）	东柏林ch3810（TⅡT1063ch1212附件）	池田《籍帐》250页
	归义乡		开元二十九年（741）	大谷1200	池田《籍帐》389页

县名	乡名	见于文书的简称	现有文书中的始见年代	出处	发表出处备注
交河县	神山乡	山	贞观二十一（647）、二十二年（648）	《唐辛英疆墓表》《王朋显墓表》	《高昌砖集》1932年版
	名山乡		开元年间	西州交河县名山乡差科簿	池田《籍帐》286–290页
	龙泉乡		武周末期	大谷1087大谷1403	池田《籍帐》341（130a.b）
	永安乡		武周末期	大谷1403	同上
	安乐乡		开元年间	大谷1987	池田《籍帐》379页
柳中县	五道乡	道（大谷1305）	龙朔元年（661）	64TAM4：44	《文书》六册410页
	承礼乡	承（大谷1305）	总章元年（668）、开元初年（713）	72TAM179、大阪四天王寺出口常顺藏件	《文书》七册117页
	钦明乡	明（大谷1305）	开元初年（713）	大阪四天王寺出口常顺藏件	池田《籍帐》249页
	宁高乡		开元四年（716）	东京国立博物馆、东京书道博物馆	池田《籍帐》247页
天山县	南平乡		显庆五年（660）	64TAM4：38	《文书》六册404页
蒲长县	盐泽乡		开元二年（714）	72TAM184：12	《文书》八册284页

依据唐代律令，乡之下设有里。检阅相关史籍，以及《吐鲁番出土文书》，确也有许多关于里的记载。本书着重讨论唐代西州的交通线，关涉范围以主要城镇为主，诸乡下属之里暂不论及。

从表中可以看出，西州许多乡名与高昌时期的县名相同。另外，查检《吐鲁番出土文书》，发现西州诸乡下属里中，有一些名称亦与高昌时期的县城名相同。西州沿用麴氏高昌时期的地名计有高昌（县）、交河（县）、宁戎（乡、城）、武城（乡、城）、安乐（乡、城）、龙泉（乡、城）、永安（乡、城）、南平（乡、城）、高宁（乡、城）、洿林（里、城）[1]、安昌（城）[2]、临川（城）[3]、新兴（城）[4]、横截（城）[5]、酒泉（城）[6]、盐城（城）[7]等。这些地名之外，再加上天山、柳中、蒲昌和赤亭镇城共计20个。这些大致便是西州的主要城镇和乡。相对于高昌国时期，减少了笃进、无半、威神、永昌、柳婆五个城名。减少的原因是文书、文献记载缺漏，抑或是唐王廷进行了裁换调整，目前尚无材料可以进行说明。

1　《吐鲁番出土文书》，第7册，第319页。西州凡沿用高昌时期城镇名称为乡名者，其名本身仍是城名。文书中多有出现，这里不再一一详举。

2　《吐鲁番出土文书》，第9册，第65页。

3　《吐鲁番出土文书》，第7册，第517页。

4　LI.4.38墓砖（现存新疆博物馆）《唐龙朔三年（663）范隆仁墓志》记有"新兴城副城主"，见侯灿《解放后新出吐鲁番墓志录》，收录于北京大学中古史研究中心编《敦煌吐鲁番文献研究论集》（第5集），北京：中华书局，1982年，第421页。

5　《吐鲁番出土文书》，第10册，第252页。

6　《吐鲁番出土文书》，第6册，第525页。

7　《吐鲁番出土文书》，第5册，第197页。

第三节 文献、文书所记西州城镇地理位置考证

前文所述唐代西州有20个重要城镇和乡，沟通这些城镇和乡的交通线，也就构成以此为枢纽的西州内部的主要交通网络。下面我们根据文书、文献材料，再结合上文所述的吐鲁番地区唐代古城遗址的情况，就这些城乡的地理位置做如下推论。

高昌城和交河城已有定论，不赘述。

1. 天山城

《新唐书·地理志》"西州交河郡"条："州西南有南平安昌两城，百二十里至天山。"1979年2月，亚尔乡（原五星公社）琼科瑞克村（原建设大队）萨依坎尔孜农民在庄子西南约300米处积肥取土时，发现一座古墓，从墓道中出土一方唐代令狐氏墓志。墓志记曰："葬于天山县南平乡"条，说明天山县东部确有南平城。《元和郡县图志·陇右道下》"西州"条："天山县，上。东至州一百五十里。"且克曼唐代遗址东北到高昌古城直线距离70余公里，实际里程当在75公里左右。与"一百五十里"（约合79公里）基本相合。萨依坎尔孜东南约4公里有拉木伯公相遗址，即黄文弼先生所言"让布工商"，亦即高昌国和唐西州之南平城（具体考证见后文）。从拉木伯公相古城遗址西南到且克曼唐代遗址直线距离为50多公里，若从拉木伯公相古城经帕克拉克古城、阔坦图尔古城到且克曼唐代遗址有60多公里，与《新唐书》所记"百二十里至天山"基本相符。且克曼遗址大范围散布的炼渣及大量陶片，

说明其周围必有人口众多的城镇。据以上情况判断，高昌国之始昌城即唐天山县城应在且克曼一带。近现代治西域史的中外史学家，多以今托克逊县城为天山城之所在。且克曼唐代遗址东南距今托克逊城约3公里，从托克逊城所处地理位置正好扼守南通苏巴什沟和西往阿拉沟的情况来看，以托克逊为唐天山城之所在实在情理之中。不过今之托克逊城，历史上曾经过多次改建，并有向北扩展的迹象，因而不能排除高昌国和唐西州天山城略比今托克逊城偏南的可能。目前在托克逊附近尚未发现其他符合要求的古城遗址，故暂以且克曼居住遗址当之。

2. 柳中城

唐徐坚《初学记》引《地舆志》："晋咸和二年，置高昌郡立田地县。"唐灭高昌后，置西州"以田地城为柳中县"[1]。《元和郡县图志·陇右道下》"西州"条："柳中县，中下。西至州三十里。贞观十四年置。当驿路，城极险固。"由高昌城往东，具有一定规模的高昌王国—唐代的古城遗址，只有鲁克沁古城遗址在距离方位方面相当。鲁克沁古遗址西距高昌古城遗址直线距离为19公里，合唐里三十五里多，里程出入并不算大。从遗址城墙的规模来看，当年古城应极为峻伟。另外，古城遗址所在地确实正好位于从高昌古城沿火焰山南缘东行的必经之地。《明史·西域传》记载："柳城，一名鲁城，又名柳陈城……即后汉柳中城，西域长史所治，唐置柳中县。"又记曰："（城）广二三里……"所记规模、

1　参见《通典》卷一九一，《边防七》"车师""高昌"条；《唐会要》卷九十五"高昌"条；《通志》卷一九六，《四夷三》"车师"条。

形式亦与鲁克沁古城相当。因而高昌之田地当即汉唐之柳中，其所在地即今之鲁克沁古城遗址。

汉柳中之名自唐以降有多种写法，然而读音都基本相似。宋作六种；元为鲁骨尘；明作柳城，一名鲁陈，又作柳陈；清初作鲁克察克，后又作鲁谷庆，一名鲁普庆，乾隆二十二年奉旨改曰鲁克沁[1]。大约于866年西州已处于回鹘的稳定统治之下[2]，自此以降一直到清代，吐鲁番地区基本在回鹘及其后裔的统治之下。回鹘入主吐鲁番以后，沿用唐代地名"柳中"，但是用回鹘语音、文字读写的交际使用方法逐渐取代了汉语和汉字。这样再用汉字转写回鹘读音，便有了"六种""柳城""鲁陈"等多种写法。然而，由于突厥语中没有与汉语"C、CH"相对应的语音，只能用与汉语语音相近的"Q"语音来替代。汉语的"城"便读作"Qing"。因而，也就有了"鲁骨尘""鲁谷庆""鲁普庆""鲁克沁"等名称。总而言之，唐以后出现的多种读音，应是汉语"柳中"和"柳中城"在回鹘和维吾尔语中读音的再次汉语转写。

3. 蒲昌城

《通典·边防》"车师"条唐以"东镇城为蒲昌县"。蒲昌，因《元和郡县图志》、《太平寰宇记》、两唐书《地理志》俱有误载，其地望沿革几成疑案，经陶保廉、黄文弼、冯承钧诸家考释，确认唐代蒲昌县同所谓金蒲城（实为金满城）、始昌城、蒲类海等地均无涉；对于陶保廉以辟展为"高昌国之白棘城，或作白刃，讹

1　陶保廉：《辛卯侍行记》卷六，兰州：甘肃人民出版社，2000年，第394页。
2　陶保廉：《辛卯侍行记》卷六，第386页。

作白力、白刀，宋人称宝庄，明曰北昌，今呼辟展乃白棘、白刃之音译"的观点，冯承钧经考证亦基本表示赞同，也认为白棘、白刃、白力、宝庄和辟展同为一地，并以《元和郡县图志·陇右道下》"西州"条记载"蒲昌县，中下。西南至州一百八十里"之说为可信，然而具体定位仍有分歧。陶保廉"疑在辟展（鄯善县治）之东"[1]，黄文弼相信在汉墩与柯柯亚一带[2]，冯承钧认为在辟展[3]。我们此次吐鲁番地区考察，较为详细地实地考察了火焰山两侧的地形、地势，以及交通线。从高昌古城到东巴扎古城遗址直线距离约60公里，当然实际行程无论古今都不止此数。《魏书·高昌传》："安保（魏明威将军韩安保）遣使韩兴安等十二人……至白棘城，去高昌百六十里。"魏时一百六十里约合今65公里，这一距离只能是沿火焰山南麓经柳中至白棘的路线。唐代一百八十里约合今95公里，如果从高昌出发走火焰山北麓实际里程亦大致相当。辟展之名为维吾尔语 Piqang 的汉语音译，而 Pitqang 则无疑是蒲昌之名回鹘语发音的承袭。清雍正五年（1727）建辟展城亦因袭维吾尔语旧名，其旧址在今城东南附近，邻近东巴扎古城遗址。今之鄯善是原来的辟展，清光绪二十八年（1902）改县时为保存古地名所取的名称。综上所述，唐代蒲昌县治应在东巴扎古城遗址。

松田寿男认为"白力城的白力二字是意为城堡的突厥语 Baliq

1　陶保廉：《辛卯侍行记》卷六，第410页。
2　黄文弼：《高昌疆域郡城考》，载《黄文弼历史考古论集》，第167页。
3　冯承钧：《高昌城镇与唐代蒲昌》《高昌事辑》，载《西域南海史地考证论著汇辑》，北京：中华书局，1963年，第176页。

的音译"[1]，显然这是正确的，然而他又认为白力城应在鲁克沁，即汉史之柳中城，则无论道里、方位抑或形势俱不相合。

白力为何更名东镇，冯承钧以为可能是白刃或白力"因其名不雅驯而改此名"。文献文书中关于白力的记载出现较多，最早是《魏书·唐和传》记载：442年"蠕蠕遣部帅阿若率骑讨和。至白力城，和率骑五百先攻高昌，契与阿若战殁"。最晚为《大慈恩寺三藏法师传》卷一记云：贞观四年（630）玄奘西行"至高昌界白力城"，说明贞观四年（630）白力一名仍在使用，而且至少已经用了两个世纪，贞观十四年（640）唐平高昌，随后即以东镇城改置蒲昌县。因而，改名只能在贞观四年（630）至十四年（640）之间。吐鲁番文书中尚未见到"东镇"这个地名，东镇一名的意义很明显，很可能是高昌国与唐朝关系恶化之后才改名东镇。

4. 赤亭镇城

在前文我们较为详细地介绍了七克台古城遗址，毫无疑问，古城遗址所在地为吐鲁番东通哈密之门户，同时也是鄯善县北经高泉达坂到达天山以北的咽喉要地。陶保廉《辛卯侍行记》卷六认为唐代之赤亭、宋代之泽田皆为今之七克腾（Qiktim），即七克台。岑仲勉《吐鲁番一带汉回地名对证》[2]论证 Qiktim 即是唐代赤亭的音转，进一步肯定陶保廉的见解。安部健夫《西回鹘国史的

1　［日］松田寿男著，陈俊谋译：《古代天山历史地理学研究》，第164页。
2　岑仲勉：《中外史地考证》，北京：中华书局，1962年，第706页。

研究》和孟凡人《唐北庭城与外界的交通》亦均持同一观点[1]。根据《西州图经残卷》《新唐书·地理志》"伊吾郡"条关于赤亭道、赤亭守捉的记载，可以肯定赤亭当在蒲昌县东境。因其地处交通要冲，吐鲁番文书中记有"赤亭镇""赤亭""赤亭烽"[2]这类名称，唐代诗人岑参诗中又称"赤亭口"[3]。陈诚《西域行程记》记曰：永乐十二年（1414）二月"至二十一日巳时分，之一大草滩，旁有小山，山下有大泉，山上有土屋一所，地名赤亭。自十九日起入川行经二昼夜，约有五百里，方出此川，于此安营。住一日。二十三日，晴，早起向西行，中途有古城一处。有夷人帐房处，地名必残，安营"。所记草滩、小山、大泉以及到必残（辟展）里程均与七克台古城遗址所在地相符。所以，七克台古城遗址当为唐代赤亭镇、赤亭守捉和赤亭烽之所在。

5. 盐城

《太平广记·梁四公》（卷八十一）记载：梁天监年（502—519）中，"高昌遣使贡盐二颗。……干蒲桃、刺蜜、冻酒、白麦面。……刺蜜是盐城所生。……盐城羊刺叶大。其蜜色青而味薄"。盐城一名在高昌王国和唐代西州时期的吐鲁番文书中也多

1　孟凡人：《北庭史地研究》，乌鲁木齐：新疆人民出版社，1985年，第136页；［日］安部健夫著，宋肃瀛等译：《西回鹘国史的研究》，乌鲁木齐：新疆人民出版，1985年，第244页。
2　《吐鲁番出土文书》，第4册，第96页；第8册，第219页。
3　岑参：《武威送刘单判官赴安息行营便呈高开府》："曾到交河城，风土断人肠，寒（一作塞）驿远如点，边烽互相望；赤亭多飘风，鼓怒不可当。"载《全唐诗》三函八册三集一、《唐诗纪事》二三；《天山雪歌送刘沼归京》："北风夜卷赤亭口，一夜天山雪更厚。"同上三集二、纪事同上；《火山云歌送别》："火山突兀赤亭口，火山五月火云厚。"《全唐诗》同上。

有出现[1]。盐城又名盐泽城。陈诚《西域番国志》曰："盐泽在亚尔城西南，去土尔番三十余里，城居干川中，广不二里。"阔坦图尔古城又称布干土拉（Bugantura），《西域同文志》曰："回语，布，指此地而言，干，官牧场也，其地有之，故名。"《西域图志》云："布干在安济彦西南三十里……有城，周二里许。"阔坦图尔古城位居平川之中，荒野中骆驼刺丛生，北面是逶迤西去的盐山。因而，阔坦图尔古城应是高昌和唐代盐城遗址。

6. 南平城

《新唐书·地理志》"西州交河郡"条："自州西南有南平、安昌两城，百二十里至天山西南入谷。"《太平广记·梁四公》（卷八十一）："刺蜜是盐城所生，非南平城者。"唐代西州在交河县下设有南平乡。黄文弼认为让布工商古城遗址即魏唐之南平，岑仲勉虽说论证方法与黄文弼相左，然亦认为南平在此[2]。1979年2月发现于拉木伯公相古城遗址西北约4公里处（亚尔乡琼科瑞克村八小队庄西南300米）的《唐令狐氏墓志》明确记有"大唐永徽五年十月廿九日……安西都护府，天山县南平乡"。1976年10月在亚尔乡琼科瑞克村七小队附近，发现的另一方墓志残文也明确录

1　《吐鲁番出土文书》，第3册，第27页，第91页，第93页；第4册，第153页，第187页；第5册，196页，第197页，第199页。
2　黄文弼：《高昌疆域郡城考》，载《西北史地论丛》，上海：上海人民出版社，第150页；岑仲勉：《西突厥史料补阙及考证》，北京：中华书局，1958年。岑仲勉引《西域图志》"勒木丕，在阿斯塔克（即阿斯塔那）西南二十里……有小城，南抵沙碛"，认为南平就是勒木丕，并以此反对黄文弼让布工商一说。其实让布工商和勒木丕都是维吾尔语Lam-p'ogoŋʃaŋ的汉语音转，二人所论实为一地。

有"□山县南平乡"。由此确证拉木伯公相古城遗址就是魏唐时期的南平城之所在。

7. 安昌城

由上文所引《新唐书·地理志》得知南平城大致应在安昌城东面，由安昌至天山县百二十里。安昌当在南平之西。陶保廉在《辛卯侍行记》卷六中认为："今厅城西南三十里凉州工，旧名安济彦，或是古安昌也。"岑仲勉以"济彦急读则近于昌"[1]，赞同陶说。《西域图志·疆域》："安济彦在雅木什西五里……城周里许，不当孔道。"由此看来，陶保廉等所指是安济彦城，此城相对于拉木伯公相古城过于靠北，与《新唐书·地理志》所记不符。另外，安济彦城是建于阿古柏时期的近代遗址，与高昌国和唐代西州的安昌城无从比论。而安济彦城南部的帕克拉克古城在时代、方位等方面大致相当，故似为安昌城之所在。

8. 龙泉

这里原是交河城通往车师后王国主要交通线的一处重要中继站，麴氏王朝末期，为了加强与西突厥汗国在北庭的联系，才在这个交通中继站新设龙泉一县。唐代西州又在此设龙泉乡，隶属交河县。

《新唐书·地理志》"西州交河郡"条："自县北八十里有龙泉馆，又北入谷百三十里经柳谷，渡金沙岭，百六十里经石会汉戍，至北庭都护府城。"《西州图经》："他地道：右道出交河县界，

1　岑仲勉：《西突厥史料补阙及考证》，第167页。

至西北向柳谷通庭州四百五十里，足水草，唯通人马。"从形势上判断，二者应是一道。龙泉者，当以泉得名，而且过此泉再往北（西北）当少人家，龙泉应是他地道入柳谷前最后一处有人定居的地方。1996年4月26日，我们从交河故城下河谷小村亚尔乡九队出发，沿河谷西北行，经红柳河园艺场、桃树园子、夏普吐勒克（Xaptullik），翻越驴达坂，沿大河沿河向北上行至亚尔乡牧场，为他地道考察做准备工作。沿途用较多时间绕行多条可行路线，比定唐代他地道可能经行的线路，同时考察经行地的地形、地貌。发现只有夏普吐勒克一地与《新唐书·地理志》《西州图经》所记相符。夏普吐勒是维吾尔语，意谓出产桃子的地方，位于桃树园子以北约3公里，泉水丰富，林木茂盛。地理坐标：东经88°57′，北纬43°13′，海拔1000米。夏普吐勒克至交河故城直线距离为32公里，实际行程当在40公里左右。因而，似可以夏普吐勒克当作麴氏高昌和唐代西州龙泉乡和龙泉馆之所在。考察时因时间关系未能在夏普吐勒克附近做详细的调查，没有发现古城遗址。

9. 安乐城

《西域番国志》土尔番记曰："土尔番城在火州之西仅百里，即古交河县之安乐城。"《明实录》《明史》《西域图志》均同。《辛卯侍行记》疑即今吐鲁番城附角之古城。前文记述的安乐古城遗址旧称英沙又称安伽勒克，即为《辛卯侍行记》所言"今吐鲁番城附角之古城"，也即是黄文弼先生所说"广安城东的旧城"。英沙（Yengi Xahr）意为新城，安伽勒克 Andijanlik 意为安集延人驻地，这一名称的产生均与阿古柏进入吐鲁番后在安乐古城驻防有关。以上诸家所言，大致均以今之安乐古城址为高昌王国和唐代西州安乐城之所在。由吐鲁番文书得知，安乐一名始称于高昌，又沿用于唐代。唐代安乐城隶属交河县[1]。今之安乐古城址距交河故城仅十公里左右，以之当安乐距离上并无问题。

10. 宁戎城

《西州图经》："宁戎窟寺一所，右在前庭（即高昌）县界山北廿二里宁戎谷中。"另外，大谷文书2872《唐西州高昌县退田簿》："……城北廿五里宁戎低苦具谷……"前文记述的乌江布拉克古城遗址位于木头沟东侧高地，木头沟是高昌古城北越火焰山通往火焰山北或以西方向最为直接的通道，火焰山北木头沟沟口西侧至今仍然保留有不少千佛洞，再加山腹沟内的柏孜克里克千佛洞又是木头沟谷内自高昌国以降多佛教寺、窟的明证。另外火焰山以西直至木头沟口，多古代烽燧戍堡遗址，尤其是火焰山北木头沟沟口附近戍堡烽燧密度更大，同样说明木头沟火焰山北这一带的重要军事战略地位。从乌江布拉克古城至高昌古城遗址约为13公里，里程与文书所记25里左右的范围并无冲突。再者，就方位、里程而言，宁戎谷（或曰宁戎低苦具谷）各方面都与今之火焰山北的木头沟相符，因而乌江布拉克古城遗址应当是高昌王国和唐代西州的宁戎城之所在。另外，宁戎名称本身也是对木头沟沿线众多军事设施的最好说明。

---

1 《吐鲁番出土文书》，第8册，第73页。

11. 洿林城、永安城

据《太平广记·梁四公》记载，麹氏高昌国向南朝梁国进贡的葡萄干，七成为洿林城所产，三成为南平城所产。我们讲到吐鲁番地区河流地表水灌溉范围对该地区古代城镇分布状况的制约，实际是在强调丰富的地表水资源是在某地建立城镇的必要条件。前文记述的老砖厂居住遗址位于葡萄沟内，所在地河水奔流，林木葱郁，盛产葡萄，遗址东北不远处又有唐代千佛洞多处，无疑唐代此处应是一处繁盛的居民点。就距离方位而言，葡萄沟一带高昌国时当为交河郡属地，唐西州时为交河县领地。从洿林、永安在高昌国时期同为交河郡属县，唐西州时则为交河县下属乡（永安乡）、里（洿林里）[1]来看，麹氏高昌之洿林城、唐代西州交河县永安乡之洿林里似在老砖厂居住遗址周围。另外，西州时洿林地位下降，由高昌国时一县降为西州交河县永安乡一里。产生这种变化的原因无外乎唐王廷对该地区行政区划的调整和归并。而其本身为城，高昌国时又曾立为县。说明它的地理位置十分重要。这一点也与老砖厂居住遗址所在地葡萄沟的形势相符。

关于洿林地理位置，也有一些不同看法。如《辛卯侍行记》记曰："洿林，疑在胜金口东北之汉和罗。"冯承钧则认为有可能在哈拉和卓之南，艾丁湖附近[2]。郑炳林认为"唐西州有永安乡洿林里，永安乡又有横城里，横城，当即横截城，据此，永安、洿

1　大谷1087和1043号《武周西州交和县耆老名簿》："永安乡□□□"；洿林见大谷1403。

2　冯承钧：《西域南海史地考证论著汇辑》，第87页。

林当在高昌城东"[1]。永安一名仅见于文书,麴氏高昌为县,唐西州为永安乡,属交河县。交河县在高昌县西,不可能跨县领有高昌县东之地。以上几人所考涝林地望各在高昌东北、正南和东面,远离交河,难以成立。

至于永安城,假使老砖厂遗址为涝林,从西州时涝林为永安下属一里来看,二者的地理位置必然邻近,而且永安所在地与涝林相比,应是更好的农作区域。以此为出发点,细考涝林周围地理形势,今葡萄乡巴格日一带很值得注意。巴格日位于葡萄沟沟口,所在地势平旷,水源丰富,葡萄沟内河、泉水均汇流至此,是理想的农作区。此次考察,在巴格日周围没有发现南北朝—唐代的古城遗址,不过有几处严重破坏的高昌国—唐代的斜坡墓道古墓群。其具体位置待考。

12. 武城

此地名屡见于高昌和唐朝文书,64TAM35:44(a)、S4682号、大谷4382号有"城西十里武城渠"[2],则武城位置有可能在高昌城西。《武周神功二年范羔墓志》记有"殡埋武城东北四里"[3]。阿斯塔那(Ast'ana)古墓地位于高昌古城西北约4公里。因此武城也应在高昌古城西北。阿斯塔那古墓地西南2公里左右的地方,至今并无古城址发现,虽然如此,从地理方位来看,只有高昌古

---

1 郑柄林:《高昌王国行政地理区划初探》,《西北史地》1985年第2期。

2 有类似记载的文书数量众多,再如,大谷1231、2852、2853、2854、2861、2916等。

3 侯灿:《解放后新出吐鲁番墓志录》,载《敦煌吐鲁番文献研究论集》第5集,第422页。

城西北约5公里的西安宫（距阿斯塔那古墓地2公里多）与文书记载的武城位置大致相符。惜未发现高昌国—唐代古城遗址与之对应，进一步的确证还有待于新的考古发现材料。

13. 新兴

《辛卯侍行记》卷六记云："新兴，疑即森尼木。"森尼木，一作僧吉木，《乾隆重修肃州新志》作色木仅，《新疆图志》建置二作胜金，今同。维吾尔语是 Singim。岑仲勉认为"胜金即新兴之音变矣"[1]，陶保廉可能也是因对音而持此说。《麹斌造寺碑》记云："于新兴县城西造立一寺"（碑阴），"乃于所领城西显望之处，罄舍珍财，建兹灵刹"（碑阳面）。《新疆图志》金石二按《麹斌造寺碑》云："碑出吐鲁番三堡，即高昌国新兴镇。"黄文弼、冯承钧都认为新兴应在三堡[2]。据德国学者勒柯克（Von le Coq）获自胜金谷之木柱刻文云"新兴谷内高胜岩蕚福德之处"，可以断定新兴谷即今之胜金沟。《吐鲁番出土文书》中《唐开元二十二年西州高昌县申西州都督府牒为差人夫修堤堰事》记曰："高昌县，为申修堤堰人□……新兴谷内堤堰一十六所。"说明新兴谷（胜金沟）不仅是交通要道、军事重地，而且还是水利枢纽。今查文书中关于新兴方位距离的记载。大谷2913号："（高昌县）城北廿里新兴"，大谷3377号："城北廿里新兴满水潢"，大谷2855号："城北廿里新兴屯亭"，则新兴无疑当在高昌古城北二十里。据《辛卯侍行记》，

---

1 岑仲勉：《汉书西域传地理校释》（下册），北京：中华书局，1981年，第508页。
2 黄文弼：《西北史地论丛》，上海：上海人民出版社，1981年，第158页；冯承钧：《西域南海史地考证论著汇辑》，第87页。

森尼木距胜金口驿二十一里，胜金驿距三堡又十余里，高昌古城位于三堡东南，北距森尼木几近四十里。实际上由高昌古城至胜金，最近的路线必经胜金口，将近二十公里。因而以胜金当作新兴并不正确。从距离来看，新兴位置既不在胜金，也不在三堡，而应在胜金口附近，如此，才能在符合文书记载的同时，又兼顾到森尼木和三堡二说的依据。或就在胜金口，因为胜金口地理位置极为重要，新兴在唐西州作为城的地位本身也说明这一点。胜金口所在的胜金沟是高昌古城穿越火焰山沿火焰山北麓东行必经之地，清代驿路和今公路都行经胜金沟。胜金沟的走向大致呈东北向。胜金沟和正北走向的木头沟是由高昌古城通往火焰山北西行或东行的两条必经的重要山谷通道。有学者推论这两条山谷是同一条，这与实际情况相去太远[1]。现在胜金口沟口仍然保存有高昌国—唐代回鹘时期的千佛洞和佛寺遗址，这与上面所举在新兴谷内建佛寺的记载可相互印证。另外，据吐鲁番唐代交通路线的考察与研究，胜金口的民居和烽燧遗址，亦是胜金口地理位置重要和在高昌国—唐代曾为居民区的证明。

14. 横截、高宁

两名最早见于早期的西凉和北凉文书中，且在高昌郡时就已设县[2]，其地理位置应相当重要。唐代西州时期，横截为蒲昌县一

---

1 郁越祖：《高昌王国政区建置考》，复旦大学历史地理研究所编《历史地理研究》，上海：复旦大学出版社，1990年，第169—170页。
2 "高宁县"见《吐鲁番出土文书》，第1册，第165页；"横截县"见《吐鲁番出土文书》，第1册，第131页。

城，高宁为柳中县一乡[1]。从已整理发表的《吐鲁番出土文书》中可以看到"城东六十里横截城阿魏渠"[2]，"城东廿里高宁城"[3]，"城东卅里高宁宋渠"[4]的记载。《魏书·唐和传》：唐契、唐和"为蠕蠕所逼，遂拥部落至于高昌。蠕蠕遣部帅阿若率骑讨和。至白力城，和率五百骑先攻高昌，契与阿若战殁。和收余众，奔前部王国。时沮渠安周屯横截城，和攻拔之，斩安周兄子树，又克高宁、白力二城，斩其戍主"。《北史》记载略同，唯"先攻高昌"作"高宁"。由上述记载可以看出，横截、高宁必当孔道为兵家所必争。高昌城正东60里，为高峻的火焰山，不可能建城，因此文书中的"城东"，或为城东北，或为城东南。据《麹斌造寺碑》碑阴"奋威将军横截太守兼宿卫事鞠"的题名，可知高昌延昌十五年（575），高昌国设有横截郡。在此同时，据记载也设有田地郡。横截郡治横截城在高昌城东60里左右的范围内，田地郡治田地城（柳中）在高昌东30里[5]，如果都在火焰山南，则二郡领地有可能部分重合，而这是不可能的。

另外，高昌向东火焰山以南三十至六十唐里左右处，过去从未发现过古城遗址，此次考察我们也在这一带做过较为详细的实地调查，也没有发现古城遗址。因此，横截城必然在火焰山以北。《吐鲁番出土文书》中《唐上元二年蒲昌县界长行小作具收支饲

1　《吐鲁番出土文书》，第8册，第405页。
2　大谷2604。
3　大谷2389、2865、2604。
4　《吐鲁番出土文书》，第6册，第258页。
5　见《元和郡县图志·陇右道下》"西州"条。

草数请处分状》记有"山北横截等三城"，也说明横截城在火焰山北。火焰山北吐峪沟峡谷（吐峪克艾格孜）北口之苏巴什，位置正当沟通东西向沿火焰山南北两麓通往高昌的北道和南道的南北向峡谷的丁字交点上[1]。另外无论经胜金口从山北至此，还是走山南穿吐峪沟峡谷，里程大致都在30公里，方位距离都与文书所记相合，可以确定为横截城所在地。吐峪沟峡谷南口，即今之吐峪沟，西距高昌城10公里左右，北入峡谷500米是吐峪沟千佛洞。据《西州图经》记载："山窟二院，右在柳中县至北山二十五里丁谷中，西去州二十里。"里程方位都与今吐峪沟一致，吐峪沟似就是《西州图经》和文书记载的丁谷[2]。吐峪沟地扼东西向南道和南北向峡谷交会处，应是高宁之所在。吐峪沟东北约2公里处有一规模较大的晋—唐古墓群，说明此地晋—唐时期便是一处人丁兴旺的聚居区。此次考察吐峪沟峡谷南北谷口附近都未发现较具规模的古城遗址，实为憾事。

15. 酒泉

据阿斯塔那42号墓出土的几件文书，有"（高昌）城东廿里酒泉辛渠""城东三十里酒泉辛渠""城东二十里酒泉辛渠""城东二十里酒泉琐渠""城南二十里酒泉琐渠"[3]等记载，如此，则此酒泉非汉武帝元狩三年（前120）以匈奴昆邪王属地所设之酒泉，而仍以酒泉名之，当是河西酒泉人移居高昌屯垦，聚居而得名。从

1　吐峪沟是从高昌古城沿火焰山南侧东行最近一处南北横贯火焰山的山谷。
2　《吐鲁番出土文书》，第5册，第244页。
3　《吐鲁番出土文书》，第6册，第243—267页。

文书记载的与高昌古城的距离判断，酒泉当在高昌城东二十里至三十里的范围内。高昌城正东为高峻的火焰山，不可能建城，略偏南的吐峪沟经考证也已确定为高昌国—唐代西州的高宁城所在地，因而酒泉城只能位于高昌城更东南二十至三十里的范围内。今洋海阿斯喀勒村西北距高昌城约14公里，地理方位，及里程大致相当。另外，村内现存有一处唐代戍堡遗址[1]，亦说明唐代此地的重要性，或与酒泉城有关。

16. 临川

《吐鲁番出土文书》中《高昌丑岁兵额文书》有"林川付主簿楪之"，不过，文书大都作临川，林川似应为临川之误。《辛卯侍行记》云："疑在今连木沁。"冯承钧则以连木沁当临川，"古今对音约略相合"[2]。查连木沁，《乾隆新修肃州新志》作勒木仅，《新疆图志》作勒木津，《西域图志》作连木齐木。高昌汉译地名往往因读音变化而讹转，如柳中渐化为鲁克沁既是，临川转为连木沁亦有可能。临川一名从字义上看，应旁临河流，《西域图志》："连木齐木在辟展西八十里。由山南色启布（今作色尔克普）入谷，迤东行二十里出山北口，东旁山麓有小城，有水经城西北流，四境皆平田。"此次考察在连木沁确实看到有河北流，由此可见，连木沁古名临川信是不诬。再者由连木沁穿越色尔克普山谷即达鲁克沁，鲁克沁于东汉安帝延光元年（122）已是西域都护班勇屯驻之所，此后一直为火焰山南一处重镇，连木沁与之分列山之南

1　见后文"洋海厄格勒塔木戍堡"。
2　冯承钧：《西域南海史地考证论著汇辑》，第87页。

北，又有山谷相通，必定早成聚落，高昌诸重要地名中可谓必有其地，如此逐一分析排除，也唯有临川可以当之。今连木沁镇西南约5公里处有一唐代堡垒建筑遗址，俗称连木沁大墩[1]，其旁有一条河（连木沁河）经色尔克普山谷南流至鲁克沁。因在色尔克普山谷北口附近至今还没有发现唐代古城遗址，故暂以连木沁大墩当之。

以上是我们实地考证的西州20个主要城镇地名的地理方位。此外，高昌国时期的笃进、无半、威神、永昌、柳婆五个地名虽未出现于目前已见的文书、文献中，但它们在西州时期仍以某种形式存在应是可能的。并且高昌国时期其在交通或军事方面所起的作用，西州时仍会有某种程度的存在。

下面我们拟考定这五个城镇的具体位置或推论其可能的方位。

17. 笃进、无半

《梁书·高昌传》所记诸镇中有笃进，《大慈恩寺三藏法师传》卷一记载："从是西行，度无半城、笃进城后，入阿耆尼国。"《辛卯侍行记》卷六："笃进，盖今厅西南一百二十里之托克逊。"今人冯承钧、黄文弼、岑仲勉诸家均持此议。上文已根据《元和郡县图志》所记里程，考证高昌王国之始昌城和唐代天山县治所在应在托克逊县城一带。如从笃进在托克逊之说，则天山县城与笃进城同在托克逊，根据高昌王国和唐代西州各方面情况判断，应

1　参阅后文"土尔坎尔孜烽燧遗址"。

无此可能。玄奘从高昌出发西行可能选择的道路有三：一是经安乐、盐城至始昌道，即经今吐鲁番、阔坦图尔古城至托克逊。再者经南平、安昌至始昌，此道较安乐、盐城道近捷。然玄奘由此二道西行，不可能略安乐、盐城或南平、安昌等城不述。因而上述二道均非玄奘所取之道。此次考察我们在恰特喀勒乡庄子坎村西南发现有一烽燧遗址名为 Ulpang[1]。查斯坦因五十万分之一地图[2]，艾丁湖西北有地名 Olpang-Tura，黄文弼吐鲁番考察路线图上作乌盘土拉。无论 Ulpang、Olpang 还是乌盘都与无半音极为近似。维吾尔语称墩台、烽燧等物为土拉（Tura），斯坦因图上在 Olpang-Tura（也即是黄文弼图之乌盘土拉）绘有废墟标记。此次吐鲁番唐代遗址考察，确在乌盘土拉附近发现有废墟，惜自然和人力破坏过于严重，单从地表现象已不能判断其年代。乌盘土拉烽燧亦仅存基部，形似土堆。然从胜金高昌古城方向至托克逊，多有烽燧呈线状分布，且多为唐代来判断，乌盘土拉烽燧的年代亦应相近。由对音看，乌盘与无半极为接近，古突厥语 Ban、Pan 不分，而现代维吾尔语转读为 Pan。无半、乌盘也很可能是同一地名在不同时期的异译。经乌盘至阿萨土拉古城可西南行直接进入库鲁克艾格孜（Kuruk-egiz），前往焉耆。此即从高昌城前往焉耆最近捷的第三条道，玄奘走的正是这条路。如此，则阿萨土拉古城址很可能是高昌王国笃进城之所在。

---

1 见后文"乌盘土拉烽燧"述文。

2 ［英］斯坦因：《亚洲腹地考古图记》，桂林：广西师范大学出版社，2004年，卷4地图。

根据上文的记述，阿萨土拉古城遗址无论规模还是所在地的地理位置，都不可能是农作区的聚居点，而完全是一处防御性的城堡建筑。从后文乌盘土拉烽燧遗址的记述来看，乌盘土拉及其附近的废墟并不可能是古城堡遗址。这样高昌国时的笃进和无半二城有可能本身也就是防御性的小城，至唐代西州时期其地位进一步下降，变为烽燧。

18. 威神、永昌

此二城是麴氏高昌横截郡的属县。根据上文的考证，横截郡另外三县——横截、临川、宁戎都位于火焰山以北，而田地郡的田地、高宁二县却都位于火焰山以南，据此，横截、田地两郡应当是以火焰山为其天然分界。如是，则威神、永昌两城的地望当在火焰山北。威神可能在连木沁东北20公里左右的汉墩阿克墩村一带，村庄东南1.3公里处有一唐代戍堡遗址，正东2.2公里处有一唐代烽燧遗址[1]。永昌可能在今连木沁镇一带，也有可能再往北一些。《吐鲁番出土文书》中《高昌延寿十四年（637）兵部差人往青阳门等处上现》记有："右五人，往永昌谷中山头还五日。"永昌当在临近山谷之地或就在火焰山某山谷之中。柳婆，冯承钧认为在鲁克沁之南、艾丁湖东"有古城二，一名大城（Qong Assa），一名小城（Kiqik Assa），必有一城属此柳婆"[2]。小城是一佛教遗址[3]，大城的年代可能始于唐。从阿萨古城的形制和所处的地

1　因无明确文献文书资料可供征引，关于威神、永昌二城方位只能做一假设。

2　冯承钧：《西域南海史地考证论著汇辑》，第87页。

3　见前文"阿萨协亥尔古城遗址"。

理位置来看，是镇守西州东南方向的重要军事设施。无论是否为高昌时期的柳婆城，在西州时阿萨古城都是一处重要城镇。根据考古资料和我们的考察，阿萨古城遗址是吐鲁番地区目前所发现的唐代重要古城遗址中，唯一尚无文献记载中的城镇与之对应的遗址。而柳婆又是文献记载的古城之中，唯一尚未有遗址与之对应者。如此，若将二者联系在一起，虽说仍缺乏证据，不过倒也非空穴来风。根据文献所记载的情况，柳婆在高昌时期极有可能是一镇戍性的小城，至西州时期，也可能是在吐蕃据有河西以后才扩大至目前存留遗址的规模。柳婆一名，西州是否沿用或改为何名，目前尚无材料可以说明。

第四节　唐代吐鲁番（西州）的镇戍、守捉、烽燧和馆驿

区域军事警戒存防设施，以及驿站都与交通线相关。唐初，"兵之戍边者，大曰军，小曰守捉，曰城，曰镇，而总之者曰道"[1]。军即军镇[2]，守捉设置较晚，镇戍在州境由州或都督府管辖，其设置早于军和守捉。镇戍起源于魏晋南北朝时期，唐边州设置镇戍形成制度。据《新唐书·百官志四》记载唐镇戍分三等，"凡上镇二十，中镇九十，下镇一百三十五"，"每防五百人为上镇，三百人为中镇，不及者为下镇；五十人为上戍，三十人为中戍，不

1　见《新唐书·兵志》。
2　关于军镇与镇戍的区别，《新唐书·百官志》记载明确，不再赘述。

及者为下戍"。镇有镇将、镇副及仓曹、兵曹等僚属，戍只有戍主和戍副。唐置军镇后，镇戍仍是边州防御据点。守捉是在节度使之下介于军与镇之间的边防机构，也有大中小之分。大者有兵六千，马一千匹；中等的有兵三千；小的仅有兵千余人[1]。大守捉相当于一般军的建制，中小守捉有兵无马，兵员则与小军相当，都比镇戍大。守捉的设置规模一般由边防军事形势决定，可能是原镇的扩大[2]。烽燧是我国古代长期使用的军事设施，广泛用于国防和军事活动中有关侦察、警备、通信等方面。唐代，烽燧的设置、管理等方面已制度化。《唐六典》卷五"尚书兵部职方郎中员外郎"条："凡烽堠所置，大率相去三十里。若有山岗隔绝，须逐便安置，得相望见，不必要限三十里，其逼边境者，筑城以置之。"《武经总要》[3]前集卷五"唐兵部有烽式"云："唐法：凡边城候望每三十里置一烽，须在山岭高峻处，若有山岗隔绝，地形不便，则不限里数，要在烽烽相望。若临边界，则烽火外周筑城障。"唐和前代不同，在烽燧之外，新出现了"烽铺"，吐鲁番文书中多有烽与铺共载于同一文书者，烽铺连称者亦不少见。众所周知，自汉至唐，烽燧皆指烽燧而言，专主放烽即所谓白昼放烽，夜晚举火，兼日夜而言之。至于烽铺之"铺"，史载不详。程喜霖考证认为，烽铺并非单指烽燧，一般烽皆置有铺，铺置马二匹，如临沙碛的铺则配驼三头，每铺至少有铺人两三人，平时畜牧屯

1　程喜霖：《吐鲁番文书所见唐代镇戍守捉与烽堠》，载《敦煌吐鲁番学研究论文集》，上海：汉语大词典出版社，1990年，第459页。
2　开元时期由守捉改为军的事例，在《新唐书·地理志》中多有记载。
3　载《四库全书》兵家类，下不另注。

田，有警则传递烽牒（逢阴雨、大雾天，烽火无法传递），有的烽与驿相连，便使用驿马传递烽牒，不另置铺[1]。守捉和镇戍是置于边州的军事机构，有驻防的城镇、营地，其辖区内必然设置烽燧，并归其管理。正如《武经总要》记载："烽燧是军中之耳目，预备之道，不可阙也。"简言之，烽燧是镇戍、守捉的警戒报警系统。

唐代的交通通信组织以"馆驿"为代表，《唐会要》以"馆驿使"立项便是对其重要性的肯定[2]。按唐制三十里置一驿，其非通途大路则曰馆，若地势险阻及须依水草，不必三十里，每驿皆置驿长一人，量驿之闲要以定马数[3]。据此可知，馆和驿的区别依道路之要僻而定。在西域还出现一种与馆驿组织并行的名叫长行坊的交通组织。这种组织机构在有关唐代驿传组织和制度的文献史籍中没有记载，不过大量出现在《吐鲁番出土文书》之中。馆驿的设置主要是便于官吏的往来和文书的传递，长行坊的任务也是为了官吏和其他人员的往来，关于二者的关系目前有三种观点：①认为长行马是与驿马不同的制度，后者是按驿换乘的马匹，而前者是从起点到终点不用换乘的马匹。还认为长行坊是在没有设置驿传的边境地区承担公用交通而产生的制度，是驿传组织的特例，或者说是正规驿传组织外围的辅助组织[4]。这种观点的后一部

1　程喜霖：《汉唐烽堠制度研究》，西安：三秦出版社，1990年，第195页。
2　《唐会要》卷六十一"馆驿"条。
3　参阅《通典》卷三十三、《唐六典》卷五。
4　［日］藤枝晃：《长行马》，《墨美》60号，1956年。

分，经此后学者的进一步研究已证实不正确[1]。②与馆驿相比，长行坊的建置是对高昌王国时期远行马制度的沿袭和发展，其交通路线以州为单位，是在承担不太紧急任务时，根据当地自然条件所采取的管理交通运输的一种措施[2]。③长行坊提供长行马驴供使者骑乘，而馆则负责往返使者和牲畜的食宿，即所谓"供伺官客"。认为西州大量设馆而少置驿，且馆多设在重要交通线上，诸馆没有馆马、馆驴，只承担客使及随行牲畜食宿的任务。驿配有驿马、驿驴，但与长行坊的关系不明[3]。

唐灭高昌国之后，根据西域的复杂形势，以及高昌地区为西域交通总枢纽的战略地位，于高昌国旧地设立西州，推行内地的州县体制。随后以西州为根据地，进击焉耆、龟兹等地并最终控制了西域。贞观十四年（640）九月，在西州置安西都护府，治交河城[4]，又建立了一套军镇机构。这是内地行政制度和边疆军事镇守相结合的一种体制，正和唐设州县有效地保证了民政方面的律令制度的实施的情况一样，都护府的设置保证了唐在西域的军政机构的运转。与此相适应，还建立了馆驿、长行坊等交通组织，配备了交通工具，形成较为完善的交通网。从现存史料看，设立于交通要道或形胜要地的守捉、镇戍机构是唐代西州的主要军事

1 孔祥星：《唐代新疆地区的交通组织长行坊》，《中国历史博物馆馆刊》1981年第3期。
2 孔祥星：《唐代新疆地区的交通组织长行坊》。
3 孙晓林：《关于唐前期西州设"馆"的考察》，《魏晋南北朝隋唐史资料》（第11辑），武汉：武汉大学出版社，1991年，第260页。
4 《唐会要》卷七三"安西都护府"条。

设施，其中，烽燧是最基本的军事设施。守捉、镇戍和烽燧均由西州都督统领，构成西州完整的军事防御系统。而这些属于西州基层军事组织的镇戍、守捉、烽铺与西州交通关系密切。镇戍、守捉多设于交通要冲，烽铺一般置于险要隘处，它们往往邻近馆驿和长行坊或同在一地，在保护交通线的同时，亦得到馆驿和长行坊的助益。另外，烽燧线还多与交通线相辅而设，所以烽燧线也是研究交通线的重要依据之一。

现在依据本次考察材料，介绍吐鲁番地区古代烽燧遗址情况如下：

1. 阿拉（Ala）沟烽燧

位于托克逊县伊拉湖乡南疆铁路鱼儿沟车站以南500米，北距托克逊至阿拉沟公路20米。地理坐标为北纬42°51′，东经87°52′，海拔772米。烽燧地处由南向北倾斜的洪积扇上，所在地为沙砾戈壁。南临一道16米深的断崖，东部现为鱼儿沟车站的附属建筑、居民区及商业区，原来是一片古墓地。1976—1978年，新疆社会科学院考古研究所对鱼儿沟古墓地进行过三次发掘，出土了大量遗物。西北约1公里是鱼儿沟沟口，正西约800米为阿拉沟沟口。

阿拉沟烽燧遗址（维修保护前）

维修后的阿拉沟烽燧遗址南侧

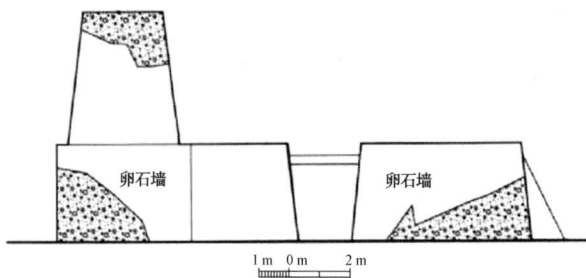

卵石墙　　　　　卵石墙

1 m　0 m　　2 m

维修后的阿拉沟烽燧遗址南侧立面图

阿拉沟烽燧是一城堡式建筑，建筑材料主要为卵石（城堡南侧有一宽大、布满卵石的冲击河床，取材极为方便），并辅以少量的土坯。城堡平面略呈圆形，南北长31.3米，东西长为30.5米，面积达954.65平方米，如加上城堡围墙其总面积可达1000平方米左右。城堡由烽燧、城墙、房屋、城外围墙组成。城墙高约7米。烽燧位于城堡西北角，呈覆斗形，是城堡内最高的建筑，经维修现高约10米。城北部有一高一低两个平台，较高的平台位于烽燧北壁，烽燧东壁有一卵石砌成的台阶可登至平台。较低的平台位于城堡东北角，其南侧也有一卵石砌成的台阶可登达平台。房屋遗迹现存两处。一处依东城墙，以城墙为后壁，门向西开，现仅存有墙基。另一处在高平台的东北角，以高平台西壁为后墙，门向东开，仅存两间房屋的残垣。城门位于城堡南墙中间，宽3.2米，门边用土坯平铺错缝砌成。城堡四墙及烽燧均由卵石砌成，城墙剖面：上窄下宽呈梯形。卵石层之间夹有红柳枝，黏合物为泥土。城堡内壁东、西、南三面又贴砌一道土坯墙，城墙因之得以加宽，顶部可以行人。城墙内外均抹有一层草拌泥。城堡南墙内有一东西向用卵石砌成的台阶可以登上城墙。城堡外紧靠断崖建有一道由卵石和土坯混杂砌成的低矮围墙，呈半圆形护卫着城堡的西墙、南墙和部分东墙，围墙现存高度50—70厘米，宽40—50厘米。

维修后的阿拉沟烽燧遗址北侧

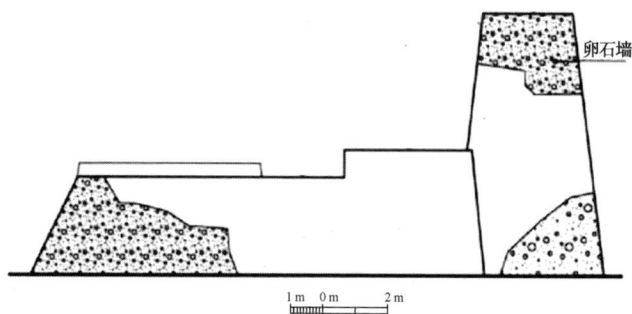

卵石墙

1m 0m 2m

维修后的阿拉沟烽燧遗址北侧立面图

1976年，新疆社会科学院考古所曾对阿拉沟烽燧内一间废房进行过清理，出土过数件残破的唐代文书[1]，并于烽燧石垒墙壁内抽取所夹的红柳做碳-14年代测定，数据年代与唐代相当（距今1295年，正负75年，经树轮校正为1260年，正负75年）。烽燧年代定为唐代应无问题。该烽燧遗址现为自治区文物保护单位[2]。进入阿拉沟内13公里处和31公里处，还有两处卵石垒砌的烽燧遗址，显然与阿拉沟烽燧组成一条烽燧线。

2. 吾斯提（Usti）沟烽燧

位于托克逊县博斯坦乡吾斯提沟口东南山顶上。地理坐标为东经87° 59′，北纬42° 41′，海拔1416米。烽燧南面靠山，东面与山地平行漫连，北面为广阔戈壁滩，西面为进入吾斯提沟口的咽喉位置，沟内常年有水。沿吾斯提沟西南行可进入阿拉沟，这可能是吾斯提沟沟口设置烽燧的原因。

烽燧由卵石砌筑，石层中夹有树枝泥土，圆形，残高1.5米，直径3米。由于严重破损，从外观已不能判断是否为空心建筑。建筑用材和方式，以及风格都与阿拉沟烽燧相近。烽燧沟对岸有一片积石墓群。据附近村民介绍，现在沟底水管站建筑所在地，原来曾有一处规模较大的房屋遗址，后因修水管站而拆除。目前烽燧附近已看不到任何古代建筑遗迹。烽燧周围仅发现几片褐釉陶片。

---

1 文书现存新疆文物考古研究所。
2 阿拉沟烽燧的文字表述，参考了《吐鲁番地区文物普查资料汇编》一文。

0.5 m　　0 m　　　　1 m

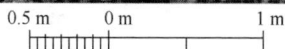

吾斯提沟烽燧遗址东侧

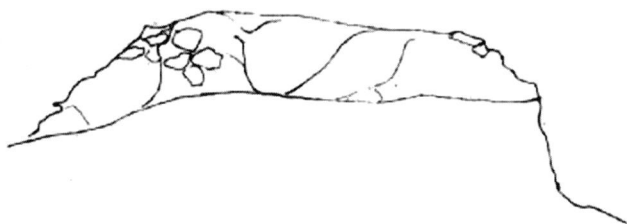

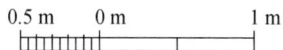

0.5 m　　0 m　　　　1 m

吾斯提沟烽燧遗址东侧

　　关于该烽燧的年代，因无明确纪年之文物发现，仅凭带釉陶片将其定为清代，似过于武断。与阿拉沟烽燧比较，笔者倾向于唐代，但是并不排除清代延续使用的可能。

3. 帕莱克（Paklik）烽燧

位于托克逊县托台乡西南4.5公里处。地理坐标为东经88°38′，北纬42°44′，海拔31米。

烽燧所在地四周为沙漠荒草滩。烽燧由土坯垒砌，残高4米，南北长14.7米，东西宽11.8米，面积约为173平方米。采集物为夹砂灰、红陶片。

年代：清代[1]。（按：根据吐鲁番盆地的地理形势和自然环境条件，清代交通线和烽燧线当与其前诸时代之交通线或重合或靠近，有重要参考价值，故一并介绍。下同）

4. 乔拉克（Qalak）烽燧

位于托克逊县托台乡东南约3公里。地理坐标为东经88°44′，北纬42°47′，海拔 -38米。烽燧由土坯砌筑，呈矩形，四周均为农田。由于当地村民积肥取土，烽燧大部分已被破坏。现存部分残高1.3米，南北长9米，东西宽8.5米，面积为76.5平方米。无采集物。烽燧东面约300米处有一片古墓群，因风蚀作用，部分墓口外露，地表散布彩陶片。陶器形制纹饰与阿拉沟古墓群所出彩陶相似。烽燧形制及建筑方式都与帕莱克烽燧相似，以之判断其年代亦当为清代。

5. 萨依坎尔（Saikariz）烽燧

地名意思是隔壁坎儿井，位于托克逊县河东乡萨依坎儿井村北，东南距县城约10公里。地理坐标为东经88°33′33″，北纬42°50′，海拔140米。

1　《吐鲁番地区文物普查资料汇编》附表定为清代。

萨依坎尔烽燧北侧

萨依坎尔烽燧北侧立面图

　　烽燧地处风口，地形起伏较大，地貌以初级雅丹地貌为主，土质为板结黄土。烽燧经风蚀表层严重剥落，南壁已坍塌呈斜坡状，东、北壁保存状况也不好，唯西壁保存较好。烽燧夯筑，残高5米，南北长30米，东西宽23米，面积690平方米，夯层厚8—10厘米。个别地方曾用土坯修补过。从夯层来看，烽燧曾被毁后又重筑，早期夯层所用泥土纯净、少杂质，补筑后的夯层中夹有泥质灰陶片、灰土和烧结土。采集物为夹砂灰、红陶片，个别灰陶片陶胎较厚。

时代：从陶片和建筑方式判断应为唐代，从用土坯修补过的现象来看，亦不排除清代延续使用的可能。

6. 布干（Bugan）烽燧

位于托克逊县城北略偏东约10公里处的河东乡奥依曼布拉克（Oyman Bulak）村东北约500米。地理坐标为东经88°41′，北纬42°52′，海拔−5米。

布干烽燧遗址北侧

布干烽燧遗址北侧立面图

烽燧所在地地势低洼，西北面不远处有一条当地人称托克逊河的干涸河道，杂草丛生。烽燧平面呈方形，四边各长17米，残高7米，面积289平方米，为夯土和土坯合筑而成，顶部南端仍残留有一段土坯墙，保存状况较好。烽燧四面均有长26厘米、宽24厘米的桩木眼，分上下两排，上排5个、下排6个，平行间距为1.1米，上下间距为1.6米。采集物为粗质夹砂灰、红陶片。

年代：上限当为唐代，下限延至清代，是在唐代夯筑基础上修补后重新使用。

7. 大墩烽燧

位于托克逊县河东乡与吐鲁番交界处，东距今吐鲁番—托克逊公路约36米，西南距托克逊县城25公里。地理坐标为东经88°55′，北纬42°52′，海拔–65米。

大墩烽燧遗址北侧

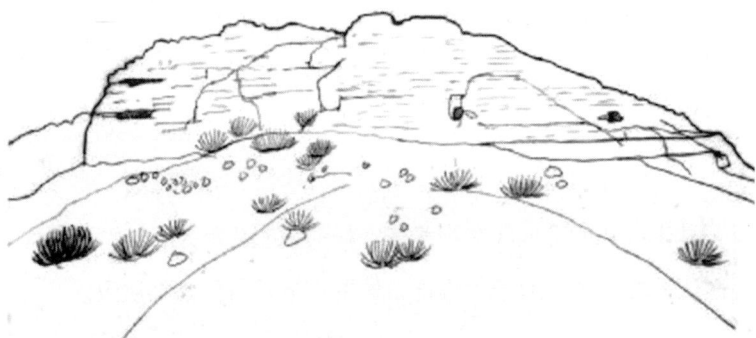

1 m 　 0 m 　 　 2 m

大墩烽燧遗址北侧立面图

烽燧四周为大致平坦的荒草地，稀疏地生长着骆驼刺等荒漠植物，西南不远处有一条干涸的河道。烽燧平面呈方形，边长17.5米，残高5米，面积306.25平方米。烽燧基础部分为夯筑，上部由土坯垒砌而成，倾颓严重，西、北两面因颓土堆积呈斜坡状，土坯规格为50厘米×21厘米×12厘米。采集物有夹砂灰红陶片。

时代：黄文弼先生1928年曾来此考察，认为是安集延时期所筑[1]，《吐鲁番地区文物普查资料汇编》一文附表定为清代[2]。我们认为此烽燧是清代在唐代烽燧基础上重筑使用的。

8. 考克（kok）烽燧

位于托克逊县托台乡英亚伊拉克（Yengi Yaylak）西约3公里处。地理坐标为东经88°55′，北纬42°43′，海拔–87米。

烽燧四周为盐碱地和盐碱沼泽地，稀疏生长着红柳和芦苇，北面约100米处有一条小河。烽燧呈长方形，已经从顶部开裂，东西长20米，南北宽15米，残高5米，面积300平方米，主体部分为夯筑，夯层厚约8—10厘米，其外又用土坯包砌了一层，土坯规格为30厘米×20厘米×11厘米。采集物有粗质夹砂灰、红陶片，及绿釉陶片。

时代：《吐鲁番地区文物普查资料汇编》附表所定年代为清代，我们认为烽燧主体为唐代所筑，外围土坯是清代修补所致。

---

1 黄文弼：《吐鲁番考古记》，第11页。
2 黄文弼：《吐鲁番考古记》，第11页。

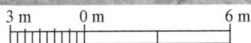

考克烽燧遗址东侧

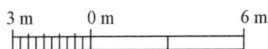

考克烽燧遗址东侧立面图

9. 阿萨墩（Asa Dong）烽燧

位于托克逊县托台乡三队以东约5公里。戍堡西北角为烽火台，土坯砌筑，现已整体自北向南顺风向倒塌，形体不存。据

1988年文物普查记载，烽火台平面呈方形，边长6米，剖面呈梯形，顶边长3米，残高约5米，沿西墙筑有登烽的阶梯。

阿萨墩遗址照片（东南向西北）

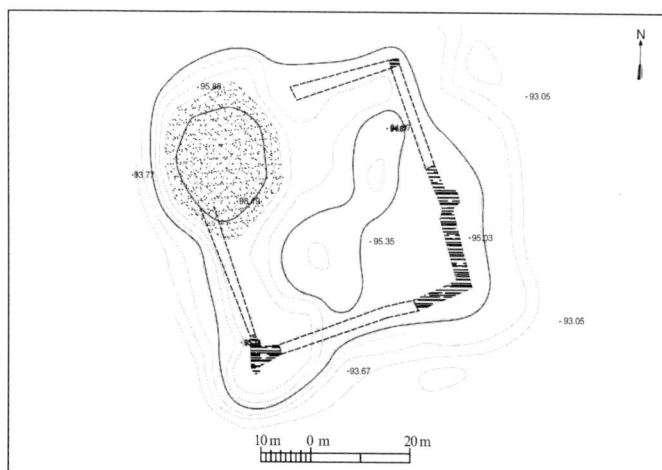

阿萨墩平面图

阿萨墩戍堡，位于托克逊县夏乡农场三队东约5千米处，是唐至清代一座重要的军事设施遗存。戍堡由城外围墙、烽火台和房屋（现形式不存）组成。整体平面大致呈方形，东西53米，南北约50米，占地面积2650平方米。墙体夯筑，夯层内夹红柳枝；墙厚2.5米，顶宽1.8米。墙外有一圈存高1米的土墙，土坯砌筑，通体内外壁抹有一层草泥皮。戍堡西北角为烽火台，土坯砌筑，现已整体自北向南顺风向倒塌，形体不存。据1988年文物普查记载，烽火台平面呈方形，边长6米，剖面呈梯形，顶边长3米，残高约5米，沿西墙筑有登烽的阶梯。古城内曾发现一枚唐代开元通宝，时代为唐至清。

保存状况一般：戍堡格局基本完整，城内建筑不存，墙体部分坍塌。损毁原因：阿萨墩戍堡所在地为风区，常年盛行南北风，风暴侵蚀对墙体造成破坏，年久失修。

10. 二二一团烽燧

西南距二二一团团部约2.5公里，位于盐山北麓一个小山包顶上。地理坐标为东经88° 59′ 18″，北纬42° 56′ 3″，海拔99米。

烽燧所在位置，东望交河故城，背依盐山，西临横贯盐山的大旱沟，扼交河城西盐山南北交通之咽喉。烽燧大致呈方形，土坯砌筑，实心，东西长5.2米，南北长5.4米，残高6米。采集物仅为两块夹砂灰陶片。

二二一团烽燧西侧

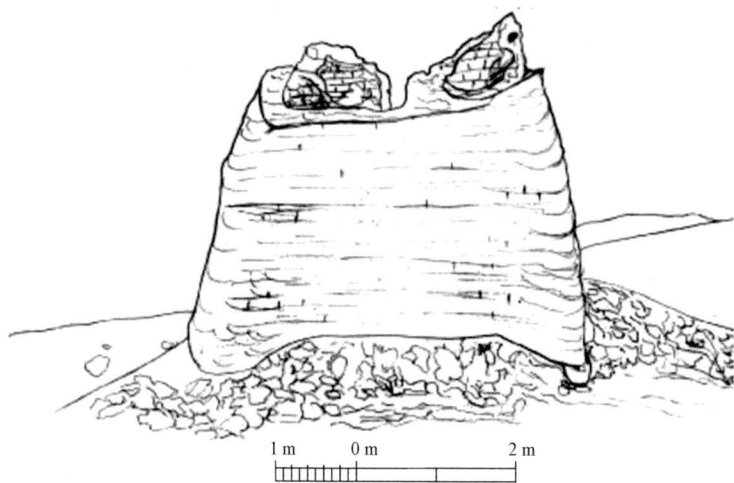

1 m   0 m   2 m

二二一团烽燧西侧立面图

年代：烽燧所用土坯，以及建筑方法与盐山烽燧一致。此外，其地望与交河城关系密切，因而年代似应在唐代，沿用时间可能较长。

11. 雅尔湖烽燧

位于吐鲁番市雅尔乡雅尔湖村西北约1.5公里处。地理坐标为东经89°2′，北纬42°59—60′，海拔30米。

烽燧位于交河北支流陡峭河岸东侧，地表黄土风蚀严重，地形起伏较大。登临烽燧西北望，二二一团烽燧隐约可见，东南望，则交河城历历在目。烽燧扼守由北沿河沟接近交河城的西北通道。

雅尔湖烽燧遗址东南侧

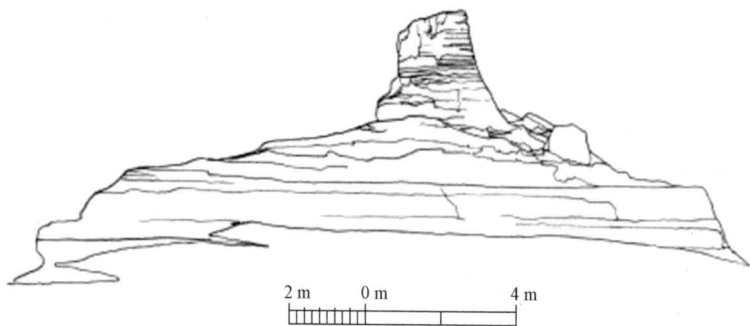

雅尔湖烽燧遗址东南侧立面图

烽燧夯筑，夯层10厘米左右，并夹有大量砂石。烽燧基底分两层作阶梯状，第一层长方形，东西长14.4米，南北长18.6米，第二层为方形，边长11.3米。烽燧由基底向上渐收整体呈覆斗形，残高约5米，烽顶北侧已倒塌，东壁出现裂缝。采集物为夹砂红、灰陶片。

年代：雅尔湖烽燧为交河故城西北部重要军事要塞，扼守由北部进入交河故城的通道，从烽燧结构、地望和陶片来看，当为唐代。

12. 盐山烽燧

位于吐鲁番市雅尔乡盐山东端。地理坐标为东经89° 5—6′，北纬42° 55—56′，海拔169米。

烽燧位于雅尔霍孜沟口北侧东端小山顶上，西北遥看交河故城全貌，相距约4公里，东南及南部均为平坦的戈壁荒漠。雅尔霍孜河东流而去，河对岸有千佛洞数间。

盐山烽燧遗址北侧

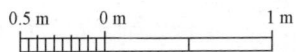

0.5 m　　0 m　　　　1 m

盐山烽燧遗址北侧立面图

烽燧呈正方形，基底夯筑，其上由土坯砌筑，边长10米，残高1.7米。

年代：雅尔霍孜沟谷是由东南进入交河故城的唯一通道，本烽燧扼控沟谷东端，实为一重要军事要塞。当为交河城同时代之建筑。

13. 吐尔退维烽燧遗址

位于红柳河园艺场北略偏西约6公里的山前洪积扇上。地理坐标为东经88° 56′ 3″，北纬43° 10′ 50″，海拔900米。

遗址所在地地势较高，视野开阔，北距桃树园子约3公里。东略偏南遥与雅尔湖烽燧遗址相对，是从交河故城出发经红柳河园艺场、桃树园子、夏普吐勒克前往大河沿河谷的必经之地。烽燧平面呈正方形，夯筑，边长约4.5米，残高约3.4米。

年代：上限当为唐代。

14. 艾丁湖塔什烽燧

位于吐鲁番市艾丁湖乡艾丁湖南岸，西距翁依旁坎儿井11公里。地理坐标为东经89° 12′，北纬42° 40′，海拔 –141米。

遗址所在地为一片盐碱地，生长有芦苇、骆驼刺等耐旱植物。遗址南约100米外为觉罗塔格山前冲积扇一大片砾石戈壁，绝少植物生长。

烽燧大致为长方形，土坯砌筑，东西长10米，南北长6.3米，残高约5米，距地表约2米和3.5米高处各夹有一层芦苇。采集物为红、灰夹砂陶片。

艾丁湖塔什烽燧南侧

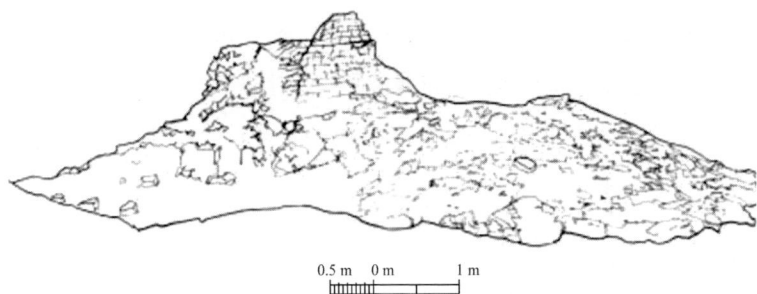

0.5 m 0 m   1 m

艾丁湖塔什烽燧南侧立面图

年代:《吐鲁番地区文物普查资料汇编》附表定为汉代,然而此烽燧与吐鲁番地区唐代烽燧颇多相似之处,采集物亦接近,年代定为唐代似更为合适,但也不排除清代修补沿用的可能。

15. 毕占土拉（Bidjang Tura）烽燧

位于二二一团南略偏西10公里处的大片盐碱荒漠之中。地理坐标为东经89° 8′，北纬42° 42′ 30″，海拔 −135米。

烽燧所在地东北西三面均为盐碱荒漠，生长有耐碱植物和稀疏的芦苇，南面是库鲁克塔格山前地带一大片沙砾戈壁滩，东距乌盘土拉烽燧约7.5公里。烽燧夯筑，损坏严重，已完全坍塌，残高约2米。周围地表可以见到零星的灰陶片。

年代：从地表陶片和地理位置来看，应为唐代，1928年黄文弼先生曾考察过此烽燧，也认为是唐代遗址[1]。

16. 乌盘土拉烽燧

位于吐鲁番市恰特喀勒乡庄子坎村西南约8公里处的盐荒地上。地理坐标为东经89° 14′，北纬42° 44′ 20″，海拔 −150米。烽燧所在地，东、南两面为盐碱沼泽，西、北两面为盐碱荒漠，东北距庄子坎烽燧约8公里，西南距毕占土拉烽燧约7.5公里。

烽燧夯筑，已完全倒塌成一高约2.5米的大土堆。倒塌堆土中，夹有一些灰陶片。

年代：从地理位置和陶片特征来看，应为唐代，此处黄文弼先生也做过考察[2]。

17. 庄子坎烽燧

位于吐鲁番市恰特喀勒乡庄子坎村。地理坐标为东经89° 18′ 33″，北纬42° 44′ 35″，海拔 −141米。

1　黄文弼：《吐鲁番考古记》，第10页。
2　黄文弼：《吐鲁番考古记》，第10页。

烽燧位于庄子坎村南缘，东西北三面均为村落民居，紧邻烽燧，东面是农家一处牲口圈，南面为农田，西面是一小块荒地，北面是一条乡村公路。

庄子坎烽燧遗址南侧

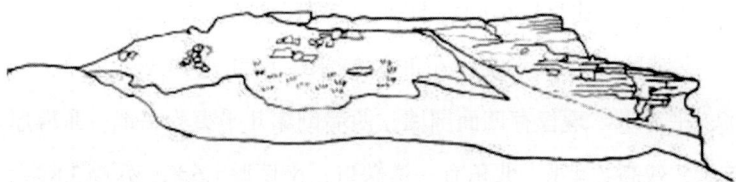

2 m   0 m   4 m

庄子坎烽燧遗址南侧立面图

烽燧由土坯砌筑，损坏严重，已完全倒塌，形成一个直径约15米的小土平台（烽燧邻近农家土坯多为农民取去砌墙）。土平台中心部分为夯土，说明烽燧下部主体可能为夯筑。西南露出一小块近似直角的基础，由此可以判断烽燧应为矩形或正方形。无采集物。

年代：由此烽燧向西南依次呈线状分布有乌盘土拉烽燧、毕占土拉烽燧、艾丁湖塔什烽燧，显然是一条警戒线，因而，这些烽燧的年代也应相同，即上限当为唐代[1]，下限不排除清代沿用的可能。

18. 洋海厄格勒塔木（Egri Tam）戍堡

戍堡位于鄯善县吐峪沟乡，洋海阿斯喀勒村附近。地理坐标为东经89°40—41′，北纬42°47—48′，海拔 –28米。

厄格勒塔木（Egri Tam）是维吾尔语，意为弯曲的墙。戍堡地处火焰山南吐峪沟山前地带，地势较为平坦。东部为戈壁沙土地带，南部为黄土沙地及荒废农田，西距吐峪沟至洋海公路约100米，公路与遗址间有北南向排列的坎儿井及一座砖窑，公路东侧有一渠流水，北是厄格勒塔木沿公路居民区。

戍堡呈方形，夯筑，东西长21米，南北宽19.5米，面积为409.5平方米。现仅存四面围墙，西墙倒塌几乎夷为平地；东墙厚1.5米，残高约4米，北角有一道缺口；南墙厚1.6米，残高3.8米，

1　《吐鲁番地区文物普查资料汇编》附表定为汉至唐代。

厄格勒塔木戍堡遗址北侧

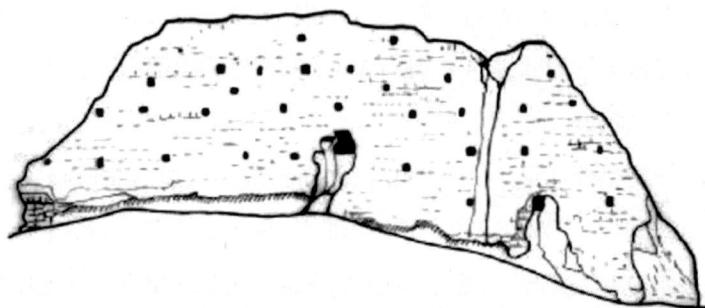

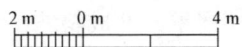

2 m　0 m　　　　4 m

厄格勒塔木戍堡遗址北侧立面图

东端有一道缺口；北墙厚约2米，高4米，北墙外基础部分塌损，因而可以看清夯窝，直径约5厘米，深约1厘米。戍堡围墙夯层由底部向上逐渐增厚，夯层最厚处达35厘米，最薄处仅10厘米。

戍堡面积与连木沁大墩面积相近，堡内外都不见有房屋建筑遗迹，由围墙较高判断为军事设施。堡内零星可见轮制泥质灰陶片，时代上限似为唐代[1]，下限尚不能确定。

19. 恰特喀勒（Qatkal）烽燧

位于恰特喀勒乡喀拉霍加坎尔孜村北约4公里处。地理坐标为东经89° 22—23′，北纬42° 53—54′，海拔 −46米。

烽燧位于平坦的沙砾戈壁上，西面约50米外有一道北南向的坎儿井，名为卡得尔阿訇，北面约3公里处是吐哈公路。烽燧北距干沟烽燧约10公里，东北距胜金口约14公里，东南距高昌古城约12公里，烽燧附近方圆两三公里内无人家。当地维吾尔族农民称这座烽燧为阔提约干（Kot Yogang），意为臀部很大，大概指烽燧基底较大。

烽燧呈覆斗形，大致为正南北向坐落，底边南北长15.3米，东西长13米，残高8.2米；顶边东西长8.4米，南北长12.3米。烽燧主体为夯筑实心，顶部应为土坯建筑，现仍残留有部分土坯及一根烧过的木梁。木梁大部分埋在颓土中，由此判断烽燧可能是焚毁的。烽燧西侧坍塌严重，几成斜坡，可以由此登顶，东墙外有一截短墙，可能是近人修坎儿井临时搭建避风用的。烽燧正东

1　《吐鲁番地区文物普查资料汇编》附表所定年代是唐朝。

恰特喀勒烽燧南侧

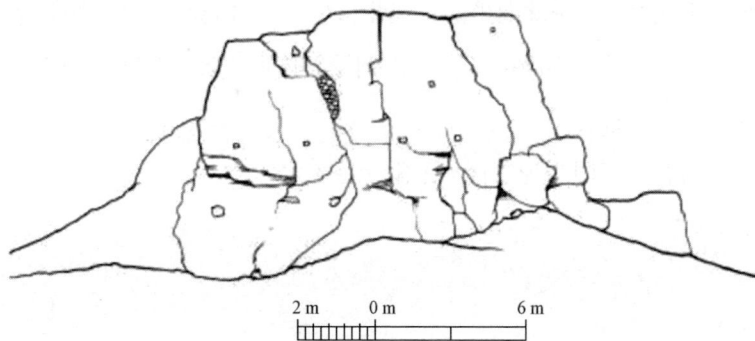

2 m   0 m   6 m

恰特喀勒烽燧南侧立面图

15米处有一垃圾堆积点（因仅略低于地表不仔细观察不易发现），最上层为清代垃圾堆积，采集到几只布鞋，堆积较厚。由此向东南约7—8米有三间房基遗址，再向东南约60米处还有一处8间房的基址遗迹，在此处散布有大量带彩釉瓷片，并采集到两枚清代铜钱，分别是光绪通宝和同治通宝。烽燧周围散布有较多数量的夹砂红陶片和一定数量的夹砂灰陶片。

从烽燧形制、地理位置和采集物来看，延续时间很长，可能由唐至清。

20. 干沟烽燧

位于七泉湖至芒硝湖公路出火焰山南侧山口东面山顶上。地理坐标为东经89°23—24′，北纬42°58—59′，海拔225米。

烽燧居高临险，扼守由此通过火焰山的南北通道。南面是一片广袤的沙砾戈壁，南距恰特喀勒烽燧约10公里。烽燧大致呈方形，土坯砌筑，南北向坐落。南北长6米，东西长5.8米，残高2.6米。中间空心，墙厚约1米，因倒塌具体形式难以判断。地表散见夹砂灰陶片。

时代：下限当为清代，上限无法确定[1]。

1　《吐鲁番地区文物普查资料汇编》附表所定年代为南北朝至唐朝。

干沟烽燧遗址东侧

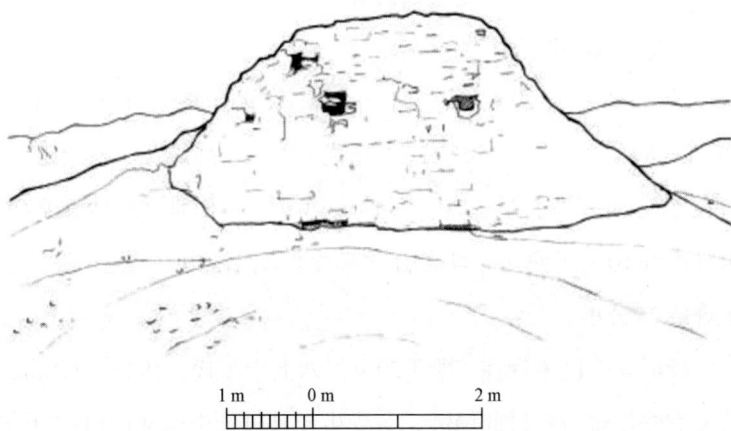

1 m   0 m   2 m

干沟烽燧遗址东侧立面图

21. 阿其克墩（Atqik Dong）烽燧

位于达浪坎乡阿其克坎尔村西南约13公里。地理坐标为东经89° 32′ 33″，北纬42° 38′ 21″，海拔 −140米。

烽燧所在地为一片沙化严重的盐碱荒漠，西北面为空阔的盐碱荒漠，南面不远是库鲁克山北麓山前坡地，东面也是沙化荒漠，东南距阿萨协亥尔烽燧约7公里。本烽燧当地人称泡合墩（Pok Dong），Pok 为维吾尔语，意为粪便，Dong 意为土墩。

烽燧由土坯砌筑，已完全倒塌成一大土堆，底周长105米，残高约5米。所用土坯规格：40厘米 ×18厘米 ×10厘米，土坯中含有麦草筋，采集物为夹砂灰陶片。

时代：上限可能为唐代[1]，下限当为清代。

22. 阿萨协亥尔烽燧

参见上文阿萨协亥尔古城遗址。

23. 迪坎尔烽燧

位于鄯善县迪坎尔乡迪坎尔村东北。地理坐标为东经89° 53′ 57″，北纬42° 34′ 21″，海拔 −20米。烽燧位于村边路北，所在地现为一块打麦场，稍往北是一小山，南面是空旷沙砾戈壁，再往南约10公里便是库鲁克山，东去不远为沙山，西距阿萨协亥尔烽燧25公里。

烽燧现今已不存在，毁于20世纪六七十年代。1928年4月7日，黄文弼先生曾考察过此烽燧，黄先生于其日记中这样记曰："下午

1　《吐鲁番地区文物普查资料汇编》附表定为唐代。

至得哈尔土墩，审视一周，土墩在得哈尔沙窝旁，为古道所经，路已失其迹，墩为土砖所砌，与穷阿刹（阿萨协亥尔古城遗址）想为同时之物，其砖相同也。"[1]

时代：上限有可能为唐代，下限也不排除清代沿用的可能。

24. 苏贝希烽燧

位于鄯善县吐峪沟乡苏贝希村。地理坐标为东经89°43′35″，北纬42°49′9″，海拔300米。

第三次文物普查资料称为苏贝希沟烽燧，地处吐峪沟乡苏贝希村，地处火焰山北麓，吐峪沟西侧，载体为沙石土山，东为庄稼地，东北为农田，南为沙石丘陵。烽火台地势险要，为当时的军事设施。现在居民主要从事农业生产，种植葡萄、大棚蔬菜等；养殖牛、羊等家畜。交通不便利。

苏贝希烽燧，位于连木沁镇苏贝希村西南，遗址为生土建筑，地基为夯土筑，厚40厘米，现几乎全部倒塌。中间残留高1米的土坯墙，成为直径约9米的堆积土。烽火台堆积土外圆内方。外圆直径9米，内方形长4.5米。1988年普查时，废墟中有紫草、芦苇等，地表采集有石磨盘等。

年代：清代[2]。

1　黄文弼：《黄文弼蒙新考察日记》，北京：文物出版社，1990年，第531页。

2　此烽燧在考察过程中因故未及前往调查，所用材料见《吐鲁番地区文物普查资料汇编》一文附表。

苏贝希烽燧遗址

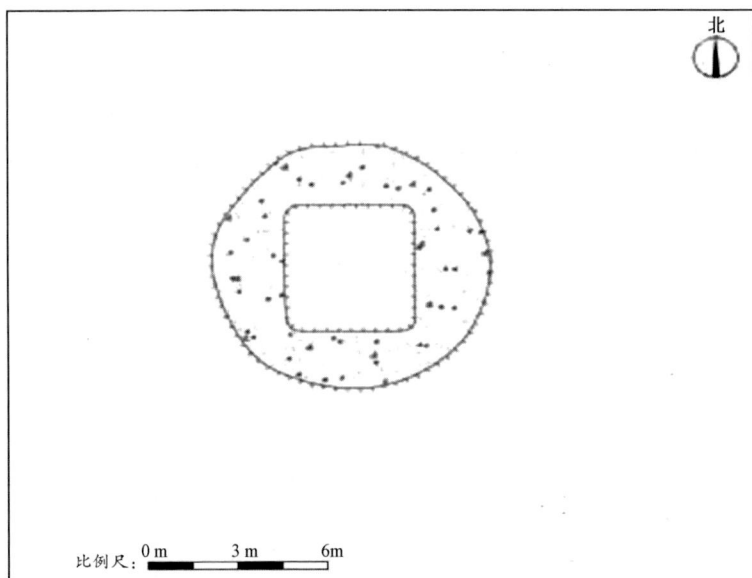

苏贝希烽燧遗址平面图

25. 吐尔买来 (Tur Meheile) 烽燧

又称为蒙古吐尔，位于鄯善县鲁克沁镇吐尔买来村。地理坐标为东经89° 49′ 23″，北纬42° 43′ 45″，海拔 –20 米。烽燧南、西两面均为农田，东、北两面临近居民村落，西北距柳中古城约4公里。烽火台由黄土夯筑而成，西、北两面能见到较整齐的边线，东南角及南面取土严重，人可由此攀缘而上。遗址南北长20米，东西宽18米，高5.9米。该遗址初建时间为汉代，后又被沿用，建成碉堡。当地老乡反映，解放前此夯土台上建有房屋。吐尔买来烽火台是吐鲁番地区七克台至鄯善县及高昌古城的古代烽燧警戒线中的一座重要的烽火台建筑。

吐尔买来烽燧平面呈矩形，立体为覆斗形。因损坏严重，四面墙壁都已倾颓，主体中空，已无从判断烽燧原来的形制。无采集物。

年代：下限为清[1]，第三次文物普查资料判断上限时代为汉代。

---

1 《吐鲁番地区文物普查资料汇编》一文附表所定年代为汉沿用至清。

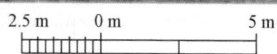

吐尔买来烽燧遗址北侧

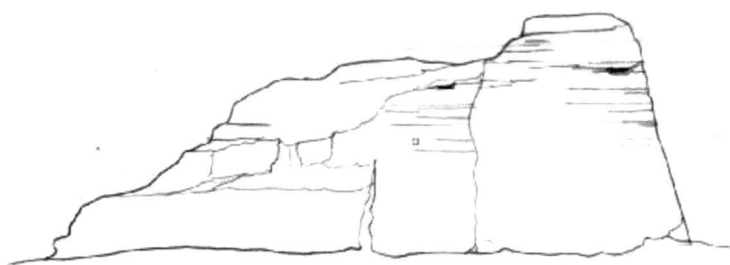

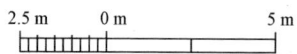

吐尔买来烽燧遗址北侧立面图

26. 煤窑沟烽燧

位于煤窑沟车站东南约5公里煤窑沟谷分汊处断崖东崖。地理坐标为东经89°23—24′，北纬43°7′，海拔681米。煤窑沟谷现为满是卵石的干涸河床，河水已被其旁新建的人民渠引走，每年仅在洪水季节偶尔有水流过，烽燧西侧沟谷通往葡萄沟；东南是由北向南通往木头沟的另一条煤窑沟分汊河道，沿河道还线状分布七泉湖萨依烽燧、木尔吐克萨依成堡、胜金烽燧 c[1]、胜金烽燧 d 和乌江布拉克烽燧；南面是七泉湖镇到葡萄沟的砾石公路。烽燧所在地扼守葡萄沟和木头沟的前哨阵地，地理位置十分重要。烽燧北距天山煤窑沟峡谷出口约5公里，西南距葡萄沟约13.5公里，东南距七泉湖萨依烽燧约3公里。

遗址位于平坦沙砾戈壁上，面积121.26米，由烽燧和居住址两部分组成，东西坐落，呈矩形，南北长9.4米，东西长12.9米。烽燧在遗址东北角，平面大致呈方形，立体大致为覆斗形。南北长7.5米，东西长7.7米，面积57.75平方米，残高6米。烽燧土坯砌筑，土坯规格：0.75米×0.25米×0.15米。一条由西往南绕至烽顶的台阶，遗迹清晰可见。烽燧内是一座券顶房屋，券顶所用土坯略带弧形，其规格大致为：内弧长0.78—0.79米，外弧长0.82米，宽0.24米，厚0.15米。内部建筑形式，尤其是券顶结构与阔坦图尔古城遗址，以及吐鲁番地区佛教建筑遗址的券顶结构十分相似。屋门在南侧，西墙也有一门通往居住址，北墙东墙上各有

1　关于胜金烽燧本书采用abcde为序号与《吐鲁番地区文物普查资料汇编》一文所用1—5序号对应。

一个桩木眼。

沿烽燧边墙用大块卵石垒砌成墙圈，是为居住址。房间隔墙用夹砂土坯砌成，共三间，居住面为半地穴式。居住址可能是今人修水渠时搭建的。

采集物为夹砂灰陶片，及近现代瓷片。

年代：烽燧构筑形式和用材表明时代较晚，上限或许到唐代[1]。

27. 七泉湖萨依烽燧

位于沿煤窑沟分汊河谷东南行约3公里处的河床西南岸。地理坐标为东经89°25—26′，北纬43°6—7′，海拔620米。烽燧地处广阔的戈壁滩中，西北远望煤窑沟烽燧，东面约1公里为七泉湖通往芒硝湖的公路，东北侧有一长约50米的弯曲小路通往河边。烽火台所在的七泉湖因山坡有多处泉眼，名曰"七个泉"，后改名为七泉湖。

七泉湖萨依烽燧遗址用土坯砌筑，大致为南北坐落，南偏西15°坐落。基底平面呈方形，边长8.3米，面积约68.89平方米。剖面为梯形，残高7.8米。烽燧内部分上下两层，有4间券顶房间。底层门开在北墙，进门约2米处西墙有一个壁龛，高约1.5米，宽约1米，已用土坯封死，现顶部被人拆开一小部分。东墙有门可进入里间，顶部有洞，可登梯至上层，再由上层可登至烽顶。烽火台底层墙基厚1.6米，四面墙壁均有大小不等的桩木眼。封顶

1　煤窑沟烽燧和七泉湖萨依烽燧遗址的年代《吐鲁番地区文物普查资料汇编》定为南北朝至元，与我们从实地考察资料所得出的判断出入较大。

七泉湖萨依烽燧遗址南侧

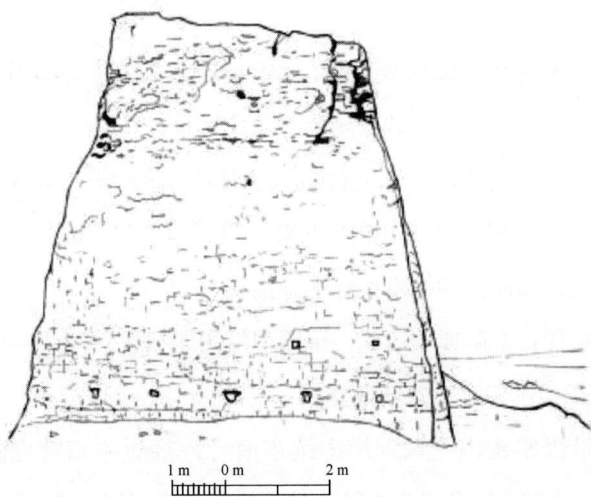

1 m   0 m   2 m

七泉湖萨依烽燧遗址南侧立面图

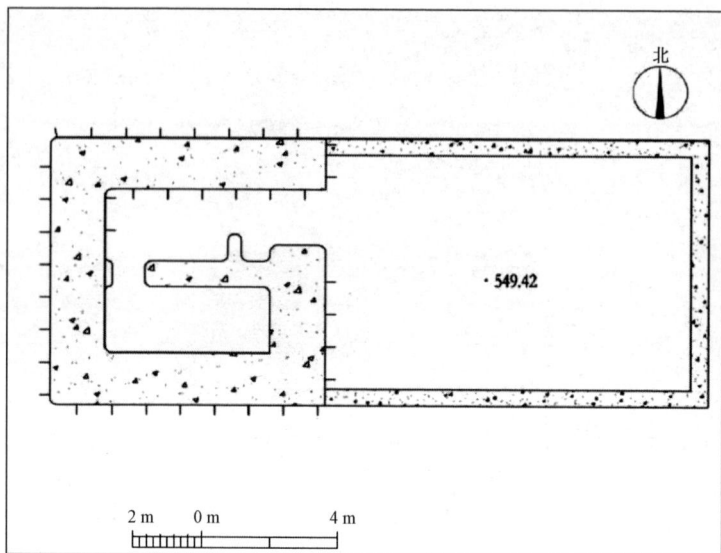

七泉湖萨依烽燧遗址平面图

为一矩形平台，东西长5.3米，南北长4.6米。采集物为夹砂灰陶片，以及个别几片夹砂红陶片。

保存现状较好。烽火台的基本形制清晰可辨，建筑结构保存完好，内部附属建筑也遗留下来。只有顶部部分遭受破坏，但已被封堵；墙体内的桩木仅存孔眼遗存。

年代：上限或至唐代，下限似沿用至清代。

28. 木尔吐克萨依戍堡

沿煤窑沟内干涸河道继续东南行，经过木尔吐克萨依居落遗址，约8.5公里到此戍堡。地理坐标为东经89°27—28′，北纬43°1—2′，海拔345米。

戍堡北面为冲击河扇，东西两面均为戈壁滩，南面紧靠火焰山北麓山脚。此处基本为火焰山的西端，由此向西火焰山变为低矮的丘陵并逐渐消失，东南为木头沟口。戍堡地扼木头沟西北入口，另外，由葡萄沟至木头沟，此处亦为必经之地。

木尔吐克萨依戍堡内南角建筑（北向南）

木尔吐克萨依戍堡南侧

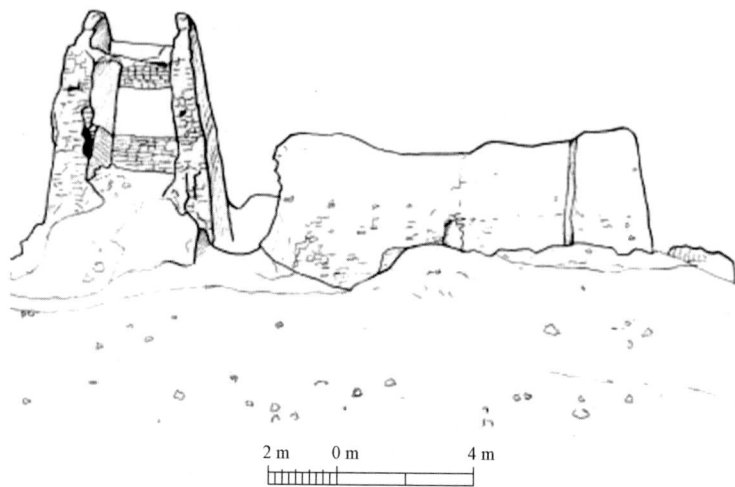

木尔吐克萨依戍堡南侧立面图

木尔吐克萨依戍堡北侧

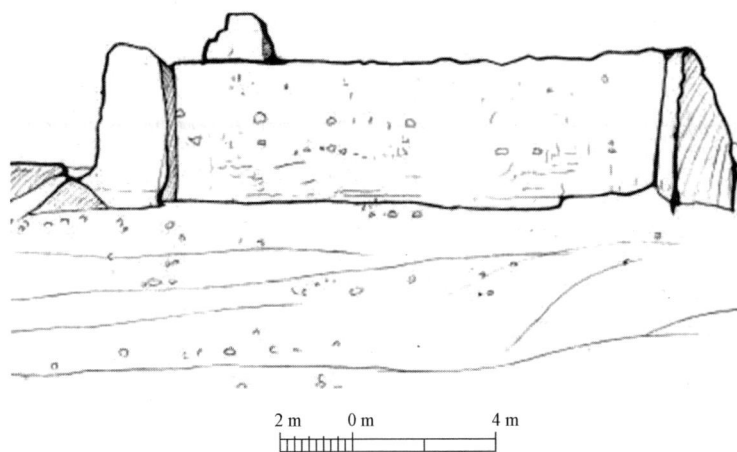

2 m 0 m 4 m

木尔吐克萨依戍堡北侧立面图

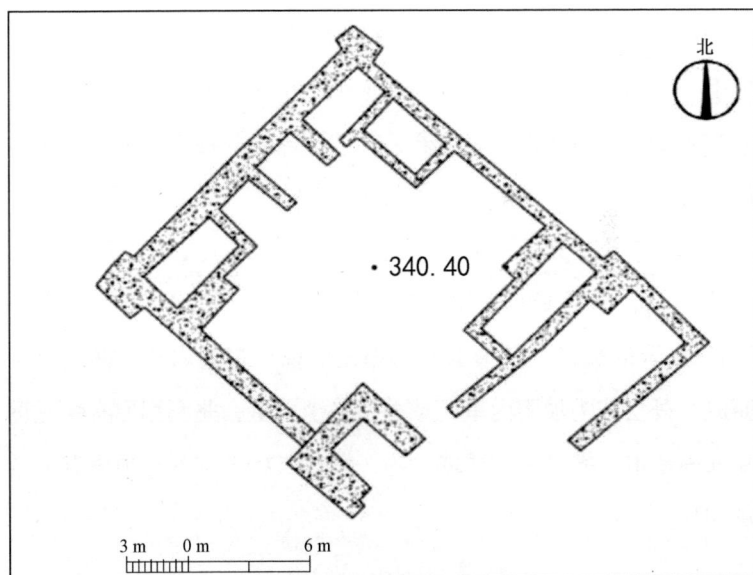

北

· 340. 40

3 m 0 m 6 m

木尔吐克萨依戍堡平面图

戍堡土坯砌筑，方向北偏西40° [1]。围墙平面呈方形，边长18.5米。围墙西北角、东北角和西南角各有一段角形护墙，护墙东西长2米，南北长0.7米，厚0.8米。戍堡围墙高3.4米，围墙内紧挨北、东两面墙有房屋基址，西侧四间，东侧三间，均为矩形。烽燧位于戍堡西南角，基底平面为矩形，东西长5米，南北长3.4米，立体呈覆斗形，残高10米，空心，内壁抹有草泥。烽燧南边已坍塌。

戍堡内散布许多灰陶片，有些陶片上还有弦纹和水波纹。

年代：上限似为唐代，下限可至清代。

29. 胜金烽燧 e

从西北进入木头沟，沟口东西两侧各有一座烽燧，两烽燧相距约2公里。木头沟西侧烽燧坐落在火焰山北麓平坦的黄土地上，四周是村庄和农田。地理坐标为东经89° 30′ 34″，北纬42° 59′ 11″，海拔260米。第三次文物普查资料称为木头沟西岸烽火台，位于吐鲁番市胜金乡木日吐克村。

烽燧夯筑，东北—西南坐落（北偏东42°）。基底呈长方形，边长18米，宽13米。立体为覆斗形，实心，残高6米。烽顶有一道长1.5米的裂缝，从裂缝和坍塌处发现，烽燧内外分两次夯筑而成，外层或为加固内里，或外层晚于内里，是利用原有烽燧重新加固使用。平台上有残墙痕迹，墙厚0.75米。附近地表有少量灰陶片。

1　为便于做文字描述，假定戍堡为正南北。

胜金烽燧 e 南侧

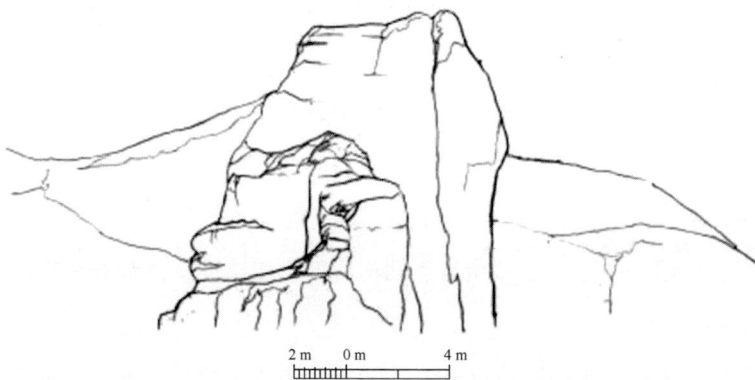

2 m　0 m　　4 m

胜金烽燧 e 南侧立面图

年代：南北朝—唐代。

30. 胜金烽燧 d

烽燧在木头沟河东500米处一条南北向河谷中的高地上。地理坐标为东经89°31′53″，北纬43°0′32″，海拔270米。

烽燧利用高大黄土墩台作屏障，东、西、北三面陡峭，其旁之河谷已经干涸，站在烽燧上木头沟北侧尽收眼底。烽燧建在土墩上，夯筑，空心，已倒塌。从土墩上东面残留的三间房址的土坯墙来看，土墩中部曾建有券顶式房屋。土墩高6.5米，长15.3米，最宽处5.4米。

年代：南北朝—唐代。

31. 乌江布拉克烽燧

沿木头沟南行3公里多，即此烽燧。地理坐标为东经89°31′11″，北纬42°58′50″，海拔236米。

烽燧坐落在火焰山北麓坡地上，北望天山，视野开阔，木头沟河由东侧从南向北流，西南为乌江布拉克。烽燧夯筑，空心，西侧烽壁上有一尺许见方的小洞，由此可以观察到烽燧中空部分的淤积土层。烽燧靠山部分已倒塌，基底平面呈方形，一边长为11.3米，立体为覆斗形，残高7.3米，面向木头沟的烽壁上有三排桩木眼，烽燧顶部残留有三间房屋的土坯墙址，估计烽顶当由土坯建成。

从本烽燧沿山脚东行600—700米，有一南北长17.5米、东西长42米的矩形戍堡建筑遗址，戍堡主体建筑很像炮楼，残高约10米，可能是近代建筑。戍堡南面百米小山后是伯西哈千佛洞。

烽燧周围有断续的残墙痕迹。墙址内有夹砂粗红陶片和轮制灰陶片（周围石堆墓地表亦散布有类似的陶片）。从烽燧的地理位置和陶片性质，以及与乌江布拉克古城、周围古墓葬的关系判断，应与乌江布拉克古城、古墓属同一时代，为南北朝——唐代。

32. 胜金烽燧 a

第三次文物普查资料称之为艾西夏烽火台，意为破烂城子。位于吐鲁番市胜金乡农场东南。地理坐标为东经89° 36′ 38″，北纬42° 59′ 6″，海拔238米。

胜金烽燧 a 遗址北侧

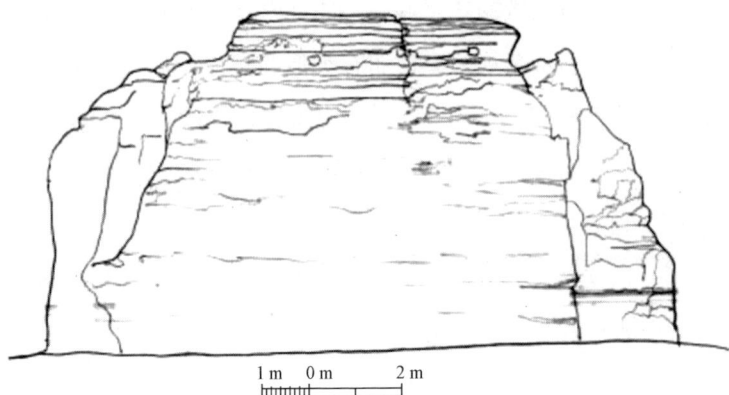

胜金烽燧 a 遗址北侧立面图

烽燧北望天山，南与七康湖烽燧遥相呼应，相距4公里。周围地势平坦，视野开阔，坎儿井成片。烽燧呈东北西南坐落，基底平面为矩形，南北长5米，东西长14米。由基底至腰部为缓弧状，再至顶部大致呈梯形，分两次夯筑而成。沿基底西侧一排脚窝向上攀登，可从南侧拱形门洞进入烽燧顶部房屋。房屋是由土坯砌成的券顶式建筑，高3.2米，屋平面呈方形，边长5.7米，屋顶是一直径为3.2米的圆洞，由圆洞可上至平台。平台面积约8.3平方米。烽燧高13米。除烽顶房屋是土坯建筑外，烽燧主体由黄土夯筑而成，四壁均有横竖加固痕迹和排列整齐的桩木眼。地表散落有夹砂灰陶片。

年代：上限当为唐代，下限可能到清代。

33．七康湖烽燧

位于吐鲁番市胜金乡七康湖水库南200米处。地理坐标为东经89°36′16″，北纬42°57′，海拔280米。

七康湖烽燧南侧

0.5 m   0 m   1 m

七康湖烽燧南侧立面图

七康湖烽火台，位于胜金乡开斯突尔村。烽燧位于火焰山北台地上，北向地势平坦开阔，南望胜金谷（吐鄯公路穿行其中），西控由七康湖水库进入火焰山的沟谷要道。

烽燧土坯砌筑，南北向坐落，破坏严重。基底平面呈矩形，正中被挖一大坑，从残余部分测得，南北长5.8米，东西长6.8米，残高1.8米，烽燧中空，基底土坯墙厚0.85米。烽燧周围散落许多夹砂灰陶片。

年代：上限或至唐，下限不排除清代沿用的可能[1]。

34. 胜金烽燧 b

烽燧位于胜金口千佛洞西北400米处。地理坐标为东经89°34′，北纬42°55′30″，海拔60米。

烽燧位于三条沟谷交会处的一块高地上，西北是木头沟，北面是胜金沟谷（即吐鄯公路），南面为胜金口。东、西两面是陡峭的山崖，木头沟河从山崖下流过。胜金口外直至高昌古城，俱为平坦的砾石黄土地。

第三次文物普查资料又称其艾西夏东烽烽燧遗址。烽燧基底夯筑，基底以上用土坯砌筑而成。东侧倒塌，一半悬空。从残余部分得知基底平面当为方形，边长7米。立体呈空心覆斗形，残高5米，残顶边长5.5米。从残存现象来看，烽火台从原始地面起筑。整个烽火台的外部采用夹有砾石和植物秸秆的泥土夯筑而成。墙

1　《吐鲁番地区文物普查资料汇编》附表所定年代下限到元代。

胜金烽燧 b 北侧

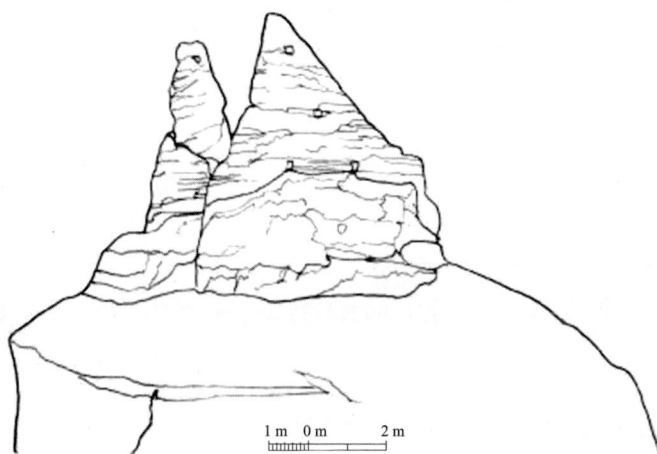

胜金烽燧 b 北侧立面图

体北部残留有4个长方形的桩木孔。内部为土块错缝堆砌而成。

烽燧西南侧有一道西北—东南走向的断墙，断墙残高1.1米，厚0.9米，是砾石黄土夹草茎夯筑而成，可能是烽燧的围墙。断墙距烽燧9.2米。周围地面散布有少量夹砂细泥红、灰陶片。

年代：上限为唐，下限可能到清。

35. 胜金烽燧 c

位于东距胜金烽燧 b250米的一座小山顶上，视野开阔，东南距胜金口千佛洞700米。

烽燧仅剩基础部分，土坯砌筑，基底平面呈正方形，边长5米，残高1.6米，中空，烽燧墙壁厚0.9米。地表陶片与胜金烽燧 b 周围陶片基本一致，因而年代上限亦当为唐，下限可能到清。

36. 二唐沟烽燧遗址

位于鄯善县连木沁汉墩乡，八哥庄（原四大队二小队）西北约5.5公里处，地理坐标为东经89°57′4—5″，北纬43°8′50—51″，海拔982米。

遗址坐落在天山南麓二唐沟口以南的冲积扇上，地势开阔平坦，地表满布黑色砾石，无植被。二唐沟为山间季节性洪水宣泄河谷，沟口附近呈现深切型河床。二唐沟河原本流至连木沁附近，1949年后人们沿沟谷用卵石修砌一条水渠至连木沁，名为二唐渠。遗址坐落于河谷东岸边上，西北距二唐沟沟口约2公里。出八哥庄西北行经过遗址东面至沟口。

2.5 m　　0 m　　　　5 m

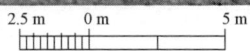

二唐沟烽燧遗址南侧

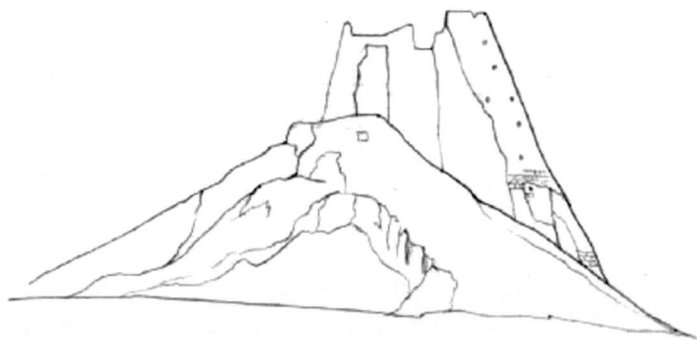

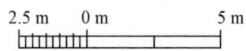

2.5 m　　0 m　　　　5 m

二唐沟烽燧遗址南侧立面图

二唐沟烽燧遗址东侧

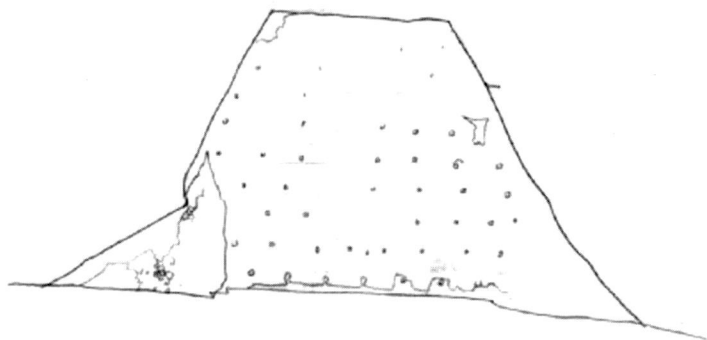

二唐沟烽燧遗址东侧立面图

烽燧遗址为土坯建筑，呈覆斗形，其内部还套建有一建筑，方向北偏东20°。东墙保存较好，北墙虽已被风雨严重剥蚀，但尚未倒塌。西、南墙都已倒塌。烽燧东北角和东南角还保存有土坯砌筑的护墙，现存东墙底长约27.6米（包括护墙），残顶长9.3米，残高13.65米。中心柱式建筑残高14.25米，残顶宽3.8米。其余三面均有不同程度的坍塌，底部由于倒塌的土坯和浮土错乱堆积。

　　烽燧内部的中心建筑南壁上部已坍塌，露出一个较大缺口，由缺口处可以进入中心建筑上部，在中心建筑南壁下部发现有一个塌陷的小洞，由此向内观察，可看到一南北向的券顶房间。房间宽4.1米、深4.4米，室内浮土土坯堆甚厚，高度无法测量，四壁抹有草泥，顶部有烟熏痕迹。房间上部是两层平面建筑，顶部已被破坏，顶面之上1.6米和4.1米处的中心建筑内墙上各有一层以树枝为筋的夹层，可能是屋顶的残余痕迹。在第二夹层附近的东西墙上各有两个直径约20厘米的圆形柱洞，应是架横梁之处。在北墙上较东西二墙横梁础洞稍高之处残存有一排直径10厘米左右的断柱，共12根，无疑是横梁上的残椽。南墙已倒塌无法寻找对应的断柱痕迹。

　　在中心建筑和外体建筑之间有夹道相隔，不过没有发现阶梯痕迹。在外体与中心建筑上部东墙上发现一个被人挖开的小洞，洞内是一间东西向的券顶小室。洞室宽1.25米、深2.3米、高1.8米。另外，东墙外上方也有一个长方形洞口，洞口横有一根木椽，因无从攀缘上去，内里结构无法得知。

　　烽燧东墙外壁上有九排平行的桩木眼（近顶处似乎还有一排，

因顶墙剥蚀过于严重已看不清楚。不过，由东墙与南墙结合部残剩的南墙来看，顶部是还有一排）。现存的每排各有7—8孔不等，孔径一般为15厘米左右，每孔之间距离1.4—1.5米，上下排距约1.7米。北墙因风雨剥蚀严重，已无迹象可观察。不过南墙残余部分的排距、孔径均与东墙的一致。

从现存建筑结构来看，烽燧并非一次性建筑遗迹。护墙及局部地方有增补或分期修建的痕迹。土坯垒砌方法也没有定式，随意性较强。土坯大小也不一致。二唐沟烽燧遗址的外体套中心建筑，以及券顶屋室较多的建筑结构，与阔坦图尔古城遗址的堡垒式主体建筑极为相似。遗址周围没有附属建筑，也未发现其他遗迹。

时代：上限当为唐代，下限可能到清代。从遗址建筑上有二次修筑的痕迹判断，清代有可能修补沿用。

37. 土尔坎尔孜（连木沁大墩）烽燧遗址

土尔坎尔孜烽燧遗址又称连木沁大墩烽燧遗址。遗址位于鄯善县连木沁镇西偏南约5公里多的土尔坎尔孜村西约1公里处。地理坐标为东经90° 2′ 53″，北纬42° 56′ 13″，海拔450米。

遗址地处火焰山北，博格达乌拉山与火焰山之间的冲积扇前端山麓倾斜平原一道较高的沙梁上。沙梁为南北走向，附近还有几道相同走向的低矮沙梁。遗址所在地视野开阔。东面不远处有一条由二唐沟渠水和附近泉水汇流而成的河流流过，河水经色尔克普艾格孜流向鲁克沁绿洲。北面邻近遗址的地方有一条道路通向土尔坎尔孜村。再向北约1公里为今吐鄯公路。东北距二唐沟烽燧遗址约28公里。

连木沁大墩烽燧遗址西侧

2 m   0 m   4 m

连木沁大墩烽燧遗址西侧立面图

烽火台夯土和土坯结合筑造。烽燧正南北向坐落在一道月牙形小山梁上，地表满是小砾石。远处东北面有红山，南有火焰山。近处东、北、南三面地势平坦开阔，东面一条季节泄洪带由东北向西南蜿蜒而去，西面有些小沙梁，西北约800米外有一小村庄。南距吐鄯公路3.5公里。

台基呈四棱台形，平面呈方形，边长17.8米，存高11.1米。方向正南北。土坯垒砌的四面墙体塌落，顶部坍塌。结构由外体和中心建筑两部分组成。中心建筑内部建有4层拱顶屋室。该烽火台中心建筑现存部分未见门户，中心建筑底下2层内各边长2.4米，墙厚1.6米，外壁抹有草泥。中心建筑东侧紧贴外体墙壁处有一道可能是实心的厚约1.8米的土坯墙，与中心建筑同高。南侧有一土坯平台，南北长6.1米，东西宽7.8米，高1.6米。再向南紧靠外体墙壁内侧是与外体同宽，与中心建筑底下2层同高的土坯台。台上是第3、4层拱顶屋室。西壁和东壁各有一道圆豁口，直径0.8米。沿豁口可以从底部登至顶部。从现在的顶部仍然有小房间残迹的情况来看，4层以上还有拱顶式建筑，原高要比现存建筑高得多。除去中心建筑之内室，共有大小不等的拱顶屋室12间，能够测得的屋室数据：长2.1米、宽1.4米、高1.2米；长2.7米、宽1.6米、高1.3米。土坯的垒砌方法并无定式。土坯的大小也非同一规模。烽燧外壁上有桩木孔，以北墙上的保存为好，共8排。外壁上的穿孔排列的不够整齐。该烽火台遗址的建筑结构、形式与二唐沟烽火台遗址，以及阔坦图尔古城遗址的堡垒建筑结构和形式有颇多相似之处。

土坯的垒砌方法如同二唐沟烽燧遗址，并无定式。土坯的大小也非同一规模。烽燧外壁上也有柜木眼，以北墙上的保存为好，共有8排。外壁上的穿孔排列得不像二唐沟烽燧整齐。

本烽燧遗址的建筑结构、形式与二唐沟烽燧遗址，以及阔坦图尔古城遗址的堡垒建筑结构和形式颇多相似之处。

年代：应与二唐沟峰燧同。建筑形制与本地区唐—清代烽燧多类似之处[1]。

38. 汉都夏大墩烽燧遗址

位于鄯善县连木沁镇汉都夏村墩买里庄东南约1.3公里处。地理坐标为东经90°1—2′，北纬42°53—54′，海拔429米。

遗址位于火焰山北，天山冲积扇前端的山麓倾斜平原的一处高地上。遗址所在地是一道较高的南北走向土梁，视野开阔。土梁东部为大片荒地，西部有泉水和已开垦的土地，南面约1公里外是今吐鄯公路，东北方向约2公里处有一烽燧，即汉墩阿克墩烽燧遗址。西南距连木沁大墩烽燧遗址约13.5公里。

遗址为土坯建筑，立体为覆斗形，基底平面大致呈正方形，边长19.2米，残高9.5米。建筑结构、形式与二唐沟和连木沁大墩烽燧遗址相似，为覆斗形外体建筑内再套建一个中心建筑。中心建筑平面也呈正方形，边长5.1米，现已坍塌。在中心建筑与外壁之间建有数层券顶小屋，从倒塌的中心建筑残余部分来看，

---

1 《吐鲁番地区文物普查资料汇编》附表定为唐代。

汉都夏大墩烽燧遗址东侧

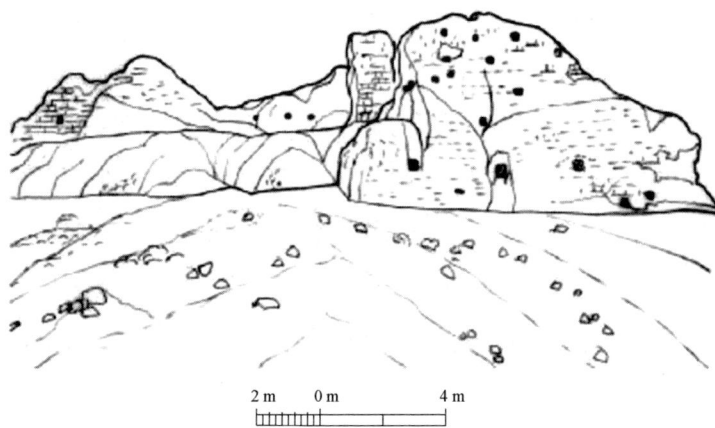

2 m　　0 m　　　　4 m

汉都夏大墩烽燧遗址东侧立面图

中心建筑内也有数层券顶小屋。烽燧内外较之二唐沟和连木沁大墩烽燧遗址破坏得远为严重。所用土坯大小并不统一，垒砌方法也没有定式，随意性较强。

年代：因与前二遗址颇多相似之处，故年代大致也应相当。

39. 汉墩阿克墩烽燧遗址

位于鄯善县连木沁镇阿克墩庄东约2.2公里处。地理坐标为东经90° 2′ 53″，北纬42° 56′ 13″，海拔450米。

烽燧正南北向坐落在一道月牙形小山梁上，地表满是小砾石。远处东北面有红山，南有火焰山。近处东、北、南三面地势平坦开阔，东面一条季节泄洪带由东北向西南蜿蜒而去，西面有些小沙梁，西北约800米外有一小村庄。南距吐鄯公路3.5公里。

烽燧土坯砌筑，方向北偏西40°。基底平面呈长方形，东西长5.9米，南北宽4.6米。烽燧中空，北墙已坍塌，东、西墙剥蚀严重，部分坍塌，唯南墙尚保存完好。从现状来看，立体大致为覆斗形。东、西、南三面墙上各有两排0.15米×0.15米的方形桩木眼，下排距地面1.5米，上下排间距1.7米，孔间横距1.4米，南墙每排三孔，东墙每排残剩两孔，西墙总共仅余三孔，上二下一。土坯规格：0.35米×0.16米×10米。

四周未发现附属建筑，地表亦无遗物。

年代：建筑形制与本地区唐—清代烽燧多类似之处[1]。

---

1 《吐鲁番地区文物普查资料汇编》附表定为唐代。

汉墩阿克墩烽燧遗址南侧

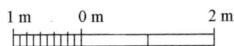

1 m　　0 m　　　　2 m

汉墩阿克墩烽燧遗址南侧立面图

40. 三十里大墩烽燧

位于鄯善县园艺场东北约5公里处。地理坐标为东经90°20′37″，北纬42°55′35″，海拔500米。

本烽燧当地人称卡哈吐尔（Kagha Tur），是维吾尔语，意为乌鸦烽燧。烽燧位于一道南北向土岗南端最高处，居高临下，视野极为开阔，土冈南端是原兰新公路，北端为现兰新公路，西侧有一处废弃的村舍，以及大片辍耕农田。

烽燧土坯砌筑，基底平面为矩形，东西长5.2米，南北长4.8米，北墙倾颓成斜坡状，原建筑当为覆斗形，残高5.1米。烽燧

三十里大墩烽燧遗址南侧

（1∶50）

1 m   0 m   2 m

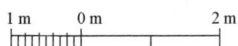

三十里大墩烽燧遗址南侧立面图

由两部分组成，即在原烽燧南侧又外接一部分，接缝处十分明显。原烽燧东西长3.5米，南北长4.8米，高4.6米。周围未见有其他遗迹，地表偶见粗砂红陶片。烽燧名为三十里大墩，盖因此处西距鄯善县城近三十里。1928年黄文弼先生曾至此调查。

年代：下限当为清代，上限尚无材料推定 [1]。

41. 塞克散（Seksen）土墩烽燧

位于鄯善县七克台镇塞克散土墩村东南约350米。地理坐标为东经90° 36′ 54″，北纬43° 15′ 26″，海拔1207米。塞克散是维吾尔语，意为八十，这座烽燧本地人又称塞克散尧立地给巴系土尔（Seksen Yoldiki Baxtur），意为八十里路途上第一座烽燧。

1　《吐鲁番地区文物普查资料汇编》附表所定年代为唐。本次考察关于此烽燧未得充分材料以资断代。

塞克散烽燧遗址南侧照片

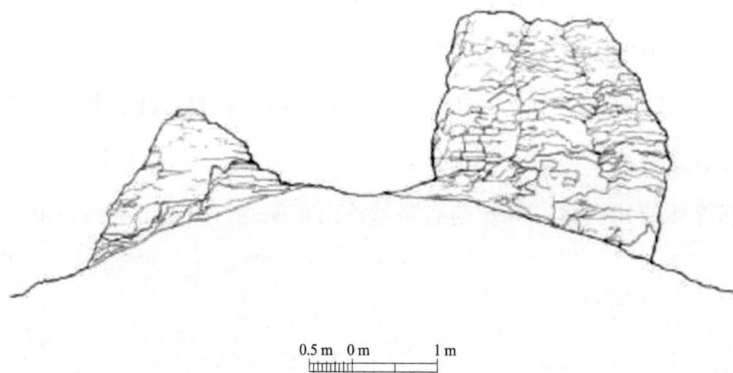

0.5 m 0 m   1 m

塞克散烽燧遗址南侧立面图

烽燧地处天山东段山前地带的一个独立小山包上，山南是一片开阔的戈壁滩，小山西南的自然村仅有一户人家，数十亩用泉水灌溉的耕地，烽燧北望天山。由鄯善北越天山，大多经行此地。烽燧所在地视野极为开阔，周围几十里范围内的景物尽收眼底。

烽燧土坯砌筑，方向为北偏西10°，基底平面呈矩形，南北长8.7米，东西长7.7米。烽燧中空分上下两层，残高4.7米，底层屋顶用木头和芦苇建成，北、南、西三面上部均已坍塌，唯东墙保存完好，东墙有两排长方形0.19米×0.13米的桩木眼，眼左右间距1.4米，上下间距1.7米，北墙底部有一拱形门，因塌土壅积，现高0.55米，宽0.85米，墙壁上都抹有草泥，土坯尺寸为0.48米×0.19米×0.11米、0.43米×0.19米×0.11米、0.43米×0.20米×0.1米三种。烽燧周围地表散布有少许夹砂灰陶片。

年代：下限当为清代[1]。

42. 东湖烽燧

当地人又称清墩，位于鄯善县东巴扎乡东湖村南面沙山脚下。地理坐标为东经90°22′12″，北纬42°51′43″，海拔400米。

烽燧坐落在沙山北隅，北面地势平坦，视野开阔，距三十里大墩烽燧约7.5公里，南面是层峦叠嶂的沙山（库木塔格），西距鄯善县城10公里。烽燧前有路越沙山东偏北行可达七克台古城。

---

1 《吐鲁番地区文物普查资料汇编》附表所定年代为唐。本次考察关于此烽燧未得充分材料以资断代。

东湖烽燧遗址东侧

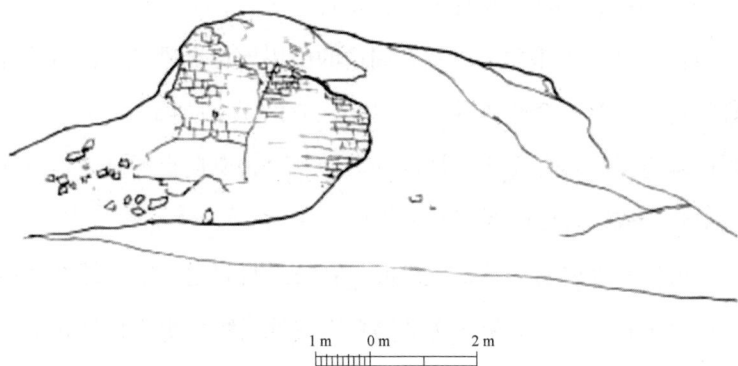

1 m　0 m　　2 m

东湖烽燧遗址东侧立面图

　　烽燧坍塌严重，已无法推想其原来的形制，基底平面呈矩形，东西长16米，南北长9.8米，残高5.2米，底部夯筑，夯层厚约0.19米，夯筑部分高约1.8米，其上土坯砌筑，土坯规格为0.31

米×0.16米×0.9米。烽燧东壁凿有一洞，口宽0.6米，高1.2米；内里宽2.75米，深2米。洞北还有一小洞，南壁底部东西两端也各有一小洞，这些洞互相连通，洞内烟熏痕迹较重。倒塌的堆土中夹有几片夹砂灰陶片，胎较厚，有烟炱，夯层中偶见一两片轮制灰陶片。

年代：上限当为唐代，下限有可能到清代[1]。

43. 七克台烽燧

见前文七克台古城遗址。

此次考察中我们发现，一些重要交通路段的烽燧历史上沿用时间相当长，如阿拉沟烽燧、大墩烽燧等，均有可能由唐代沿用至清代。从吐鲁番盆地以及其周边的山川地理形势来看，古代吐鲁番地区作为一个整体的地理单元，它的军事防御和警戒形式自唐以降直至清代并无实质性区别。也就是说其防御的重点地段和重要的警戒线自唐以降基本一致。

另外一点说明，这次整理吐鲁番古道材料过程中，地委宣传部提供了较为详细的第三次文物普查遗址资料。由于根据我个人1995—1996年调查资料已基本能够说明交通线的布局走向，故没有全部呈现在这里，只是更新了照片和部分线图。读者如想全面了解吐鲁番古代遗址遗迹情况，还需查阅第三次文物普查资料。

---

1 《吐鲁番地区文物普查资料汇编》附表所定年代为汉代至唐代。

第五节　文献和文书记载的烽燧馆驿

我们注意到，唐代文献屡见镇戍烽燧、镇戍守捉与烽堠连称，如，《吐鲁番出土文书》中《唐北庭诸烽甐田亩数文书》记有"耶勒守捉界耶勒烽"[1]，而西州赤亭、白水、鸲鹆、罗护诸镇也置有同名烽燧。唐代边州镇戍守捉皆置烽燧，烽燧是镇戍守捉的警戒报警系统。从敦煌发现的《沙洲都督府图经》卷三（伯2005号）十九所驿的记载得知，烽侧往往置驿[2]，烽主放烽举火，驿事传牒送信。西州也同样按照这种模式设置烽驿，而其在非通途大道者则曰馆[3]。

查检吐鲁番文书，得西州镇8、戍10、烽23、铺1、驿5、馆19，现罗列如下：

镇：罗护镇[4]、赤亭镇、柳谷镇[5]、碛内镇[6]、白水镇[7]、鸲鹆镇[8]、

1　《吐鲁番出土文书》，第8册，第222页。
2　［日］池田温：《沙洲图经略考》，《夏博士还历纪念东洋史论丛》，东京：山川出版，1975年，第64—69页。
3　《通典》卷三三，职官十五"乡官"条。
4　大谷3354《唐天宝时代河西天山军兵员给粮文书》，载［日］池田温：《中国古代籍帐研究》，北京：中华书局，2007年，第39—41页。
5　《吐鲁番出土文书》，第8册，第219—221页。
6　《吐鲁番出土文书》，第7册，第333—349页。
7　《吐鲁番出土文书》，第7册，第42—43页；徐松：《西域水道记》卷三"党河"条。
8　大谷3354。

悬信镇[1]、石舍镇[2]。

戍：维磨戍、酸枣戍、葛畔戍、银山戍、方亭戍、□谷戍、狼井戍、雷石戍、苦水戍[3]、苌蓉戍[4]。

烽：赤亭烽[5]、神山烽、赤山烽[6]、维磨戍烽[7]、罗护烽、突播烽、狼泉烽、方亭烽、塞亭烽、小岭烽、达匪烽、胡麻泉烽、挎谷烽、上萨捍烽[8]、下萨捍烽[9]、白水烽、鸲鹆烽、死水烽、黑鼻烽、名岸烽、礓石烽、阿施烽、青山烽[10]。

铺：断贼铺[11]。

驿：柳中驿、避风驿[12]、宁戎驿、狼泉驿、达匪驿[13]。

馆：北馆、酸枣馆、雷石馆、达匪馆、草堆馆[14]、罗护馆、神

1　Ast.3.4.094／M301，马伯乐：*Les Documents Chinois*, P. 140.

2　大谷3472，［日］池田温：《中国古代籍帐研究》，第357页。

3　《吐鲁番出土文书》，第8册，第219—221页。

4　［日］日比野丈夫：《唐代蒲昌府文书的研究》，《东方学报》第33册。

5　《吐鲁番出土文书》，第4册，第95页。

6　《吐鲁番出土文书》，第7册，第270—271页，第330—331页。

7　《吐鲁番出土文书》，第8册，第128—129页。

8　又宁11.16.19（戊）、1.27（甲）、9（乙），又宁13.16，宁1.13.27（甲）、31（丙），［日］日比野丈夫：《唐代蒲昌府文书的研究》。

9　［日］日比野丈夫：《关于新获的唐代蒲昌府文书》，《东方学报》第45册。

10　1976年新疆社会科学院考古所曾在阿拉沟烽燧遗址进行过清理发掘，获十余片唐代残文书，见有以上八烽，其中白水烽、鸲鹆烽确在西州，疑其余六烽亦在西州，故列出。

11　出处同上注。

12　《宋史·高昌传》，引《王廷德使高昌记》。

13　《吐鲁番出土文书》，第7册，第96—97页。

14　《吐鲁番出土文书》，第10册，第227页。

泉馆、赤亭馆、安昌馆[1]、龙泉馆[2]、交河馆、石舍馆、柳谷馆、蒲昌馆、柳中馆[3]、银山馆、天山馆[4]、东碛馆、狼井馆。

以上所列当然不是西州所设镇戍、烽铺的全部，亦难以与现存的吐鲁番地区唐代戍堡烽燧逐一对应落实。下面我们利用文书、文献材料并结合部分烽燧遗址资料，对上文提到的一些镇戍、烽燧的地理位置试做一些推论。

1. 罗护镇、罗护烽

关于罗护，除去文书外，文献中也有记载。《新唐书·地理志》"纳职县"条记曰："自县西经独泉，东华、西华驼泉，渡茨葜水，过神泉，三百九十里有罗护守捉……与伊西路合。别自罗护守捉西北上乏驴岭，百二十里至赤谷；又出谷口，经长泉、龙泉，百八十里有独山守捉；又经蒲类，百六十里至北庭都护府。"关于罗护之今地，现在学者一般认为在纳呼[5]。纳呼（na-xu）与罗护（la-ruo）音相近，依 N—L 互用之例，纳呼"可为罗护之

1　《吐鲁番出土文书》，第10册，第228页。

2　《新唐书·地理志》"西州交河郡"条。

3　《吐鲁番出土文书》，第10册，第226页。

4　《吐鲁番出土文书》，第10册，第210页。

5　冯承钧认为在七角井。参见其《高昌城镇与唐代蒲昌》，收于《西域南海史地考证论著汇辑》。《辛卯侍行记》卷六记载，七角井大约东距哈密四百五十三里。这一里程与《新唐书·地理志》《元和郡县图志》所记罗护守捉在纳职西三百九十里，在伊州之西五百一十里不合。另外，《辛卯侍行记》卷六还记载，从哈密西行二百八十里至嚛墩，旧路自北略偏南行，九十里至胡桐窝，七十里至三间房，一百二十里至十三间房，一百三十里至七克腾木。这条路因常有怪风，清代才改设驿站于一碗泉，经七角井一线。鉴于上述两点，七角井说显然不能成立。

转"[1]。关于纳呼的方位，大致有两种意见。其一，认为西盐池"旧名纳呼"[2]。西盐池南距鄯善（即辟展）约二百三十里[3]，"在辟展东境上，山形环抱，险足以守"[4]。此"驿西北有歧路；八十里高泉，逾天山；六十里莫家地沟，入奇台境；六十里三泉驿，即阿克他斯……"[5]其二，认为纳呼在西盐池北五十里的惠井子[6]。《新疆图志》道路五"惠井子驿"条记曰："唐地志纳职县西三百九十里至罗护守捉。……唐时，风戈壁亦有间道能通北庭，即今惠井子逾乌克塔克山之路。"由于惠井子至哈密的里程与罗护至伊州的里程相合[7]，同时结合《新唐书·地理志》"自罗护守捉西北上乏驴岭"一句判断，因而，将纳呼即罗护推定在惠井子。以上两种观点，后一种较有说服力，然而，结合伊州至赤亭全程里数来看，又不合适[8]。十三间房至哈密里程与唐罗护守捉至伊州里程，《新唐书》伊州—纳职—罗护计五百一十唐里，《辛卯侍行记》哈密至十三间房计五百五十清里，二者略有出入，原因在于起始路段路线不一致。此外，从十三间房北至七角井，穿山谷经大石头西行亦入奇台境，且路途远较莫家地沟和惠井子沟好走。《新唐书·地理志》所记"北上乏驴岭"之"北上"二字正好对应。乏驴岭自当

1　［日］安部健夫著，宋肃瀛译：《西回鹘国史的研究》，第402页。

2　陶保廉：《辛卯侍行记》卷六，第388页。

3　陶保廉：《辛卯侍行记》卷六，第389页。

4　《西域图志》卷十四。

5　《西域图志》卷十四。

6　［日］安部健夫著，宋肃瀛译：《西回鹘国史的研究》，第402页。

7　孟凡人：《北庭史地研究》，第137页。

8　具体里数见后文"东部交通路——新开道、赤亭道"。

是十三间房至七角井路经的山地。如此，似乎将罗护定为十三间房更合适一些，自然罗护镇、罗护烽也应在十三间房附近。

2. 赤亭镇、赤亭烽

在七克台古城遗址，见前文赤亭镇城。

3. 白水镇、白水烽

根据《武周天山府索进达辞为白水镇上番事》文书及其背面交河县的题识[1]，得知白水镇由交河县负责上番事。又《西州图经》记载："白水涧道，右道出交河县界，西北向处月以西诸蕃，足水草，通车马。"由此可见，白水镇和白水涧道，同在交河县内，并关系密切。此外，《唐开元二十一年西州都督府案卷为勘给过所事》记载"右件羊牛等，今日从白水路来，今随状送者"，说明唐西州白水涧道又称白水路。

处月是西突厥强部之一，唐代前期，其居地及于今天山北麓巴里坤以西至奇台、吉木萨尔和乌鲁木齐地区。所说之处月以西，只能指今乌鲁木齐地区以西。从吐鲁番地区交河故城附近向西北行，通达今乌鲁木齐以西地方的最为便捷、可通车马，有水草的交通路线，只有今通过后沟（白杨沟峡谷）、达坂城、盐湖等地而抵达乌鲁木齐地区的这一条山路。白杨河峡谷全长26公里，清澈的白杨河沿峡谷东南向流去。峡谷两岸峰峦叠嶂，山势高峻，山路迂回曲折。地理形势说明白杨河峡谷是地地道道的白水涧。

1　《吐鲁番出土文书》，第7册，第42页。

在白杨沟峡谷西口，平坦的达坂城草场南缘山口处一巨大黑色山岩上，坐落着一座古城堡。城堡正对白杨河峡谷谷口，扼南北交通之要冲，形势十分险要。城堡分内外两层，城墙由碎砾石夹灰壤土夯筑而成，夯层厚10—15厘米。墙基厚2—3米，高约5米。城墙依山势而筑，内城墙南北50米、东西30米，正西方有一道豁口，可能是当年的城门缺口。在内城圈外，东、北、南三面，又延展出夯土墙近一周，形成东西70米、南北80米的外城城垣。城内地表古代陶片与近现代废弃物杂陈，城墙夯土中零星可以见到一些手制红、褐色碎陶片和个别轮制灰陶片。值得一提的是，城墙夯土中没有发现一片时代较晚或近现代新疆居民生活中使用的粗陶、瓷器或其他用器的碎片。有学者根据城墙内碎陶片的特征将城堡年代定在南北朝以后、唐代或唐代稍前[1]。从今吐鲁番西北进入天山直至乌鲁木齐附近，除乌鲁木齐南部的乌拉泊古城外，沿线再无其他古城遗迹发现。因而只有达坂城南部扼守白杨河峡谷（白水涧）西口的古城有可能是白水涧镇。依据唐代镇戍守捉皆置烽燧的制度，则白水烽亦当在古城堡中或附近。惜未发现相关遗迹与之对应。

4. 柳谷镇

《唐西州某县事目》文书记有"为给白水屯种子支供讫"事和"为柳谷镇守捉兵元怀□停给粮"事，将白水屯与柳谷镇并列于同一件文书，二者或同属一县。《西州图经》"他地道"条记曰："右

---

1 王炳华：《唐西州白水镇初考》，《新疆社会科学》1988年第3期。

道出交河县界，至西北向柳谷通庭州四百五十里，足水草，唯通人马。"另外，《新唐书·地理志》"西州交河郡"条也记有："自县北八十里有龙泉馆，又北入谷百三十里，经柳谷，度金沙岭，百六十里经石会汉戍，至北庭都护府城。"据此，柳谷镇当在柳谷之中。

柳谷当是大河沿河谷167，沿途河谷柳树杨木荫蔽成林，终年流水不断。柳谷北口为亚尔乡牧场北面约2公里的三岔口。出此沿山谷北略偏西行，可直达石窑子达坂（唐金沙岭）直接北行即进入天山深处牧场。三岔口地扼天山南北通道，且地势险要。清代、民国时期均在此设防驻守，现仍存留有烽燧和碉堡遗迹。西州柳谷镇或在此处。

5. 鸲鹆镇、鸲鹆烽

鸲鹆镇见于大谷文书3354号，鸲鹆烽见于阿拉沟烽燧遗址出土文书168。同载于文书的还有白水烽、死水烽、黑鼻烽、名岸烽、礓石烽、阿施烽、青山峰。前文述及的阿拉沟烽燧遗址实际是一城堡式建筑，根据遗址地扼阿拉沟出入口（从吐鲁番盆地西部进入焉耆地区和伊犁河流域地带的唯一孔道）的形势来看，阿拉沟烽燧遗址很可能就是唐西州鸲鹆烽之所在。另外，进入阿拉沟内13公里和31公里处还有两处石垒烽燧遗址，据当地老乡介绍，再深入山谷还有类似的烽燧遗址。这些烽燧遗址很可能是阿拉沟烽燧遗址出土文书记载的死水烽、黑鼻烽、名岸烽、礓石烽、阿施烽和青山烽等烽燧。不过确证还需要进一步的考古资料发现。

6. 神山烽

文书资料记载西州交河县下有神山乡169，据此，神山烽也当在交河县。交河故城遗址周围有二二一团烽燧、雅尔湖烽燧和盐山烽燧三个烽燧遗址。唐西州划分乡、里以农作区为主要目标，交河县界内靠近山的乡已有安昌、龙泉两乡，分居火焰山和天山前坡地带（参见前文）。二二一团是1949年后开辟的垦区，1949年以前该地区荒芜少人烟。这样，交河县界内邻近山的农作区唯有盐山东端雅尔霍孜一带，而此地南面盐山一小山顶就是盐山烽燧遗址所在地。因而，盐山烽燧遗址或是唐神山烽之所在。

7. 酸枣戍、酸枣馆

《唐开元二十一年西州都督府案卷为勘给过所事》文书关于《安西给过所放还京人王奉仙》一文[1]，记载王奉仙病倒在赤亭镇，随后经蒲昌前往州城（高昌城）投奔张忠，行至酸枣戍被捉，最后死在安昌城。根据这段记载，酸枣戍很可能在蒲昌以西。同一件文书《岸头府界都游弈所状上州》一文记载王奉仙是因为"无向北庭行文"，而被捉。看来，酸枣戍属岸头府，可能在交河境内，还很有可能是通往北庭某路口要道处之镇戍（烽燧）。具体位置无法推定。馆依戍设，酸枣馆也当在此。

8. 维磨戍、维磨烽、突播烽、上萨捍烽、下萨捍烽

根据《吐鲁番出土文书》记载都在蒲昌北面[2]。具体位置尚需有进一步材料方可推定。

1　《吐鲁番出土文书》，第9册，第63—65页。
2　［日］日比野丈夫：《唐代蒲昌府文书研究》，《东方学报》第33册。

9. 银山戍、雷石戍、银山馆、雷石馆

《新唐书·地理志》"西州交河郡"条："自州西南有南平、安昌两城，百二十里至天山西南入谷，经雷石碛，二百二十里至银山碛，又四十里至焉耆界吕光馆。"《新疆图志》道路二"吐鲁番厅"条记载："自托克逊驿偏南九十里苏巴什驿，八十里阿哈布拉克驿，六十里桑树园驿，七十里库木什阿哈玛驿，七十里旧房川接焉耆东境官道。"《西域图志》卷二三认为：唐地理志称西州西南入谷者，当指苏巴什山谷而言，谷内有大石崎岖者二处车不能行，为古车师西境关隘，意即所谓雷石也。此处距清代阿哈布拉克驿废址不远。清代为便于车行，曾派员监修，凿平石磴，其阻路大石用火药炸除，道路稍平矣[1]。1938年，沟谷内此处岩壁巨石崩塌，苏巴什沟谷道路因而阻断，盛世才政府被迫重新修路改行干沟。1996年4月我们曾乘车经行此处，并下车实地调查，此时314国道（乌鲁木齐至喀什）已重新改道于苏巴什沟，拦路大石虽已完全炸除，但危岩壁立，形势依然摄人心魄[2]。据上所述，唐代雷石戍（馆）应在此附近。《西域图志》卷二三"库木什阿克玛塔克"条按语曰："回语库木什，银也，阿克玛积而不散之谓。库木什阿克玛塔克，即唐书所谓银山碛也。郭孝恪进讨焉耆，兵出银山道，即此地。"库米什盆地大部分为碎石所覆盖，库米什—乌宗布拉克谷地位于盆地中央地带，南北宽约25公里，谷地边缘

1　《新疆图志》道路二。

2　雷石碛的地理坐标：北纬42° 28′ 39″，东经88° 31′ 38.1″，阿哈布拉克驿站废址地理坐标：北纬42° 28′ 40.4″，东经88° 31′ 38.3″。

分布着山麓石质平原与广大洪积扇。无论古今，这都是从托克逊西南前往焉耆的必经地段。库米什—乌宗布拉克谷地周围泉眼稀少，唯有库米什附近泉眼较为集中，水量较大。清代库米什驿站便在这个水源丰富地带，驿站废址地理坐标为北纬42° 37′ 51.6″，东经88° 34′ 22.2″。唐银山碛自然是指库米什山麓石质平原，而银山戍（馆）则应在清代库米什驿站一带。

10. 武城上烽

必当在武城附近，即今西安二宫一带。

以上对文书记载的部分镇戍、烽燧、馆驿的可能地理方位作了一些考证和推论。结合对现存唐代，以及清代戍堡烽燧分布状况的分析，可以大致推断出西州烽燧警戒线的布局如下：

高昌城是西州政治、经济、军事中心，它不但是西州交通总枢纽，而且也应是西州烽燧警戒线的汇集中心。不过我们先从唐西州东部交通枢纽赤亭镇（今七克台古城遗址）开始叙述：

（1）从赤亭向东略偏北沿新开道[1]东行至伊州（今哈密）。

（2）从赤亭向东沿伊西道穿越西州伊州（今吐鲁番哈密）之间的戈壁沙漠地段至伊州。

（3）从赤亭向北塞克散土墩烽燧方向，监视警戒西州蒲昌县（今鄯善县）北越天山通往庭州（今吉木萨尔）的主要路线。

（4）从赤亭西南经过东湖烽燧至蒲昌城，再沿火焰山南麓西

---

1 新开道、伊西道以及此后的银山道、他地道、白水涧道，见后文。

行经柳中城（今鲁克沁镇柳中古城）、高宁城（今吐峪沟）至高昌城。

（5）从赤亭西沿七克台山北麓至蒲昌城，再沿火焰山北麓山前地带西经汉墩阿克墩烽燧至临川城（今连木沁）、横截城（今苏巴什），再西行进入胜金谷经胜金烽燧 c、胜金烽燧 b，南转到高昌城。

（6）迪坎尔烽燧所在地是西州通往敦煌的东南门户，由此西北至柳中应有一道烽燧警戒线。

（7）由迪坎尔烽燧西略偏北经阿萨协亥尔烽燧、阿其克墩烽燧，北折至高昌古城。

（8）从高昌北经胜金烽燧 b、胜金烽燧 c，再经七康湖烽燧至胜金烽燧 a，形成一道或许延伸到恰勒坎果勒沟口，警戒西州北越天山至庭州里程最短的通道——乌骨道的警戒线。

（9）从高昌北经胜金烽燧 b、胜金烽燧 c、七康湖烽燧，再西向经乌江布拉克烽燧、木尔吐克萨依烽燧（戍堡）、胜金烽燧 d、胜金烽燧 e、七泉湖烽燧至煤窑沟烽燧，形成一条警戒火焰山北麓天山南缘的烽燧警戒线。

（10）从胜金烽燧 b 至干沟烽燧，也应有一道警戒穿越火焰山的干沟南口的烽燧线。

（11）从高昌经恰特喀勒烽燧、安乐古城至盐山烽燧到交河故城。

（12）从高昌西南经庄子坎烽燧、乌盘土拉烽燧、毕占土拉烽燧、阿萨吐尔烽燧、乔拉克烽燧至天山县城（今托克逊县城附近或说且克曼唐代遗址附近）。唐初玄奘可能便是由此路前往焉耆，但是可能未经始昌城（天山城）。参阅前文笃进、无半。

（13）从天山城经帕莱克烽燧，穿越天山库米什沟到达焉耆的通道应是唐代银山道烽燧线。

（14）从天山城经萨依坎尔烽燧到阿拉沟烽燧应是阿拉沟烽燧线。

（15）从天山城经布干烽燧、盐城（今阔坦图尔古城遗址）、二二一团烽燧为交河西南烽燧线。

（16）从交河城经雅尔湖烽燧，到龙泉（今夏普吐勒克）再至柳谷（今大河沿河谷）是他地道烽燧线。

（17）从交河故城经雅尔湖烽燧西偏北穿越白水涧谷（今后沟，又称白杨河峡谷）是白水涧道烽燧线。

（18）艾丁湖塔什烽燧与（12）烽燧线相连，是一处警戒从东南穿越库木塔格沙漠，或东越库木塔格沙漠，南经罗布泊，再翻越库鲁克塔格试图从艾丁湖西南进入西州的敌情烽燧线。

（19）迪坎尔烽燧遗址、阿萨协亥尔古城遗址、庄子坎烽燧遗址、乌盘土拉烽燧遗址、毕占土拉烽燧遗址、考克烽燧遗址、乔拉克烽燧遗址至且克曼居住遗址在吐鲁番盆地绿洲南部呈线状分布，应是其绿洲南缘的一条重要烽燧警戒线。

第五章　沉寂的吐鲁番古道

　　这里仍然以高昌国、唐代西州时期为代表来谈古道情况。高昌从其有国始，直至唐太宗以其地置西州，一直是个绿洲小国，其势力范围以吐鲁番盆地自然地理单元为准，偶尔的扩张，当属例外。吐鲁番盆地是一山间断层陷落盆地，四周形成许多天然的战略关隘。盆地东部，由于受地形的影响，七角井、十三间房一带为天山南北的天然通道，也是由东进入吐鲁番盆地的必由之地，战略意义重大。西部阿拉沟为通往伊犁河谷和天山南麓最为直接的通道，亦是兵家必争之地。东西直线距离为245公里，折合唐里约为四百六十一里[1]。高昌有国初期其境东部无多大变化，西部已灭车师前部，东西境相当于唐西州天山县至蒲昌县。据《元和郡县志》卷四十天山县"东至州一百五十里"，蒲昌县"西南至州一百八十里"，东西约合三百二十里。与《周书》《隋书》《通典边防·西戎志》《太平寰宇志》所记基本相合。所谓

1　采用的是陈梦家《亩制与里制》一文数据，《考古》1960年第1期。

三百二十里，乃是文献所记蒲昌县治至天山县治距离的概数，实际上或在四百六十里左右。而《通典》《新唐书》所记东西八百里，以及《元和郡县志》所记东西八百九十五里之数，应是东西辖境与伊州和焉耆交界处里程的概数，包括东西县治外的荒芜路段。《南史》《北史》说高昌"东近敦煌"，实际是东南隔大沙海与敦煌遥相为邻。

南北境，如上所述，诸史志所载南北里数，大致相同。《通典·州郡志》"交河郡下"云："南至三百五十里过荒山千余至吐蕃界。"《太平寰宇志》卷一百五十六"西州"条曰："南三百六十里至荒山又千余里至吐蕃。"《元和郡县图志·陇右道下》"西州"条称："南至楼兰国一千二百里，并沙碛，难行。"楼兰国为汉代古名，其所指地域为今罗布泊西南，及邻近的孔雀河沿岸一带。从西汉至前凉一直受中原政权控制，此后废弃[1]。据《旧唐书·西戎传》记载，晋永嘉时吐谷浑地兼鄯善、且末，唐龙朔三年（661）为吐谷浑所并。《通典》之荒山即今库鲁克塔格（Kuruk Tag），山名为维吾尔语，意思是干燥、荒凉之山。三百五十唐里约合今186公里，从高昌古城走捷径到库鲁克塔格所需公里数也大致相当，此山实为西州南部之边界。《魏书·高昌传》《北史·高昌传》记曰："北有赤石山，七十里有贪汉山，夏有积雪，此山北铁勒界也。"《隋书·西域传》高昌亦言："北有赤石山，山北七十里有贪汉山，夏有积雪。此山之北，铁勒界也。"赤石山即今火焰山，维吾尔语

---

1 孟凡人：《楼兰新史》，北京：光明日报出版社，1990年，第17—18页。

作克孜勒塔格（Kizil Tag），意为红山，从高昌至火焰山约15—16公里。贪汉山（Tangri Tag）是突厥语，意为天山。由火焰山至恰勒坎（离高昌最近的穿越天山的山谷谷口）约35公里，再前行翻越吾娃达坂约30公里，合计80公里左右，与唐代一百五十里（约合79.6公里）相当。如此，西州州境东西以县治计当为四百六十唐里，南北为五百唐里，即西起阿拉沟，东至七角井谷口，与吐鲁番盆地东西自然长度245公里一致。北部接近天山主脉分水岭，南至库鲁克塔格南缘，远远超过吐鲁番盆地南北的自然宽度75公里。

第一节　内部的交通线

交通重镇　高昌城位于吐鲁番盆地中央部位，火焰山南部绿洲，是吐鲁番古代相当长时期盆地内的交通中心。《汉书·百官公卿表》记载，早在元帝初元元年（前48）已置戊己校尉，屯田车师前王庭。此时便应已出现高昌壁这一戊己校尉治所。文献中有关高昌壁的记载最早为"元始中"[1]。从西汉初元元年直至唐灭麹氏高昌王国，无论魏晋、高昌郡，还是高昌国，高昌城一直是吐鲁番地区政治、经济、军事活动的中心。

1　《汉书·西域传》："元始中，车师后王国有新道，出五船北，通玉门关，往来差近，戊己校尉徐普欲开以省道里半，避白龙堆之厄……召姑句使证之，不肯，系之。姑句数以牛羊赇吏，求出不得。姑句家矛端生火，其妻股紫陬谓姑句曰：'矛端生火，此兵气也，利以用兵。前车师前王为都护司马所杀，今久系必死，不如降匈奴。'即驰寇出高昌壁，入匈奴。"

次一级的区域性交通中心是西州的其余四县，分别位于西州东、东南、西南、西四方。东部，蒲昌城是该地区的政治、经济、军事活动中心。根据蒲昌城东通赤亭、西行沿火焰山北侧连接临川、横截、新兴以至高昌，顺火焰山南侧则直抵柳中，进而分别可以到高昌和柳婆（阿萨协亥尔古城）的地理位置特点，蒲昌应是西州东部的交通枢纽。东南部，柳中城位于火焰山南麓，是高昌城从火焰山南侧通往蒲昌城的必经之地，此外，南面沟通柳婆城，北面穿过色尔克普山谷和吐峪克艾格孜峡谷通往火焰山以北诸城。正如《元和郡县图志·陇右道下》"西州"条记载柳中"当驿路"，柳中城无疑应是西州东南部的交通枢纽。西南部，天山城南面有路沟通交河城，东南经安昌、南平二城可抵高昌城，西南扼银山道道口，西行直抵鸲鹆镇，显然又是一处交通枢纽。西部，交河城东行沟通安乐、高昌、柳婆等城，东南连接安昌、南平，以及火焰山两侧诸城镇，北有龙泉，进而可到柳谷镇，西北为"白水涧道"之起点，南通天山城，西南可抵鸲鹆镇，因而也是西州西部的重要交通枢纽。

内部交通干线　高昌城是西州交通之中心，由此沟通各区域性交通中心的道路自然成为西州内部主要的交通干线。其路线当是：由高昌城（高昌古城遗址）向东经柳中城（柳中古城遗址）抵蒲昌城（东巴扎古城遗址）再至赤亭（七克台古城遗址），与烽燧线（4）的路线大致相当；向北经新兴（胜金口）、横截（苏巴什）、临川（连木沁）三城抵蒲昌城进至赤亭，与烽燧线（5）的路线基本相同；向西经安乐城（安乐古城遗址）抵交河城（交河故城遗址），与烽燧线（11）的路线约略相当；西南经南平（拉木伯公相古城遗址）、安昌（帕克拉克占城遗址）两城抵天山城（且克曼遗址）。清代吐鲁番地区政治、经济等方面的中心西移至安乐古城附近，其交通干线仍有相当大部分与唐代西州的交通干线大致相一致。根据《新疆图志》记载：广安城[1]（现吐鲁番老城，唐安乐城在其东侧附近）东，六十里连木沁驿（唐临川在其附近），七十里辟展驿（唐蒲昌城附近），九十里齐克腾木驿（唐赤亭在其附近）。城西南六十里布干台驿，六十里托克逊驿（唐天山城）。城西三里回城，十七里雅尔湖（唐交河城），又名雅尔城，汉车师前王所居，唐交河县治也。三十里根特克，九十里三角泉，四十里白杨河（唐白水涧）会迪化东南境官道。据此可知，清代广安城沿火焰山南侧通鲁克沁（唐柳中），再至辟展的路线已不算是大道。而其广安城至托克逊的路线，唐代西州却也只是安乐城至天山城的支线。另外，由于政治、经济中心的转移，唐西州高昌城至天山城这一交通干线，清代只是三堡西南通向托克逊的歧路[2]。

内部交通支线　高昌城连通另外四个主要城镇的交通线之外，诸城镇之间（包括与五个主要城镇）的交通联系构成州内交通支线。分述如下：

1. 柳中城穿越赤山北通临川城之路。具体路线是从今柳中古城遗址（鲁克沁）经今火焰山色尔克普山谷至连木沁。

2. 柳中城南通柳婆城之路。具体路线是从今柳中古城遗址南

1　广安城设有阳和驿，即吐鲁番底驿。
2　《新疆图志》道路二"吐鲁番歧路"。

行至阿萨协亥尔古城遗址（今鲁克沁到迪坎尔）。

3. 高宁城经丁谷穿越赤山北通横截城之路。具体路线是从今吐峪沟经吐峪克艾格孜峡谷穿越火焰山至苏巴什。

4. 新兴经宁戎谷（今木头沟）北越火焰山至宁戎城之路。具体路线是从胜金口北行沿木头沟经柏孜克里克千佛洞至乌江布拉克古城遗址，与烽燧线（9）的部分线路约略一致。

5. 高昌经酒泉至柳婆之路。具体路线从高昌古城经洋海厄格勒塔木戍堡遗址南行至阿萨协亥尔古城遗址，与烽燧线（7）的路线大致相当。

6. 高宁至酒泉之路。具体路线是从吐峪沟至洋海厄格勒塔木古城遗址。

7. 高宁至新兴之路。具体路线是从吐峪沟至胜金口。

8. 安乐城至永安、洴林二城之路。具体路线是从安乐古城遗址北行经巴格日沿葡萄沟至老砖厂居住遗址。

9. 安乐城至南平、安昌二城之路。具体路线是从安乐古城遗址南行经帕克拉克古城遗址至拉木伯公相古城遗址。

10. 安乐城至盐城之路。具体路线是从安乐古城遗址至阔坦图尔古城遗址。

11. 交河城经神山烽燧、盐城至天山城之路。具体路线是从交河故城遗址东至盐山烽燧，再折向南经阔坦图尔古城遗址至且克曼遗址。

12. 交河城至龙泉之路。具体路线是从交河故城遗址北行至夏普吐勒克。

13. 交河城西北穿越盐山至天山城之路。具体路线是从交河故城遗址西行经大旱沟穿越盐山，再南行至且克曼遗址。与烽燧线（15）的路线大致相当。

14. 交河城西北穿越火焰山至鄯鄯镇之路。具体路线是从交河故城遗址西行沿大旱沟南行穿越盐山，再西北行至阿拉沟烽燧遗址。

15. 天山城至鄯鄯镇之路。具体路线是从且克曼遗址西行至阿拉沟烽燧遗址。与烽燧线（14）基本一致。

16. 柳婆城经无半城、笃进城至天山城之路。具体路线是从阿萨协亥尔古城遗址西行经阿其克墩烽燧遗址、庄子坎烽燧遗址、乌盘土拉烽燧遗址、毕占土拉烽燧遗址、考克烽燧遗址、乔拉克烽燧遗址至且克曼居住遗址。这一路线与黄文弼先生当年所见"北京邮路"大体一致。

第二节　古代吐鲁番沟通周边地区的交通路线

西汉通西域路线，《汉书·西域传》记曰："自玉门、阳关出西域有两道：从鄯善傍南山北，波河西行至莎车，为南道……自车师前王廷随北山，波河西行至疏勒，为北道。"又记曰："元始中，车师后王国有新道，出五船北，通玉门关，往来差近，戊己校尉徐普欲开以省道里半，避白龙堆之厄。"

东汉通西域路线，《后汉书·西域传》记曰："自敦煌西出玉门、阳关，涉鄯善，北通伊吾千余里，自伊吾北通车师前部高昌壁千二百里，自高昌壁北通后部金满城五百里。此其西域之门户也，故戊己较尉更互屯焉。伊吾地宜五谷、桑麻、葡萄。其北又有柳中，皆膏腴之地。故汉常与匈奴争车师、伊吾，以制西域焉。自鄯善逾葱岭出西诸国，有两道。傍南山北，陂河西行之莎车，为南道……自车师前王庭随北山，陂河西行至疏勒，为北道。"上引文字从"自鄯善逾葱岭出西诸国"以下很可能是抄用《汉书·西域传》有关部分的文字，且抄错了文字顺序，以至"自鄯善逾葱岭出西诸国，有两道"之句，文义不通。

曹魏通西域路线，《三国志》卷三十注引《魏略·西戎传》记曰："从敦煌玉门关入西域，前有二道，今有三道。从玉门关西出，经若羌转西，越葱岭，度县度，入大月氏，为南道。从玉门关西出，发都护井，回三陇沙北头，经居庐仓，从沙西井转西北，过龙堆，到故楼兰，转西诣龟兹，至葱岭，为中道。从玉门关西北出，经横坑，辟三陇沙及龙堆，出五船北，到车师界戊己校尉所治高昌，转西与中道和龟兹，为新道。"又记曰："北新道西行，至东且弥国、西且弥国、单桓国、毕陆国、蒲陆国、乌贪国，皆并属车师后部王。"此道既称为"北新道"，应为新道之延伸。具体而言，取"新道"至高昌、交河城后，复自交河城抵车师后王庭；从后王庭西行，可赴天山以北诸国[1]。

南北朝通西域路线，《魏书·西域传》记曰："其出西域本有二道，后复为四：出玉门，渡流沙，西行二千里至鄯善为一道；

自玉门渡流沙，北行二千二百里至车师为一道；从莎车西行一百里至葱岭，葱岭西一千三百里至伽倍为一道；自莎车西南五百里葱岭，西南〔一〕千三百里至波路为一道焉。"另外，《北史·西域传》所记与《魏书·西域传》丝毫不差，可能是照抄《魏书·西域传》。

隋朝通西域路线，《隋书·裴矩传》记曰："发自敦煌，至于西海，凡为三道，各有襟带。北道从伊吾，经蒲类海铁勒部突厥可汗庭……达于西海。其中道从高昌、焉耆、龟兹、疏勒，度葱岭，又经……达于西海。其南道从鄯善、于阗……达于西海。其三道诸国，亦各自有路，南北交通。其东女国、南婆罗门国等，并随其所往，诸处得达。故知伊吾、高昌、鄯善，并西域之门户也。总凑敦煌，是其咽喉之地。"

由上述记载可以看到，《汉书·西域传》的北道、新道，《后汉书·西域传》的首段文字（敦煌—伊吾—车师之道路）及其后的北道，《魏略·西戎传》所载新道和北新道，《魏书·西域传》所记的第二道，《隋书·裴矩传》的中道，俱行经车师前国和其后的高昌，表明汉魏以降至唐，今之吐鲁番地区不仅一直是中原地区通西域的门户，而且还是西域诸国南北交通东西往来的枢纽地带。唐代，西州已不仅是丝路中道的枢纽，而且是唐朝经营西域的基地，其道路交通的重要性，自然比以前显得更为突出。

1.古代文献记载的吐鲁番古道

关于古代吐鲁番交通路线，文献记载比较周详的目前首推唐代的《西州图经》。以下我们以《西州图经》为主要线索，同时结合其他文献材料以及实地考察资料，对吐鲁番古道路线做一探讨。

关于《西州图经》的成书年代，罗振玉考证为唐乾元以后，贞元以前[1]。

伯希和敦煌文书第2009号《西州图经》残卷原文竖排，录文如下：

（前缺）

道十一达：

赤庭道

右道出蒲□□□……

碛卤虽沙□□□……

新开道

右道出蒲□□□……

观十六年□□□……

有泉井□□□……

之厄，今见阻贼不通。

1　《罗雪堂先生全集》三编六《敦煌石室遗书》中罗振玉跋曰："此志首尾均缺，但存中间数十行，审其文乃《西州志》也。"又跋："按西州本高昌，贞观十四年平高昌，置西州都督府，并置县。天宝元年改交河郡，乾元元年复为西州，至贞元六年陷于吐蕃，大中五年沙州首领张议潮逐虏，守者以十一州地图献，中有西州，后分为三部：曰和州回鹘，曰阿萨兰回鹘，曰高昌，均服属于辽。此唐至五代数百年间西州之沿革也。至此志之作，窃意当在乾元以后，贞元以前。新开道下有'见阻贼不通'语，是作志时州尚未沦于吐蕃之证。且其叙丁谷、宁戎两窟风景，文字尔雅，尤非唐中叶以后所能为也。又卷中丁谷窟云'西去州廿里'；圣人塔条云'在州子城外东北角'，则此书之名当是《西州志》而非《交河郡志》又可知矣。"

花谷道

右道出蒲昌县界，西合柳中向庭州七百三十里，丰水草，通人马。

移摩道

右道出蒲昌县界移摩谷，西北合柳谷向庭州七百三十里，足水草，通人马。

萨捍道

右道出蒲昌县界萨捍谷，西北合柳谷向庭州七百三十里，足水草，通人马车牛。

突波道

右道出蒲昌县界突波谷，西北合柳谷向庭州七百三十里，足水草，通人马车牛。

大海道

右道出柳中县界，东南向沙州一千三百六十里，常流沙，人行迷误，有泉井咸苦，无草，行旅负水担粮，履践沙石，往来困弊。

乌骨道

右道出高昌县界北乌骨山向庭州四百里，足水草，险峻石危，唯通人径，马行多损。

他地道

右道出交河县界，至西北向柳谷通庭州四百五十里，足水草，唯通人马。

白水涧道

右道出交河县界，西北向处月已西诸蕃，足水草，通人马。

银山道

右道处天山县界，西南向焉耆国七百里，多沙碛卤。

山窟二院

右在柳中县界至北山二十五里丁谷中，西去州二十里。寺其依山构，揆□疏阶，雁塔飞空，虹梁饮汉，岩峦纷□，丛薄阡眠，既切烟云，亦亏星月，上则危烽逗□，下轻流溜潺湲，实仙居之胜地，谅栖灵之秘城，见有名额，僧徒居焉。

宁戎窟寺一所

右在前庭县界山北二十二里宁戎谷中，峭□三成，临危面结拯，曾峦四绝，架回而开轩，既庇之以崇岩，亦□之以清濑，灵蒸霞郁，草木蒙笼，见有僧祇，久著名者。

古塔五区

圣人塔一区

右在州子城外东北角，古老相传云阿育王所造也。按《内典付法藏经》云：输伽王于阎浮提造八万四千塔。阿输伽即阿育王也，其塔内有古碑碣，与道俗同，故此俗称圣人塔。

（后残）

图经所记西州十一条交通路线，归纳起来大致为五个方向：

（1）东线：西州—伊州（从今吐鲁番高昌古城前往哈密）。

（2）东南线：西州—敦煌（从今吐鲁番高昌古城经迪坎尔前往敦煌）。

（3）北线：西州—庭州（沿各山谷通道翻越天山前往今吉木萨尔县北庭故城）。

（4）西北线：西州—轮台（经过今白杨河河谷、达坂城山口、盐湖、柴窝堡、乌鲁木齐方向）。

（5）西南线：西州—焉耆（从今托克逊经苏巴什沟或干沟、

库米什、榆树沟等前往焉耆、库尔勒方向）。

然而这并不是西州交通路线的全部，依据考察资料，我们发现可以增补两条线路：

（6）西南支线：沿阿拉沟西南行至焉耆或向西至伊犁河流域（为今南疆铁路阿拉沟路段，在巴仑台分岔。一条路南行出天山前往今焉耆、库尔勒；另外一条路则深入天山翻越查干诺达坂，经那拉提沿孔乃斯河谷西行进入伊犁河流域）。

（7）南部支线：即楼兰道，南越库鲁克塔格向古楼兰。

2. 吐鲁番古代沟通周边地区的交通路线

（1）东部交通路——新开道、赤亭道

本节所谓东部交通路线，专指古代吐鲁番（唐代西州）通哈密（唐代伊州）之道路。《西州图经》所记十一道唯赤亭、新开二道残损，不知走向。图经关于赤亭道只有"右道出蒲……碛卤虽沙……"寥寥数字，并未说明道路走向。赤亭道位列图经诸道之首，从图经所述道路顺序来看，依次由东向西逐县而叙，通往周围地区各个方向的道路均有关涉，而独无伊州。以唐代西州通伊州道路为唐通西域中道之关节而言，图经叙十一道，如无一道涉及西州通往伊州的道路，实无可能。再者，赤亭为西州最东端之重镇[1]，又是西州通往伊州道路之枢纽，且从赤亭前往伊州沿途多沙碛卤这点考虑，赤亭道应是西州通伊州之路。新开道在赤亭道之后，自新开道再往后为西州通庭州诸道。根据《西州图经》叙

1　唐西州设有赤亭烽、赤亭守捉、赤亭镇。

述道路的逻辑顺序，它只可能是西州通庭州[1]或西州通伊州的道路。我们认为新开道是在原西州通伊州道路之外新开的一条道路[2]。

《新唐书·地理志》"纳职县"条记曰："自县西经独泉、东华、西华驼泉，渡茨其水，过神泉，三百九十里有罗护守捉；又西南经达匪草堆，百九十里至赤亭守捉，与伊西路合。别自罗护守捉北上乏驴岭，百二十里至赤谷；又出谷口，经长泉、龙泉，百八十里有独山守捉；又经蒲类，百六十里至北庭都护府。"这段文字记述伊州至西州道路较为详细，"与伊西路合"一语表明两州之间的交通线应有两条，一是传统的主要道路，即伊西道；另一条（纳职—独泉……罗护守捉……赤亭）从"别自罗护守捉北上乏驴岭……至北庭都护府"判断，当是北靠天山主脉南麓，并且有岔路至北庭的道路（暂称为伊西北道）。慧立《大慈恩寺三藏法师传》卷一记曰："出流沙，到伊吾……法师意欲取可汗浮图过；既为高昌所请，辞不获免，于是遂行南碛，经六日至高昌界白力城。"南碛即指天山今哈密至辟展段以南的十三间房—南湖戈壁这一集大片风蚀地貌、小型沙山、荒凉戈壁于一处的地带，"行南

1　冯承钧认为赤亭道、新开道均为西州通伊州的道路，见《西域南海史地考证论著汇辑》，第93页。

2　王仲荦认为新开道为西州通伊州之路，但未作具体路线考证。参阅王仲荦《敦煌石室地志残卷考证》，上海：上海古籍出版社，1993年，第209页；程喜霖也认为新开道为西州通伊州之路，不过论据和所考路线均与本书有异，参阅程喜霖《唐〈西州图经〉残卷道路考》，《敦煌吐鲁番文书初探二编》，武汉：武汉大学出版社，1990年，第536页；郑炳林认为新开道指蒲昌南通玉门关至敦煌的道路，参阅郑炳林《唐五代敦煌新开道考》，《敦煌吐鲁番文献研究》，兰州：兰州大学出版社，1995年，第472—483页。

碛"之语，似乎是穿行今南湖戈壁。引《旧唐书·侯君集传》记载："及军至碛口，而文泰卒，其子智盛袭位。君集率兵至柳谷……于是鼓行而前，攻其田地。"侯君集率军所至"碛口"也应是南湖戈壁东端某处（今三间房东南一带）。玄奘从伊吾至白力（唐蒲昌）城和侯君集从碛口至柳谷进取田地（唐柳中）城的时间相距不远，均为唐初，且都经行南碛。此道在这一时期可能是高昌和伊吾之间的主要道路。《西州图经》赤亭道残文"右道出蒲□□……碛卤虽沙□□"表明路途多沙碛、水咸卤，从蒲昌出发通往周边的大道，唯有西州东经南碛通往伊州的道路具有这一特点。《宋史·高昌传》引《王延德使高昌记》曰："次历小石州。次历伊州……次历益都。次历纳职城，城在大患鬼魅碛之东，南望玉门关甚近。地无水草，载粮以行。凡三日至鬼谷口避风驿，用本国法设祭，出诏神御风，风乃息。凡八日至泽田寺。高昌闻使至，遣人来迎。次历地名宝庄，又历六种，乃至高昌，高昌即西州也。"王延德于太平兴国六年（981）五月出使，雍熙元年（984）四月还至京城，出使时上距五代仅20年。所行经路线仍当为唐五代时期故道，避风驿也可能仍是唐代驿名，因为纳职之名如故。且从纳职经大患鬼魅碛至泽田寺（赤亭），经行路线显然与《新唐书·地理志》详述之道（伊西北道）不同，即可能是所记之伊西路。大患鬼魅碛之名无疑是指其环境极端恶劣，前述记载还多大风，这些都与南湖戈壁的环境特点完全相符[1]。据上所述，《西州图经》之赤亭道与

1　南湖戈壁从鄯善红旗坎到哈密了墩为著名的百里风区，全年大风在100天以上，这一地段尤以七角井、十三间房一带风害为烈。

《新唐书》所记伊西道同为一条道路是合乎情理的。

《西州图经》新开道残文"有井泉□□……"表明沿途可能并非咸卤之地，而出蒲昌，地非咸卤，则只有靠近天山或天山之中，也说明"□□之厄"可能指山险石阻。这与《新唐书·地理志》所记伊西北道有相似处，另外，"有井泉"之语亦与伊西北道"自（纳职）西经独泉，东华、西华驼泉，渡茨其水，过神泉"语相合。如此，新开道是否可能便是伊西北道呢？从玄奘、侯君集乃至王延德均走伊西道来看，有唐一代伊西道可能一直是西州与伊州之间最多使用的大道。《新唐书》书成于宋代，其所记伊西北道可能是唐代为避南碛沙卤大风之害，于伊西道北面靠近天山南缘而开的新道。经唐代多年整修后至宋代已成为优于伊西道的道路，所以《新唐书·地理志》详记伊西北道，并有意略去伊西道并非没有可能。

《西州图经》新开道残句"观十六年□□……"指贞观十六年（642），这一点已是诸家共识。然其所指为何，意见并不一致。《旧唐书·突厥传下》记载："贞观十五年，（西突厥咄陆可汗）遣兵寇伊州，安西都护郭恪率轻骑两千自乌谷邀击，败之。咄陆又遣处月、处密等围天山县，郭恪又击走之。恪乘胜进拔处月俟斤所居之城，追奔又及于遏索山，斩首千余级，降其处密之众而归。"类似的记载《新唐书·突厥传下》："咄陆又击吐火罗，取之，乃入寇伊州。安西都护郭孝恪以轻骑二千，自乌骨阻击，败之。咄陆以处月、处蜜兵围天山而不克，孝恪追北，拔出月俟斤之城，抵遏索山，斩千余级，降处蜜部而归。"只是未明记时间。《贞观政要·安边》记载:"至十六年,西突厥遣兵寇西州,太宗谓侍臣曰:朕闻西州有警急,虽不足为害,然岂能无忧呼?"所记"西突厥遣兵寇西州"当指处月、处密围攻天山县事。《资治通鉴》卷一百九十六记曰:"(贞观十六年八月)西突厥乙毗咄陆可汗……遣兵寇伊州;郭孝恪将轻骑二千自乌骨邀击,败之。乙毗咄陆又遣处月、处密二部围天山;孝恪击走之。乘胜进拔处月俟斤所居城,追击奔至遏索山,降处密之众而归。"所记时间为贞观十六年(642)。对照上述记载,《旧唐书》之郭恪当是《新唐书》《资治通鉴》所记之郭孝恪。郭孝恪率兵自乌骨邀击西突厥的时间,参照《贞观政要》《资治通鉴》记载应以贞观十六年(642)为是。而贞观十六年(642),唐在西州的大规模军事行动,除去郭孝恪自乌骨邀击西突厥咄陆可汗及随后降处月、处密二部外,便是郭孝恪率军出银山道伐焉耆、讨龟兹二事。《西州图经》明确记有银山道,而新开道位乔东部交通线之列。如此,与新开道有可能有关的便只能是"自乌骨邀击"西突厥一事。郭孝恪率奇兵出乌谷于天山北麓突击西突厥咄陆可汗,交战地点无论是在出乌骨道不远处,抑或是在由此通往伊州的某处战略要地,此后唐军必将沿天山北麓东进清剿西突厥寇伊州之残部。这次军事行动目的达到后,唐军应由伊州地界返回西州。便于得胜之师凯旋的道路,似乎不应该是穿行于被此后的宋人称为"大患鬼魅碛"的南碛之伊西道。最可能的选择就是多泉水溪流的伊西北道这一路线。

根据以上引述的记载,下面分两个方面讨论西州通伊州道路方面的实际问题。

①相关记载中主要地点的当今所在地

a. 纳职县：《元和郡县图志·陇右道下》"纳职县"条记曰："东至州一百二十里。"《太平寰宇记》卷一五三所记里程相同。唐代伊州治所即在今哈密[1]。纳职县多数学者考证是在哈密县西之四堡。四堡在三堡之南十五里，三堡在哈密以西一百二十里[2]，与《元和郡县图志》所载里程相合。此外，二者在名称上也有很深的渊源关系。四堡又称拉布楚克（Lapchuk），此名称实际为纳职（Nopcik）一称的音转[3]。鉴于上述两点，将纳职县定在四堡附近比较合适。四堡村内有一座古城遗址。古城遗址东北距哈密市65公里（约合一百二十二唐里）与《元和郡县图志》所记纳职"东至州一百二十里"相合。古城遗址平面呈长方形，正南北方向坐落，南北长约500米，东西长约300米，城墙残高最高处约5米。东墙保存较好，尚有100多米城墙存留，西墙和北墙各有一个马面。城墙下部夯筑，上部由土坯垒筑。据此，现有古城很可能是在原夯筑古城基础上重新用土坯砌筑的。古城南侧有一土坯筑成的高约15米的角楼。城内采集到轮制夹砂红、灰色，口沿部分有附加

1　顾祖禹《读史方舆纪要》卷六五说："伊吾废县即今卫治，是谓唐之伊州在今哈密也。"此外还可参见《西域图志·疆域二》"安西北路一"，"哈密"条。

2　陶保廉：《辛卯侍行记》卷六，第385页。

3　岑仲勉：《麴氏高昌补说》，载《西突厥史料补阙及考证》。此外，陈诚《西域行程记》记载："由哈密城东门外读溪水向西行，皆平川，约行七十余里，有人烟好水草处安营。十六日晴明，起向西行，有古城名腊竺，多人烟树木……"此文之腊竺似乎是唐宋时纳职一名的音转，到清代又转成拉布楚克。参见《哈密地区文物普查资料》，《新疆文物》1991年第4期。

堆纹的陶片数块[1]。从遗址建筑形式及采集到的陶片来看，其年代上限似应在唐代，下限无从推断。根据上述情况，拉布楚克古城遗址很可能就是唐纳职城之所在。

b. 罗护守捉：在今十三间房附近[2]。

c. 赤亭守捉：即赤亭镇，也是宋王延德所至之泽田寺，今七克台古城遗址便是唐赤亭守捉之所在[3]。

d. 达匪、草堆：《唐天宝十四载交河郡长行坊申十三载郡坊帖马侵食交河等馆九至十二月马料帐》[4]文书中见有"达匪馆""草堆馆"。此外，文书中还见有"达匪烽""达匪驿"[5]。根据《新唐书·地理志》的记载推断，二者位置应在罗护与赤亭之间。

e. 避风驿：《西域行程记》记载，王延德由纳职三日行至鬼谷口避风驿，地有大风，再至泽田寺（今赤亭遗址）。《辛卯侍行记》卷六记载："（嘹墩）驿正西旧驿路：九十里胡桐窝。七十里三间房，本名鄂塔尔奇玛。一百二十里十三间房，本名阔什。一百三十里七克腾木。此路恒有怪风，因改设驿站于一碗泉。《新唐·地志》：纳职县西三百九十里有罗护守捉。《宋史·外国传》：王延德自纳职城鬼魅碛三日行，至鬼谷口避风驿。殆今三间房欤？"《新疆图志》道路五记载："（自哈密）由嘹墩驿至七克腾木

1　参见《哈密地区文物普查资料》。
2　详细考证见前文"罗护镇"条。
3　详细考证见前文"赤亭镇城"条。
4　《吐鲁番出土文书》，第10册，第227页。
5　《吐鲁番出土文书》，第7册，第96页。

台[1]，经吐鲁番前进，以达迪化省城，谓之南路……南路中经风戈壁。出嘹墩，经十三间房，为古之黑风川，妖风时作，侵氛噎塞，沙鸣石走，车马皆可飞腾。《汉书》所谓风灾鬼难之国也。同治十二年（1873），道员黎献率军行至此，厉风暴作，全军人马吹失无踪。"[2]据此，可知三间房、十三间房至七克腾木一带常有暴风，清代人称风戈壁。现在十三间房一带仍为著名风区，常年有大风，当地人现在仍称之为黑风川。此次考察经行十三间房至三间房一带，风蚀地貌极为典型，黑风川之名确实极为贴切。根据以上所述，以今三间房一带为鬼谷口避风驿，似嫌过于靠北。且王延德从纳职至避风驿凡三日，再行，凡八日到泽田寺（赤亭），以日程推算避风驿也应在三间房东南方向。

②路线与里程

a. 伊西北道：即新开道，关于其里程，《新唐书·地理志》和《元和郡县图志》记载：伊州至纳职百二十里，纳职至罗护三百九十里，罗护至赤亭百九十里，故伊州至赤亭七百里（约合743.4里）山[3]。陶保廉《辛卯侍行记》卷六记载：哈密六十里至头堡，六十里至三堡，六十里至三道岭，九十里至嘹墩，九十里至胡桐窝，七十里至三间房，一百二十里至十三间房，一百三十里至七克腾木（赤亭），共六百八十里（约合771里）。清代改

1　清代七克腾木台站即今七克台古城遗址东北约100多米处小山包泉眼旁之驿站遗址。

2　黎献之事引自萧雄《西疆记事诗》注。

3　所引唐里按唐大里（531米），清里则按清营造里（576米）折算。参见陈梦家《亩制与里制》，《考古》1966年第1期。后引数据均不再注。

走七角井后，则从嘹墩七十里至一碗泉，一百一十三里至七角井，三十二里至东盐池，一百四十里至七克腾木，从哈密算起共八百一十里（约合918.54里）。《听园西疆杂述诗》"辟展"条曰："辟展……其东南古属楼兰，今皆戈壁，无人烟水草，唐名莫贺延碛，宋名大患鬼魅碛。自胡桐窝经十三间房，以至七格腾木，春夏多怪风，名风戈壁，《明史》称为黑风川……自哈密起程，傍天山西行，七十里至头堡，二十里至二堡，四十里至三堡，七十里至三道岭，五十里至沙枣泉腰站，五十里至嘹墩，八十里至一碗泉，七十里至车轱辘泉，至此出哈密界矣。北路巴里坤，适当山后，山中有峡，行三四日可达，此间称为小南路，故此后两站，归巴里坤管属。七十里至七个泉腰站，四十里至胡桐窝[1]。两处穿走丛林，柴薪极广。再七十里至惠井子腰站，五十里至盐池[2]，入吐鲁番地界，再一百八十里至七格腾木（按，总和860里），此站颇远，幸中途一处名土墩子，间有水，可小息，离七格台四十里，再行九十里，至辟展矣。往年大路，必由十三间房地方经过，其地常多怪风，人易迷失，且无水草，今改由北边穿走天山之路，大胜彼处。"又据《西北丛编》卷三"民国八年四月十九日"条，由哈密西行二百六十八里至嘹墩，此处西去吐鲁番有两道，南道经胡桐窝至十三间房，凡二百八十里。以十三间房屡有怪风，今无行之者。其地东去哈密五百四十八里，西至齐克塔木一百三十里（总计678里，约合768.85里）。

1　陶保廉：《辛卯侍行记》卷六，记曰"东盐池一名胡桐窝"。
2　即《辛卯侍行记》卷六所记之西盐池。

《新唐书·地理志》所记伊西北道，从纳职经罗护（今惠井子）至赤亭七百唐里（743.4里），与《辛卯侍行记》记载的清代旧驿路六百八十清里（771里），以及《西北丛编》卷三记载的从哈密经十三间房至齐克塔木六百七十八清里[1]（768.85里）基本一致。因而，唐伊西北道应与清代哈密至七克台驿站之旧驿路出入不大。即清代从七克腾木至哈密的路线：从七克腾木东行，一百三十里十三间房，一百二十里三间房[2]，七十里胡桐窝，九十里嚓墩，九十里三道岭，六十里三堡，六十里一堡，又六十里至哈密。唐西州从赤亭到伊州具体路线：赤亭古城遗址—下四十里大墩南面—小草湖南面—十三间房—三间房—嚓墩南面—沙枣泉—四堡（拉布楚克古城遗址）—哈密（伊州）。

b.伊西道，即赤亭道（大碛路）：这条道路根据宋代王延德行记中的避风驿，以及《西州图经》赤亭道残文"右道出蒲（昌）……碛卤虽沙……"判断，当是由纳职直接西行穿越大患鬼魅碛（今南湖戈壁）到达赤亭。具体路线有可能是从拉布楚克古城遗址出发，经赛朗布拉克、小泉子烽燧[3]，横越戈壁，经唐泉至七克台古城。伊西北道和伊西道至赤亭合二为一，再西行沿火焰山南北麓分两道至高昌。

1　《西北丛编》和《新疆游记》均记于民国初年，所记里程仍按旧制。

2　从十三间房至三间房绝对不会有一百二十（清）里，从地图上估算也就45公里。

3　在中国人民解放军总参谋部测绘局1975年绘制的十万分之一地图上，此二地均明确标绘于四堡（拉布楚克）正西方向通往七克台古城方向的道路线上。

（2）东南部交通线——大海道

即《西州图经》之大海道。大海道：右道出柳中县界东南向沙州一千三百六十里，常流沙，人行迷误，有井泉，咸苦，无草，行旅负水担粮，履践沙石，往来困弊。《元和郡县图志·陇右道下》"西州"条记曰"东南至金沙州一千四百里"，与《西州图经》"大海道一千三百六十里"基本相符。"柳中县下"又记曰"大沙海在县东南九十里"，大海道当因大沙海得名。

《汉书·西域传》记曰："元始中，车师后王国有新道，出五船北，通玉门关，往来差近，戊己校尉徐普欲开以省道里半，避白龙堆之厄。"关于汉代新道，《三国志》卷三十注引《魏略·西戎传》记载较为详细："从敦煌玉门关入西域，前有二道，今有三道……从玉门关西北出，发横坑，辟三陇沙及龙堆，出五船北，到车师界戊己校尉所治高昌，转西与中道合龟兹，为新道。"新道又见于《通典·边防七》："前往西域有二道，自元始以后有三道……从玉门关西北出……经横坑，辟三陇沙过龙堆，出五船北，到车师界戊己校尉所理高昌，转西与中道合龟兹，（为）新道。""车师"条记载："平帝元始中，车师后王国有新道，出五船北，通玉门关，往来差近，戊己校尉徐普欲开以省道里半，避白龙堆之厄。"《太平寰宇记》一百八十卷西戎总序也有类似记载："按前往西域有二道，自元始以后有三道……从玉门关西北出，经横坑，辟三陇沙及白龙堆，出五船北，到车师戊己校尉所理高昌，转西与中道合龟兹，为新道。""车师"条记载："平帝元始中，车师后王国有新道，出五船北，通玉门关，往来差近，戊己校尉徐普欲开以省道里半，避白龙堆之厄。"

很显然，《通典·边防七》西戎总序和《太平寰宇记》卷一百八十西戎总序所记新道无疑是抄袭《魏略·西戎传》的文字，而二者"车师"条下关于新道的记载则完全是抄袭《汉书·西域传》的文字，同样《魏略·西戎传》的文字也是《汉书·西域传》所记新道内容的翻版。说明三个问题：

①新道西汉时便已存在，徐普是否开通似无定论，但已开通的可能性很大。有学者认为：一则，姑句不肯作证，显然不能阻止徐普开辟新道。事实上，传文也没有说新道由于姑句作梗而没有开辟。二则，敦煌马圈湾汉简有载"远十一月晦所且得报忧欲相助不忽＝新道适千里也前赍又"云云，结合其他简牍，可知说的是王莽四年，戊己校尉郭钦由"新道"至车师，复西南向击焉耆一事[1]。因而，完全有理由认为，"新道"便是西汉平帝元始中戊己校尉徐普所辟[2]。

②新道从西汉至魏一直在使用，且路线完全一致。所说玉门关是指汉玉门关，即在敦煌附近之小方盘城遗址。

③新道只有从敦煌或玉门关西北直趋高昌，方能与从经楼兰或伊吾绕行的路线相比"省道里半"，大海道正是从高昌东南直趋敦煌，与绕经楼兰或伊吾的路线相比也"省道里半"，故此，

1　吴礽骧等释校：《敦煌汉简释文》，兰州：甘肃人民出版社，1991年，第339—345页。

2　余太山：《两汉魏晋南北朝与西域关系史研究》，北京：中国社会科学出版社，1995年，第224页。

大海道与汉魏之新道只能是一条路线[1]。

《周书·异域传》"高昌"："自敦煌向其国，多沙碛，道里不可准记，唯以人畜骸骨及驼马粪为验。又有魍魉怪异，故商旅来往多取伊吾路云。"《太平寰宇记》卷二百五十六"柳中县"："柳中路：裴矩《西域记》云：自高昌东南去瓜州一千三百里，并沙碛，乏水草，人难行。四面茫茫，道路不可准记，唯以六畜骸骨及驼马粪为标验，以知道路，若大雪即不得行。兼有魍魅，以是商贾往来多取伊吾路。"隋代瓜州即唐之沙州[2]，上引二则记载无论方位、道里、路途景象都与大海道十分相似，可能是同一条道。

《隋书·西域传》"高昌"："从武威西北，有捷路，度沙碛千余里，四面茫然，无有蹊径，欲往者，寻有人畜骸骨而去，路中或闻歌哭之声，行人寻之，多致亡失，盖魍魅魍魉也。故商客往

---

1 孟凡人先生明确认为汉魏之新道与唐代大海道是同一条道路，参见孟凡人《楼兰新史》，第53页；黄烈在《中国古代民族史研究》（北京：人民出版社，1987年）第五章《"守白力""守海"文书与通西域道路的变迁》中认为《汉书》《魏略》之新道应为大海道，惜未提出有力证据；郑炳林认为汉魏之新道即《西州图经》之新开道，参见郑炳林《唐五代敦煌新开道考》。如此则西州有两条并行穿越大沙海通往敦煌的道路，一出蒲昌，另一出柳中。如正文所引《汉书》《魏略》之记载，可知新道为通交河高昌而开，如绕至柳中东面西汉时地位并不重要的唐代蒲昌地界，实无必要。即便唐代，因伊西路畅通，且柳中蒲昌相距不远，也完全没有必要另开新道。

2 参见《元和郡县图志·陇右道下》"沙州"条："禹贡雍州之域，古戎地也。《左传》所谓'允姓之戎，居于瓜州'，注云'在今敦煌'，是也。汉武帝元鼎六年，分酒泉置敦煌郡，今州即其地也。前梁张骏于此置沙州，盖因鸣沙山为名。流沙即居延泽也。以西胡校杨宣为刺史，后三年宣让州，复改为敦煌郡。凉武昭王初都此，后又迁于酒泉。后魏太武帝于郡置敦煌镇，明帝罢镇立瓜州，以地为名也，寻又改为义州，庄帝又改为瓜州。隋大业三年，又罢州为敦煌郡。隋末丧乱，陷于寇贼。武德二年，西土平定，置瓜州，五年改为沙州。建中二年，陷于西蕃。"

来多取伊吾路。""从武威向西北，有捷路度沙碛千余里"多有人认为"武威"是"敦煌"之误[1]。从实际地理位置、里程看，武威西北至高昌绝无捷路直通，且武威至高昌直线距离也在1000公里以上，绝不止千余里（500多公里），"武威"当是敦煌之误。据此，《隋书·西域传》所记"捷路"即与《西州图经》之大海道相似。《北史·西域传》"高昌"："自敦煌向其国，多沙碛，茫然无有蹊径，欲往者，寻其人畜骸骨而去。路中或闻歌哭声，行人寻之，多致亡失，盖魑魅魍魉也。故商客往来，多取伊吾路。"《北史·西域传》这段记载除以"敦煌"取代"武威"外，内容文字基本与《隋书·西域传》记载一致，也是"武威"当是"敦煌"之误的明证。

《周书》《隋书》《北史》皆于唐初取用前朝史料撰成，加之裴矩《西域记》所记，说明南北朝、隋至唐代，大海道不但存在而且仍在使用之中，只不过因"常流沙，人行迷误，有井泉，咸苦，无草，行旅负水担粮，履践沙石，往来困弊"较少使用而已。由于大海道是高昌至敦煌的捷路，"省道里半"，其军事战略意义重大，也是其存在的有力理由，这一点在近现代仍然得到证实。《新疆图志》"道路二"记载从鲁克沁"又东南通敦煌"，便指此道，"光绪三年，陕回余匪数百人，由敦煌掠粮至破城子（按：破城子即黄文弼先生1928年4月13日在库鲁克塔格南侧已接近，但因塔里木河水流经古城附近，而未得进入之破城子）休息。逾旬西合于安集延，而哈密吐鲁番守兵皆不知觉"。又据民国十八年（1929）

---

1 以王去非说最具代表性，见《关于大海道》。

六月六日《新疆省政府主席兼总司令部指令第□号》[1]，录文如下：

> 令吐鲁番县长崔思贤一件会衔呈报开兵驻扎沙梁子，日期由会呈阅悉。该文武会里该县属沙梁子系通敦煌要道，时有奸民出入其间。现经该文武会商酌派前哨哨长陈占魁、什长扬万胜，带兵十名，开往该处驻防。讫应准备案，并由该文武督饬哨长广为稽查，毋使奸民混入，致滋后患，是为致要。仰各知照。

> 此令

> 主席兼总司令金树仁（盖有总司令部印）

> 民国十八年六月六（盖有新疆省政府主席印）

沙梁子即今阔什墩南面沙丘，此处有僻路往阿萨协亥尔古城、迪坎尔一线。

无论是上引材料，还是《吐鲁番出土文书》中的"守海"文书[2]，都表明于大海道要道路口设防的目的。其防卫意义，远大于维护通道安全的意义。同样也说明，大海道并非中原通西域交通路线中的热线。

1996年，我们曾在迪坎尔乡走访猎户驼工多人，了解从迪坎尔前往敦煌的道路情况，知悉1949年后这条道路已无人行走，经当地群众提供线索，于迪坎尔村找到一位名叫米吉提·哈吉的老人，他是唯一仍然在世的、1949年以前曾多次从这条道路往返敦煌的驼工。当年老人已86岁，十五六岁便开始随父辈往返于此路，最后一次是1946年从敦煌为人驼运鸦片和茶叶。米吉提老人

1　原件现在吐鲁番地区档案局，文件号数因字迹过草，未能辨认清楚。

2　参见《建□某年兵曹下高昌、横截、田地三县符为发骑守海事》及《兵曹条次往守海人名文书》等，《吐鲁番出土文书》，第1册，第131、146页。

为我们详细讲述了行进路线及沿途地理形势。把老人的叙述材料与十万分之一地图相对照，发现材料基本可靠。现介绍如下：

第一程，（交通工具是骆驼，从迪坎尔）赶大早出发，东南行，二十里至恰什乌瓦，沿途是沙砾戈壁，无水；二十五里至恰舒阿艾格兹（艾格兹是维吾尔语 Egiz，意为谷口），十里过恰舒阿山，八十五里至秋格明塔什（Tugmen Tax），宿营。秋格明塔什意为磨盘石，近旁有泉，水咸苦。当日过恰什乌瓦后就行进在觉罗塔格（Qol Tag），即库鲁克塔格（Kuruk Tag）东端北缘缓坡谷地中，沿途小沙丘连绵不断，整日无水。秋格明塔什的地理坐标为东经 90° 21′ 35″，北纬 40° 8′ 50″，海拔 1007 米。

第二程，继续东南行，五十里至肖尔布拉克（Xor Bulak），意为碱泉，三十里过阿齐克山（Aqik Tag），三十余里至博拉塔（Bohatar），宿营。当日所经或为沙砾戈壁或为连绵沙丘。

第三程，继续东南行，沿途为软戈壁，沙砾硬地，百三十里至江嘎勒布拉克（Jangal Bulak），意为灌木井。

第四程，继续东南行，沿途是覆盖有薄砾石硬地，十里至白石滩，沿途尽是白石；又二十里至白石山，八十里出山，此后又十余里，至雅库度克（Yar Kuduk），宿营。雅库度克意为山崖井。

第五程，东南行五十余里入谷，四十里出山谷，二十里至库木库都克（Kum Kuduk），意为沙井。

第六程，东南行七十余里至江尕勒克（Yangallik），意为灌木丛，南行五十里至洋塔克库都克（Yantak Kuduk），意为骆驼刺井，水甜可饮用，宿营。此处有沙生植物可供骆驼食用。

第七程，东南翻越沙山，七十里至淤泥河，再东南约百里至干山宿营，此地也有沙生植物。

第八程，东南行五十余里，进入乱石山，继续东南行约七十里至雅尔果勒（Yargul），意为山谷，宿营。

第九程，东南行百二十里至穷库勒（Qong Kol），意为大水池或大湖，附近有长城墙，宿营。从地理形势判断，此处应为洋水海子。（按：小方盘城即在此处南面不远，有学者认为小方盘城即汉玉门关[1]。）洋水海子地理坐标大致为东经93° 50′ 55″，北纬40° 22′ 25″，海拔约1012米。

库姆塔格荒漠沙山

1　孟凡人：《楼兰新史》，第55页。

第十程，东南行约百余里至敦煌。

据米吉提老人介绍，10天已是较快的行程，1946年，他从敦煌替人运鸦片那一趟走了12天，本来想直接西北行穿越葛顺沙漠，途中迷失道路，驴因饥渴而死，唯剩骆驼。他与同伴把货物卸在途中，轻装觅路前行，最终到达迪坎。休息后，又返回沙漠取回货物。米吉提老人介绍，备足水，从秋格明塔什可直接东南行至敦煌，快行一般只需8天。但是由于需要自带饮水，商贩多走前述之路。他也只在小时随人走过（从迪坎至敦煌），1946年运鸦片时，由于是从敦煌西北向迪坎行走，途中错认了标识，以致迷路。另外，从洋塔克库都克[1]西行经营盘等地可至楼兰地区（若羌 Qaklik）。与前录米吉提老人所述类似的记载还见于陶保廉《辛卯侍行记》卷六吐鲁番歧路，以及谢彬所撰《新疆游记》之新疆迪化道属所附鄯善歧路[2]，现全文转录如下以为印证。

《辛卯侍行记》吐鲁番歧路："厅城东南一百三十里鲁克沁，折南四十里白沙特坎尔（又呼马厂有五六十家，多猎户）。第二程东南行，无地名。（有柴，有水苦，以下均无人烟。）第三程英都尔哥其（英都尔，银珀石也。哥其，光也。有柴，水苦）。第四程（石子戈壁）毛拉艾买提。第五程迷托克生（有苦水）。第六程托和喇布拉克（言胡桐泉也。水甘，有柴草，直西五程通破城子）。南有大山，循山北麓折东南行。第七程巴什托和拉克（言

1　孟凡人先生认为洋塔克库都克即《魏略》所记沙西井，参见孟凡人《楼兰新史》，第55页。
2　谢彬：《新疆游记》，乌鲁木齐：新疆人民出版社，1990年，第35—36页。

胡桐林之头也）。第八程（戈壁）阿提米什布拉克 [言有泉七十也（维吾尔语 Altmix Bulak，意为有泉六十，非七十），有红柳]。第九程（小山起伏）布鲁头（言多野牲也。有麻黄、柴，水苦）。第十程乌鲁铁漫吐（此蒙语，言有野骆驼也。有红柳、麻黄，水苦）……又东南通敦煌若干程，未知其详。”

《新疆游记》鄯善歧路：“城南三十里，树柏沟。西南经大沙湾，逾北渠，至鲁克沁。汉柳中地，长史所居，宋以后讹为柳陈。《元史》作鲁古尘。今为回郡王所居。由此折南，四十里沙白特坎尔，又呼马厂，有人家五六十，多猎户。第二程东南行，无地名，过此无人烟。第三程英都尔哥其。第四程毛拉艾买提。第五程迷拖克生。第六程托和萧布拉克（直西五程，通破城子）。南有大山，循山北麓，折东南行。第七程伯什托和拉克。第八程阿提米什布拉克。第九程布鲁头。第十程乌鲁铁漫吐。又东南行，通甘肃敦煌，若干程不详。清光绪三年，陕回余部数百人，由敦煌掠粮出此道，至破城子，休息逾旬，西合于安集延。而哈密、吐鲁番守兵，皆不之觉。”按：此途即汉元始中，出玉门通车师后国碛道。

根据米吉提老人的叙述和谢彬《新疆游记》所记之鄯善歧路，可知清末至新中国成立前，人们从迪坎东南行前往敦煌的路线，是一条逐泉水而行的路线[1]。另有一条直接从迪坎东南行至敦煌的路线，因少人行走已不能准记。这条道路当是最为接近《西州图

1　所经泉水大多不能供人饮用，但是骆驼可以饮用。

经》所记之大海道的路线。

（3）北部交通线——移摩道、萨捍道、突波道、花谷道、乌骨道、他地道等

北部交通线指西州北越天山通庭州的交通路线，即今沿各山谷通道翻越天山前往今吉木萨尔县北庭故城。

①移摩道、萨捍道、突波道

《西州图经》中记载的移摩道：右道出蒲昌界移摩谷，西北合柳谷向庭州七百三十里，足水草，通人马车牛；萨捍道：右道出蒲昌县界萨捍谷，西北合柳谷向庭州七百三十里，足水草，通人马车牛；突波道：右道出蒲昌县界突波谷，西北合柳谷向庭州七百三十里，足水草，通人马车牛。三道除移摩谷、萨捍谷、突波谷名称不同外，其余完全一致，可以认为这三者是起始点不同的同一条道路。

自古西域多柳谷地名。《汉书·西域传》：狐胡国王治车师柳谷，西至焉耆七百七十里。车师西南至焉耆八百三十五里，狐胡国王治较之少六十五里，如果里数不误，狐胡之柳谷当在车师西南。《西州图经》移摩、萨捍、突波三道所合之柳谷与他地道之柳谷各在西州东北、西北两端。《元和郡县图志》记载伊州柔远县有柳谷水，出县东北天山，因而，伊州也有柳谷。本节我们只讨论移摩、萨捍、突波三道会合之柳谷。《新唐书·姜行本传》：高昌之役，为行军都总管，出伊州，距柳谷百里，依山造攻械。《新唐书·侯君集传》：君集次碛口，进营柳谷，攻其田地。唐平高昌之役，关于前后军，都提到柳谷，显然柳谷不仅是交通要

道，还具有很高的军事战略地位。侯君集屯兵柳谷，一是要截断东镇、田地城与西突厥的联系，且便于出击；再者，大军营地要易于防守，无断水之虞。这样柳谷无疑具有"丰水草、通人马车牛"的特点。本次考察，我们走访鄯善县畜牧局熟悉天山通道的同志，以及当地常年穿行转场于天山牧场的牧工多人，并实地踏查验证，发现除高泉达坂道外[1]，只有驴之路一条路线，可通人马车牛；而丰水草，又可通人马车牛的山谷，则只有沿坎尔其河谷经八道湾至乌鲁克苏（UlukSu）这道沟谷。乌鲁克苏有一水量极为充沛的泉眼，可支上万人马饮用。此地绿柳成荫，以前曾辟有数百亩耕地（废弃沟渠荒地随目可见），20世纪六七十年代为一小农场，现仅有一户人家住留，耕种数十亩土地。乌鲁克苏因水得名，UlukSu 为维吾尔语，意为伟大的水。

关于移摩谷、萨捍谷、突波谷未见文献记载，据《吐鲁番出土文书》所见，蒲昌北面置有维磨烽、维磨戍、萨捍烽、突播烽[2]。维磨与移摩音近，维磨当是移摩之别写；突播与突波也应是同音别写。这些烽戍应在移摩谷、萨捍谷、突波谷谷口。开元元年（713）至二年（714），西突厥围攻北庭[3]，游骑骚扰蒲昌。宁第七号文书[4]记载："西至柳谷……仰谷口高此等探巡，并当贼路。"

1　高泉达坂道之碱泉子水量不大，供百人饮水尚可，如果供应军队数千人马饮水，决不能支。

2　［日］日比野丈夫：《唐代蒲昌府文书研究》，《东方学报》第33册。

3　同样的记载还见于《旧唐书·玄宗纪》：开元二年二月，西突厥寇北庭"右骁卫将军郭虔瓘击败之"。

4　见《旧唐书·玄宗纪》。

另外阿斯塔那341号墓所出开元初年《唐小德辞为被蕃捉去逃回事》[1]记载：小德牵车于城东某地，"贼从东北面齐出，遂捉小德"。当夜经苇东至草泽宿，第二天天明"即发入突播山"，至泉谷宿。第三日"夜在小岭谷宿"，"小德稍解蕃语，听贼语，明日拟发向驼岭"，是夜得间逃回。此间还曾与贼"投得维磨戍烽"。以上记述充分说明，移摩谷、突波谷、萨捍谷、柳谷确为蒲昌北通庭州所经之地。

经调查，乌鲁克苏东南11公里塔勒克谷口外孤立小山上有赛克散土墩烽燧遗址，从这里沿塔勒克山谷西北行至乌鲁克苏，再东北至库尔干山峡便与驴之路会合，驴马车牛俱可通行，是一条常年使用的道路。沿坎尔其河谷西北行至八道湾，折向东北经乌鲁克苏进入库尔干山峡，是另一条传统上使用通往天山以北的道路，驴马车牛俱可通行。另外沿柯柯亚沟谷西北至柯柯亚再转东北行经有库尔坎尔其（意为上坎尔其），再经乌鲁克苏或不经乌鲁克苏[2]，与库尔干山峡会合，是第三条有使用传统、可通行驴马车牛北越天山的道路。

从实地考察的情况看，移摩道、萨捍道、突波道只能就是上述三条汇集于乌鲁克苏—库尔干山峡，再北越天山的道路。1996年4月底，我们实地踏查了塔勒克山谷、坎尔其—八道湾沟谷、柯柯亚谷及从柯柯亚前往乌鲁克苏的道路。5月8日从木垒县白杨

1　《吐鲁番出土文书》，第8册，第128—129页。
2　如果无须休息、补充或装载饮水，可不经乌鲁克苏，不过要多翻越几道山梁。今日汽车道不经此过，据当地乡民介绍，以前，赶驴车贩货均行经乌鲁克苏。

河乡出发沿驴之路南越天山，9日经乌鲁克苏出八道湾及坎尔其河谷到达鄯善县城。现将考察情况简要报告如下。

柯柯亚为维吾尔语 Kok Yar 汉译，意为绿色的山崖，是一处位于鄯善县城正北约30公里山崖沟底的村落，由柯柯亚有一道东南走向的沟谷通向鄯善县城北面。柯柯亚沟谷是一条季节性冲击河谷，平时无水，沟谷中生长着许多林木，远看绿树黑油油一片，故又称为黑沟。柯柯亚崖岸西面有一规模较大的阿古柏时期的戍堡，亦说明其地理位置的重要性。以前公路交通未发展起来时，鄯善、鲁克沁人前往天山北面多取此道，现今牧民及小商贩仍然常用此道。

移摩道山地景观

坎尔其是蒙古语，为涉水过河之意，坎尔其河虽是季节性河，但有水时流量较大，来往行人，均需涉水过河，因而得名。坎尔其河谷东南通往七克台附近。八道湾与坎尔其河谷相通，北距七克台23公里。八道湾名为八道实际有十来道湾，沟谷内灌木丛生，尤多红柳。

塔勒克山谷谷口距离七克台约31公里，沟谷中只有稀疏灌木及耐旱植物，不便汽车通行。

驴之路记行：在木垒县白杨河乡乡长塞力汉和乡会计郭青山的协助下，几经波折，才确定了向导和马匹。1996年5月10日上午，我们在向导卡布度拉西的陪同下从白杨河乡出发。南略偏东2公里进入山口。南偏东2公里路经小西沟沟口，沿大西沟继续南行，山谷两侧开始出现成片的云杉树林。南偏东6公里琼厄格孜（哈萨克语，意为大峡谷口）；南偏东5公里左右别勒库都克（哈萨克语，意为有鱼的水井）。自此进入伊塞克交勒（哈萨克语，意为驴之路）山谷。

继续南偏东行，沟谷溪流上的冰盖尚未融化，但是冰盖已变得松软，卡布度拉西极为小心地带领我们策马前行。南略偏东7公里，在一处返青的草滩上略事休息。继续南略偏东行，碰到一位维吾尔族牧人，自骑一匹马牵着两峰骆驼，从山南鄯善县一冬牧场而来，前往木垒县城买粮，向其询问路况，说路并不难走。5公里后，山谷变得逐渐平坦，云杉树逐渐稀少。继续南行8公里接近厄协克达坂（厄协克是维吾尔语，意为驴），山谷坡度明显变大，我们的坐骑因过冬后草料不接，体力已显得不支。

路遇天山雪莲（巫新华 摄）

厄协克达坂并不陡峭，为体恤马力，我们步行爬上达坂。达坂顶部起伏不大，像平旷的大草甸子，是这一段天山的分水岭。至此有一匹马已不能骑乘，我们轮流步行，沿渐成溪流的音其克苏支流下达坂。10公里至音其克苏主支流汇合处，天色已晚，遂在一废弃石屋过夜。音其克苏为维吾尔语，意为细小的水流，不过此处的音其克苏水声隆隆，全无细小的样子。天明即行，先沿沟谷西南行约2公里，转东南行8公里至克其克厄协克达坂，克其克厄协克达坂是维吾尔语，意为小驴达坂。从音其克苏出发沿途俱为平缓山路，从克其克厄协克达坂南下，达坂之路却突然变得十分陡峭，据说车行一般是从音其克苏沿另一条支流东行约3公里，转东南沿碱沟行约7公里，在折往西南沿库如特鲁克行约8公里便绕行至克其克厄协克达坂之下，库如特鲁克是维吾尔语，意为干沟。下克其克厄协克达坂南略偏西行约4公里多，至库如特鲁克，由此继续南略偏西行约6公里至库尔干。

库尔干是维吾尔语，意为建造，此地有一巨大岩洞，洞内平滑整齐如同人为，故称之为人造。南略偏西行约5公里至乌鲁克苏。从克其克厄协克达坂南下便一直行进在干旱的沟谷中，无水，沟谷中生有耐旱植物及多刺的矮小灌木，自库尔干至乌鲁克苏景况仍大致如此，只是沟谷中还生有红柳。在乌鲁克苏略事休息，遣返向导，搭乘于乌鲁克苏暂住之牧羊主拉羊粪的卡车，经八道湾沿坎尔其河谷东南行至鄯善车站，再折往东南到达鄯善县。

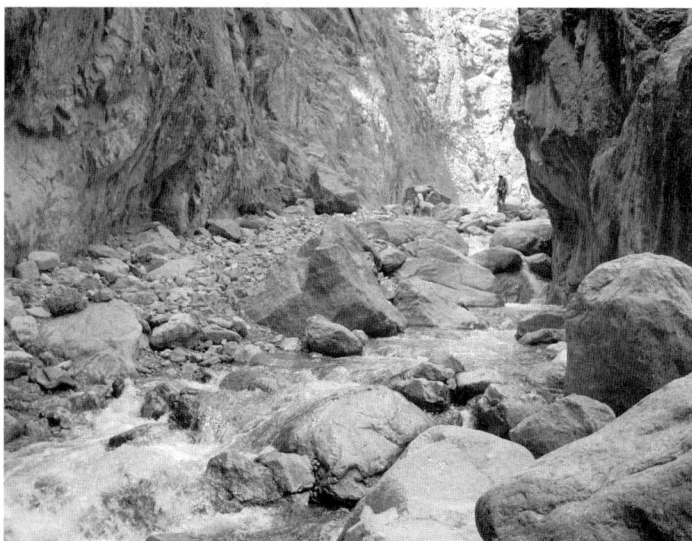

移摩道山南峡谷一瞥（张明 摄）

从鄯善县东巴扎古城遗址行经驴之路至吉木萨尔护堡子古城遗址的实际里程估算如下：东巴扎古城遗址—坎尔其（50公里）—乌鲁克苏（21公里）—库尔干（5公里）—库如特鲁克（6公里）—小驴达坂（4公里）—小驴达坂顶（1公里）—音其克苏（10公里）—驴达坂（10公里）—驴达坂山脚（2公里）—伊塞克交勒山谷北口，即别勒库都克（20公里）—琼厄格孜（5公里）—小西沟（6公里）—白杨河乡（4公里）—木垒（22公里）—护堡子古城遗址（130公里）。合计296公里，少于《西州图经》所记移摩、萨捍、突波三道的"七百三十里"。原因一是山道难行，自然多计里程；再者，其中白杨河—木垒—护堡子古城遗址152公里基本是按现代公路推算里程，可能远少于唐代沿山势地形而行的里程，因为现代公路为节省里程，路线多取直线。

②花谷道

《西州图经》中记载的花谷道：右道出蒲昌县界，西合柳中向庭州七百三十里，丰水草，通人马。关于花谷道讨论者颇多，但均未明确指出走向。有学者认为其"西合柳中"之"柳中"为"柳谷"之误，应与移摩道、萨捍道、突波道同，均"西北合柳谷"[1]。花谷道"西合柳中"与移摩等道"西北合柳谷"在方位地点方面出入之大，绝非笔误，此外，"通人马"与"通人马车牛"如此巨大的差别也不应视作笔误。

1　参见程喜霖《唐〈西州图经〉残卷道路考》，第536页。

根据柳中的地理方位及其北部的自然地理形势，我们认为花谷道应是从今鄯善（蒲昌）出发，西合鲁克沁（柳中），然后北行穿越斯尔克普山谷，经今连木沁附近（临川），继续北行经二唐艾格孜进入二唐沟（花谷）[1]，沿二唐沟北行至吐峪沟乡牧场，西行约8公里，再转北行约6公里至喀拉阿依塔格，翻越喀拉阿依达坂西北行约8公里，进入鲁克群霍腊山谷，与从胜金经恰勒坎北越天山萨尔勒克达坂至奇台的路线（即《西州图经》之乌骨道）会合。

　　二唐沟口东南河岸上有一座较大的古代堡垒式建筑，《吐鲁番地区文物普查资料汇编》认为可能是佛塔[2]，根据我们实地考察情况看，将其视为佛塔不妥，应是一戍堡遗址。此地长期以来并未见佛教文物，建筑内部结构也类似堡垒，而非正常形式之佛塔[3]。比如，阔坦图尔古城遗址的堡垒式建筑就与二唐沟古堡遗址极为相近。从遗址所处地理位置及形势来看，更应是军事建筑而非佛塔。《吐鲁番出土文书》中见有"挎谷烽"[4]，挎谷与花谷读音近似，不能排除其所指为同一地的可能。

1　二唐沟内常年流水不断，草木繁盛，然而沟谷蜿蜒曲折，沟内危石累累。
2　参见《吐鲁番地区文物普查资料汇编》"唐沟塔"。
3　关于二唐沟塔的结构、所处地理位置，《吐鲁番地区文物普查资料汇编》已做了较为详细的介绍，见上注。
4　［日］日比野丈夫：《唐代蒲昌府文书之研究》，《东方学报》第33册。

花谷道阿克古勒达坂下（旅友提供）

林间小憩（巫新华 摄）

里程估算：东巴扎古城遗址—柳中古城遗址（50公里）—连木沁（25公里）—唐沟（45公里）—吐峪沟牧场（20公里）—喀拉阿依达坂（14公里）—鲁克群霍腊山谷（8公里，以下与乌骨道合）—护堡子古城遗址（135公里，具体里程见下文乌骨道）。合计297公里，与驴之路里程一致，也少于《西州图经》花谷道所记七百三十里。

③乌骨道

《西州图经》记载乌骨道：右道出高昌县界北乌骨山，向庭州四百里，足水草，峻险石危，唯通人径，马行多损。明确指出此道北越乌骨山通庭州，且与图经所载其他道路相比，是通庭州路程最短的路线。关于乌骨道，《旧唐书·突厥传下》记曰：西突厥咄陆可汗"遣兵寇伊州，安西都护郭恪率轻骑自乌骨邀击，败之"。

本次考察过程中，我们在胜金乡、二堡乡、三堡乡、葡萄乡走访乡主管牧业的官员以及当地牧民多人，询问他们惯常往天山以北奇台、吉木萨尔等地取行的路线，均言除现今公路（指从乌鲁木齐绕行）外，最常走的路线是从恰勒坎北越天山至半截沟，此外还可从五星牧场过石窑子达坂至泉子街，但因其绕远，且不通车而不常用，他们祖辈也多走恰勒坎这条道路。另外沿煤窑沟和黑沟北越提霍腊山，再绕至曲根台也可通达奇台、吉木萨尔，只是一年中只有夏季短暂的一段时间可行，须多绕弯路且极为难行，除个别牧民于山中夏牧场就近取行转场外，平常往来都不走此二路。根据上述情况，以及前文说明的唐西州高昌县北部地界

（从木头沟至苏巴什一带）来看，西州北通庭州之乌骨道，只能是今从高昌古城经胜金口、胜金，至恰勒坎北越天山至半截沟的路线。1996年5月14日，我们从恰勒坎出发实地踏查了胜金、二堡、三堡等地乡民常用的这条道路[1]。现将沿途经过及里程报告如下。

进山路途上的山石地衣（巫新华 摄）

从胜金乡至恰勒坎果勒沟口约24公里，所过为平旷的戈壁滩。恰勒坎河谷从沟口向南生长有红柳及一些其他沙生灌木，沟口往北为冲击河谷，河谷中满铺直径一两尺见方的卵石。恰勒坎

1　驴之路、乌骨道考察成员除作者外，还有北京大学历史系的罗新同志，中国社科院考古所的王吴邦同志，实地踏查由我和罗新进行。

河谷常年流水不断，进入河谷不久，河床中间便不时出现几棵枝干虬髯的老榆树。沟口北行约5公里路经黑乌洼达坂，又约5公里至恰勒坎村。从沟口至此约10公里路程，213型吉普行驶了近一小时。恰勒坎是维吾尔语，意为血水四溅之地，传说古时此地曾有过一场血战，山谷为血溅红，因而得名。恰勒坎村坐落在两条山谷交会的三岔地带，是胜金乡牧业大队部所在地，村旁恰勒坎河喧嚣南去，据村副队长阿布里米提介绍，村东南临近黑乌洼塔格的山坡上有一回鹘文石碑，因路远，另外时间已晚，还要准备第二天的行程，未得前往调查。

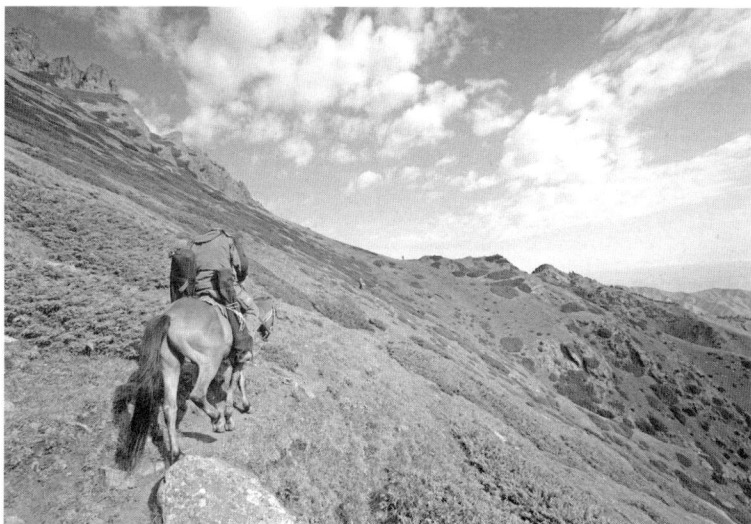

天山山路（巫新华 摄）

5月14日晨7时，我们跟随向导亚库普出发，向导24岁，14岁便在此山中独自牧羊，每年多次往返于此道，据他说，曾有一年秋季在乌洼达坂遭遇暴风雪，坐骑冻死、羊群损失过半，人也险遭不测。沿村西侧乌洼果勒山谷北略偏西行，山谷两侧山势较为陡峭，谷地并不宽阔，有山泉和融雪汇集成的溪流，淙淙而下。谷底山草已经开始返青，坐骑时常低头伸嘴去啃几口返青的绿草。约10公里至恰勒坎贝希，贝希是维吾尔语，意为头。前行即进入乌洼塔格峡谷，峡谷峭壁高耸，谷中危石层垒，马不得行。我们只得从左近喀拉达坂、阿克达坂绕行至乌洼峡谷前方的乌洼达坂前，翻越这两个达坂用了两个多小时。两达坂名称俱为维吾尔语，喀拉达坂意为黑达坂，阿克达坂意为白达坂。达坂上积雪深厚，雪线附近的山坡之上沟谷之中，雪鸡群飞群往，啼鸣不已。走下阿克达坂是乌洼达坂，乌洼达坂不如前二达坂险峻，但山洼阴坡仍然积雪颇多。站在乌洼达坂之上回头俯瞰，马不得行，从而逼使我们绕行回避的乌洼塔格峡谷。崖壁陡峭，沟谷幽深，危石壁立层垒，撼人胆魄。翻过乌洼达坂即进入鲁克群霍腊山谷，山谷平缓宽阔，地表水外溢，形成苔草厚实的草甸，是优良的夏牧场（从乌洼达坂峡谷南口，按沿峡谷穿行路程计算，至乌洼达坂北侧约6公里）。北行约5公里进入库乌克峡谷，沟壑深邃，峡谷幽长。初入谷处冻冰未解，马行其上足下冰裂之声，连绵入耳，听得人毛骨悚然。再向下穿行谷中，一侧为陡峭山壁，另一边是山水轰鸣的深沟溪流，某些路段山势过陡，牧人依山架木，行走其上木摇马颤，心胆俱寒。北行约3公里至头道桥，略偏东北行约2公里过二道桥，再行2公里多至三道桥小憩。由此，北偏东行约3公里于加干苏塔尔离开峡谷沿萨尔勒克山谷西北行，山谷中冬季冻结的冰川尚未消融，山坡沟洼中积雪仍然很深，马行维艰，且逐渐体力不支，不愿前行，因而马也越来越难于驾驭。

约6公里至萨尔勒克达坂前。萨尔勒克意为野羊出没地，汉语名称是十二条达坂。萨尔勒克达坂积雪深至马腹，因其是博格达山此段分水岭，山谷平地尽为沼泽地。向导熟悉山势前行，我们因驾驭马不顺手，逐渐与向导拉开距离，加之风雪交集，视线中逐渐失去向导的身影，只能摸索前行，下午6时，终于登上达坂（从山脚至山顶约3公里）。此时，发现我们年轻的向导正坐在山顶背风处，抽着烟望我们笑。在达坂顶四望，今春雪多，雪

骑行天山达坂（巫新华 摄）

壅路塞，只有阳坡可以下行。阳坡十分陡峭，满坡俱是尖锐的砾石块。向导怕伤马脚，畏不愿行，几经劝说，同意尝试。下行未及百米，发现马确实不能从此坡下山。无奈之下，让向导带马回转，作者与罗新徒步下山。由达坂下行不远，积雪便已深达小腹，行走十分艰难，无奈之下，只得躺在雪上顺坡下滑。经两小时艰难跋涉，终于浑身雪水地走下达坂，来到北坡谷地（从达坂下行至此约4公里）。至此充分体会到"马行多损"的艰难。沿西沟溪流北行约8公里至西沟公路，已是夜晚11时，继续沿路夜行，经黑涝坝等地，约18公里，于第二天晨7时到达麻沟梁，稍事休息，雇驴车，约6公里至半截沟[1]。回眸远眺，远山深处的乌骨道积雪的山峦依稀可见，深感《西州图经》所记"峻险石危，唯通人径，马行多损"之语不虚。

实际里程：从高昌古城北行，胜金口—胜金乡（约18公里）—恰勒坎果勒沟口（24公里）—恰勒坎村（10公里）—恰勒坎贝希（10公里）—翻越乌洼达坂至鲁克群霍腊山谷（4公里）—库乌克峡谷（5公里）—头道桥（3公里）—二道桥（2公里）—三道桥（2公里）—加干苏塔尔（3公里）—萨尔勒克达坂（6公里）—翻越达坂（7公里）—西沟公路（8公里）—麻沟梁（18公里）—半截沟（6公里）。由半截沟至古木萨尔县城北面的护堡子古城，按地图估算约75公里。总计201公里，与《西州图经》乌骨道所记"四百里"（约合424.8里）大致相合。

1　乌骨道考察记行之里程是根据当时实地行程所作的估算。

出山了（巫新华 摄）

④他地道

《西州图经》记载："他地道：右道出交河县界，至西北向柳谷通庭州四百五十里，足水草，唯通人马。"类似的记载还见于《新唐书·地理志》"西州交河县"条："自县北八十里有龙泉馆，又北入谷百三十里，经柳谷，度金沙岭，百六十里经石会汉成，至北庭都护城。"这段记载与他地道所记相似，实际指同一条道路。宋代王延德从高昌北越金岭至北庭[1]，也是走这条路。这是西州西部北通庭州的重要通道。

1　《宋史·高昌传》。

天山北坡景观一瞥（巫新华 摄）

他地道经行路线：北偏西出交河故城，经夏普吐勒克，西偏北过厄协克达坂，再行进入大河沿河谷，北行至二岔口，北偏西过石窑子达坂，直接北行经石门子、大龙口至泉子街，直趋吉木萨尔护堡子古城。以几代学者研究成果[1]，上述看法已成定论。1996年5月3日至5日，我们沿上述路线实地考察了他地道，简要介绍考察情况如下。

5月3日中午，在吐鲁番地方官员赵文泉先生的安排下，亚尔乡乡长买明陪同作者和吐鲁番日报社的记者边夫同志前往亚尔乡牧场安排考察事宜。我们先驱车来到交河故城下的河谷小村（9小队），由此沿河谷北略偏南行，26公里红柳和园艺场，10公里

1　斯坦因、冯承钧、岑仲勉、松田寿男、孟凡人等都论及过他地道。

桃树园子，4公里夏普吐勒克。至此40多公里的路程均行进在较为平旷的天山山前洪积扇上，人马车牛都可通行，桃树园子和夏普吐勒克都是多水草果树之地。由夏普吐勒克开始进入小山连绵的前山带，仍便于人马车驴通行，15公里至厄协克达坂。

厄协克达坂南面一路行来俱为缓坡，从达坂顶部下行却是一路陡坡。5公里进入大河沿河谷，河谷中流水常年不断，沿途柳树杨木荫蔽成林，连绵10多公里，河谷中车行已不方便，人马驴通行无阻。经乔拉克塔木、尧干提热克，22公里至亚尔乡牧场。到达牧场天色已近黄昏，买明乡长召集牧点干部安排马匹、向导。确定由草原巡护人加马里丁·艾亚斯丁为我们的向导。当晚

达坂就在眼前（巫新华 摄）

翻越达坂（巫新华 摄）

住在向导家中，准备第二天一早起程。天有不测风云，5月4日，早起大雾，山谷河川朦胧一片，直至下午，雾方散去。当日已不能翻越石窑子达坂行至有人家处，故决定再等一日。利用下午时间，前往牧场场部北约3公里三岔口附近，调查岔口谷地北侧的一近代碉堡遗址和南侧山头上的炮楼遗址。

碉堡是民国时期的遗存，炮楼是解放初期剿匪时所修筑。三岔口附近再未发现古代遗迹，唯有碉堡北面牧民屋后羊圈的一道矮墙比较特殊。羊圈是石砌的，西墙上半部石砌，下半部却是夯筑的土墙。我从土墙上抠得一两块灰色夹砂陶片。5月5日，早起，阳光明媚，8时出发，3公里三岔口。三岔口东侧山谷喀尔勒

天山北坡进山的路（巫新华 摄）

克艾肯通往天山深处夏牧场，西侧是石窑子艾肯。沿石窑子艾肯北略偏西行，过黄羊沟，20公里至石窑子达坂山脚。此处，地势平坦，有许多石堆墓和一石人墓，石人现存于吐鲁番博物馆。再前行，沟谷中多冰盖积雪，河谷狭窄坡岸陡峭，雪鸡时鸣山间，约6公里登上达坂顶。北坡积雪深厚，数次因马陷雪中，而连人一起翻倒在雪中。后来不得已，只能牵马步行。

下达坂沿大龙口河谷北行，经一至五道桥15公里至石门子。石门子通道极窄，最窄处仅宽1米，左右壁立的峭壁直插云霄，是一道天然险阙。3公里六道桥，桥架于20多米深的山涧，两岸怪石嶙峋，形势逼人。站在桥上，大龙口遥遥在望。14公里至大

石门子附近清代就地取材制作的石磨盘上半部（巫新华 摄）

他地道石门子下山谷中清代就地用天然石块制作的磨盘下半部（巫新华 摄）

龙口出山，道左有一古城遗址。古城位于河东岸，平面呈方形，东西85米，南北90米，城墙现存西墙、北墙西段、南墙西段，东墙无存仅余墙基。城墙夯筑，夯层7—11厘米，残高1.7—3米，底宽4—5米，顶宽1.5—1.8米。南北墙各有一豁口，豁口两侧有内凸的土坯建筑残迹。地表偶见夹砂灰、红陶片和青红碎砖。年代下限可能到清代，上限难以确定。8公里至泉子街。

他地道的里程：《西州图经》记为"出交河县界……通庭州四百五十里"，《元和郡县图志·陇右道下》"西州"条记为"北（自）金婆岭（即金沙岭）至北庭都护府五百里"，《太平寰宇记·陇右道》"西州"条记曰"北至庭州都护府四百五十里"，《新唐书·地理志》"西州交河县"条记作至庭州三百七十里。《新唐书》所记比上述《太平寰宇记》等少八十里。《元和郡县图志·陇右道下》"西州"条又记"交河县……东南至州八十里"。《新唐书》所记加上八十里即为《太平寰宇记》等所记西州至庭州之四百五十里。据此，《西州图经》所说出交河县界至庭州"四百五十里"，实际也应是从高昌城算起。现在的实际行程估算如下：交河故城—夏普吐勒克（40公里）—大河沿河谷（20公里）—三岔口（25公里）—石窑子达坂（26公里）—泉子街（40公里）—北庭故城（40公里）。以上数字均为约数，合计得191公里，与《新唐书》记载的交河县至庭州"三百七十里"（合196.47公里）出入不大。

他地道三道桥（巫新华 摄）

天山古道回望山北（巫新华 摄）

关于他地道的一些地名：龙泉在今夏普吐勒克，柳谷当是大河沿河谷。大河沿河谷沿途柳树茂盛、杨木成林，终年水流不断。三岔口地扼南北通道，且地势险要，清代、民国时期均在此设防驻守，有烽燧碉堡遗迹为证，柳谷镇（馆）可能便在这里。金沙岭为石窑子达坂已是定论。石会汉成当在今泉子街[1]。有学者认为，出土文书所记西州的石舍成与《新唐书》记载的石会汉成同为一成。根据唐书记载石会汉成无疑是在山北邻近北庭州之处，而《吐鲁番出土文书》明确记载石舍戍在西州境内，因而，以石会为石舍之误似乎不恰当[2]。

（4）西北部交通路线——白水涧道

西州西北部沟通外部的交通路线，实际就是《西州图经》记载的白水涧道："右道出交河县界，西北向处月以西诸蕃，足水草，通车马。"《唐开元二十一年西州都督府案卷为勘给过所事》[3]文书记载："岸头府界都游弈所状上州：与胡史计思、作人史胡煞，羊二伯口，牛陆头，别奏石阿六作人罗伏解，驴两头。右件羊牛等，今日从白水路来，随状送者。"所记从白水路来，由岸头府（在交河县）界都游奕所勘验过所，正好与《西州图经》白水涧道的内容相印证。《吐鲁番出土文书》记载的白水镇、白水烽也是白水涧道存在的力证。处月为西突厥别部，唐初，其领地在今乌鲁木

1　孟凡人：《北庭史地研究》，第137页。
2　孙晓林：《关于唐前期西州设"馆"的考察》。
3　《吐鲁番出土文书》，第9册，第68页。

齐东北一带[1]。白水涧道西北向处月以西诸蕃，自然是通向今乌鲁木齐以西地方。文献中关于唐西州通往外界道路的记载，与白水涧道路线方向一致的还有以下两条。《太平寰宇记·陇右道七》(卷一五六)"西州"条记曰："西北至庭州轮台县五百四十四里。"《通典·州郡四》(卷一七四)"交河郡"(西州)条记曰："西北至北庭轮台县五百四十里。"这两条记载虽未指明具体经行路线，不过其行进方向说明所记都是指西州西北通往庭州的道路。以下从两个方面进一步讨论相关问题。

①轮台的方位：轮台的方位关涉《太平寰宇记》和《通典》所记道路与白水涧道是否一致的问题。轮台是唐代庭州的一处重镇，关于它的具体方位文献中并无明确记载。由于其在唐代西域交通、军事等方面影响巨大，关于轮台方位的讨论，自清代便已开始。其中较有影响的观点如下：

徐松《西域水道记》卷三认为"唐轮台县治当在今迪化州稍东"。

陶保廉《辛卯侍行记》卷六认为轮台县治在乌鲁木齐北古墓地。

李光廷《汉西域图考》卷三认为轮台县治在乌鲁木齐东七十里。

《新疆图志》建置一认为，唐轮台在"洛克伦河之东，其东北近古尔班通古特沙碛之地"或"轮台县在今迪化昌吉之间"。

1　新、旧《唐书·突厥传下》；林幹：《突厥史》，呼和浩特：内蒙古人民出版社，1988年，第129页。

丁谦《元经世大典图地理考证》认为唐轮台县治在今阜康附近。

近现代学者亦多有讨论者，以伯希和观点为代表[1]，认为唐轮台在今乌鲁木齐附近较有影响。但是，仍未能确定唐轮台的具体方位。孟凡人先生引证大量的文献资料，并结合新考古材料以及实地考察情况，确证，今乌鲁木齐南10公里左右的乌拉泊古城遗址即为唐轮台城之所在[2]。从而，也说明《太平寰宇记》《通典》记载西州通往轮台的道路与《西州图经》记载的白水涧道同为一条道路。

②里程与路线：唐西州至轮台城最为便捷的路线，根据今吐鲁番至乌鲁木齐之间的地理形势判断，唯有西北经后沟，沿白杨河河谷[3]行经达坂城、盐湖、柴窝铺，再沿乌鲁木齐河而行的山间谷道为最自然的选择。《太平寰宇记》《通典》记载西州至轮台的里程基本一致，五百四十里和五百四十四里。《新疆图志》道路一"迪化县"条记曰："城南二十里十七户地，折东南十里羊肠沟（坡陀迁折），十里岌岌槽（土屋三家，南北皆山，无草水），五十里柴俄驿（民房五六，有草无木，昂吉图尔淖尔在南山下，距大道仅里许），三十里马兰滩，十五里盐海子，蒙语呼达不逊淖尔（……），四十里达坂城驿，蒙语呼喀喇巴尔噶顺（言黑虎城

1　［法］伯希和：《塞语中之若干西域地名》，冯承钧译：《西域南海史地考证译丛续编》，上海：商务印书馆，1934年，第53页。
2　孟凡人：《唐轮台方位考》，载《北庭史地研究》，1985年，第96—112页。
3　见前文白水镇之考证。

也，城在两山之间，形势险要，为南疆门户……），十里入峡（经废堡一，周约二里……），十五里至岭巅（巉崖峻坂，车行最艰），七里后沟（……），八里出峡（……），三十里白杨河（多坡阜，登降坎坷，再东南行半里许，至界碑处出境），接吐鲁番西北境官道（……）。"同书道路二吐鲁番条记曰："城西三里回城（……），十七里崖尔湖（又名崖尔城……），三十里硱硱子（即根特克），九十里三角泉（即哈密尔罕布拉克），四十里白杨河，会迪化东南境官道。"又记曰："城东迤南二十里底湖，六十里三堡。"合计五百零五里（合581.76里），减去乌拉泊古城距乌鲁木齐10公里的距离，为561.76里。与《通典》等所记五百四十里（合573.48里）基本相合。据此，唐代西州至轮台之路应大体上与清代吐鲁番到迪化的路线相同。这条道路与现代吐鲁番到乌鲁木齐的公路相比，方向大致一致，东西两头路线略有差别。东段，白水涧道经交河故城至白杨河；西段，即从达坂城峡口至乌拉泊古城一线，白水涧道应略偏南，逐湖泉、沿河谷而行。

（5）西南交通线——银山道

《西州图经》"银山道"记载：右道出天山县界，西南向焉耆国七百里，多沙碛卤，唯近烽足水草，通车马行。《新唐书·地理志》"西州交河郡"条记载："白西州西南有南平、安昌两城，百二十里至天山西南入谷，经礌石碛，二百二十里至银山碛，又四十里至焉耆界吕光馆。又经盘石百里，有张三城守捉，又西南百四十五里，经新城馆，渡淡河，至焉耆镇城。"前文论述确定唐天山县城在今托克逊附近。从托克逊西南进入天山的山谷大道，清代只有一条道路，现代前后有两条道路。

《新疆图志》道路二"吐鲁番"条记载："城西南三十里雅木什，三十里布干台驿，六十里托克逊驿〔歧径有三，一北行四十里至伊拉里克，西入阿拉葵峪，经裕勒都斯以至伊犁；一西行经纳林奇喇山口，逾博罗图峪口迤南，以抵楚辉；一西南入苏巴什谷口，逾库木什、阿哈玛塔克，以抵楚辉。（按，托克逊西南仅库木什一条道路。）〕……偏南九十里苏巴什驿，八十里阿哈布拉克驿（《新疆图志》："从苏巴什北谷迤逦西南行十里，渐闻水声，遍谷皆浅水，山势渐狭，西崖壁立。人行其间，如一线天。又里许，即沙滩。又二十里，有大石崎岖者数处，车不能行，为古车师国西境关隘。又二十里至艾噶尔布拉克。"按，山沟中石壁陡峭，路径险恶，每当盛夏山水暴发，势如奔马，行旅有为鱼之患[1]。丁未秋，当道派人监修，凿平石磴，其阻路大石用火药炸除之，稍平夷矣[2]），六十里桑园驿，库木什阿哈玛驿（驿以山名，回语库木什，银也；阿哈玛，积而不散之谓。即《唐书》银山碛也[3]），七十里旧房川，接焉耆东境官道（距榆树沟驿二十里）。"这一驿道近代仍在使用，1929年黄文弼先生曾沿此道前往焉耆，他在《塔里木盆地考古记》中记曰："吐鲁番西行，经布干台、托克逊，折西南行，至苏巴什入山，经阿哈布拉克、桑树园子、库木什出山，折西行，入焉耆界。"1938年，苏巴什沟内山石塌方，

1　《新疆图志》山脉四。
2　苏巴什沟内这处"大石崎岖车不得行"之处即是唐代雷石碛，参见前文雷石成。
3　参见前文银山戍。

新疆南北交通阻断，盛世才急令于干沟另外修筑新路。这就是此后一直沿用至1993年的乌喀公路（314国道）干沟路段。干沟公路从托克逊至榆树沟近百公里路段，尽为干山秃岭，滴水皆无。用现代交通工具，可于数小时之内通过，而古代靠人畜之力自然难于通行。苏巴什沟谷因塌方阻断大车通行之后，南北疆往来的小商贩，用驴马驮运货物仍走苏巴什沟，原因便在于沿途不缺水草。而314国道又被迫改回苏巴什沟，是因为干沟沟谷内沟干土松，每年夏季逢雨，春季解冻翻浆之时，数十公里路段不是被水冲断，便因泥泞而断行。

根据前文论及的道路情况，古代吐鲁番地区沟通外界的道路基本是利用自然地形，选择有水草的地方行进。道路的行程十分受自然环境的制约，清代驿道仍然如同以往。从逻辑推论角度而言，唐代西州通焉耆道路与清代吐鲁番通焉耆的道路理应差别不大。库米什就是唐代之银山，银山道也由此山得名，已是定论。然而银山道是否经行苏巴什，学界并未取得共识。根据上述说法，唐代银山道自然也应经行苏巴什沟谷[1]。

苏巴什沟谷开阔，泉水丰沛，是干旱的库鲁克塔格山脉中少有的丰水草地段，恰好又位于前往焉耆必经之地库米什与托克逊之间，古人必然选路由此通过。苏巴什沟谷虽说有如此优厚的自

1　关于银山道行经苏巴什沟谷的观点，参见孟凡人《北庭史地研究》，第148页；周连宽：《大唐西域记史地研究丛稿》，北京：中华书局，1984年，第19页；李军：《唐代的"银山道"》，载《新疆文物》1995年第1期；王炳华：《近年新疆考古中所见重要史迹》，载《唐研究》（第一卷），北京：北京大学出版社，1995年，第245页。

然条件，但是其沟谷险峻，山石粗硬，新中国成立后，开始修汽车公路时，并未选择这里（因投资过大），而是因循平常滴水皆无的干沟。直至今日为避洪水之扰，方在苏巴什沟谷开山凿石，修建现代化公路。314国道苏巴什路段，1991年动工，1993年正式通车。

（6）西南支线——鸲鹆道、天山路

从吐鲁番地区西北部沿阿拉沟入山，经乌拉斯台查干牧场，翻越天山奎先达坂，经赫尔根塔塔尔，入乌拉斯台沟南行，经巴仑台、和静，可抵达焉耆。如自乌拉斯台斜向西北，可进入巩乃斯河谷，进而进入伊犁河谷。明代陈诚奉旨西使，便曾从吐鲁番经由此路进入巩乃斯河谷，再西行抵达依烈（伊犁）河。这条道路也称"天山道"，与唐西州（今托克逊）一名有关。大致路线，根据《西域行程记》：托逊、希者儿卜剌（地名无从考证），阿鲁卜古碛里（天山阿拉沟沟口，现南疆铁路鱼儿沟站一带）、曲丹纳兀儿、哈拉卜剌、点突司、塔巴儿达拉（以上地名无从考证）、尹突司（今和静县巴音布鲁克草原尤勒都斯盆地）、孔葛斯（今和静县巩乃斯林场）、纳剌突（今新源县那拉提草原）、忒勒哈剌（今巩留县台勒哈拉）、迭力哈剌、阿剌石、衣剌石、衣烈河（今伊犁河）、阿力麻里口子（今霍城县阿力麻里古城），然后进抵伊塞克湖、费尔干纳、安集延等地。

1929年，黄文弼先生在新疆进行考古工作时曾经由阿拉沟山谷前往焉耆。大致路线是：出托克逊，至亦拉湖、托湖尔密，入阿拉沟，经巴尔克斯图沟，过塔斯干达坂，再经可根托罗盖、察汗通格、曲惠入焉耆[1]。现在南疆铁路线与从阿拉沟经乌拉斯台、巴仑台、和静至焉耆的公路线大致一致，而这一公路路线与以往的古代交通线基本相同，同时目前也有公路自乌拉斯台和和静两地沿巩乃斯河通往新源县，并且成为沟通巴音郭楞蒙古自治州和伊犁地区的重要交通路线。

阿拉沟烽燧石堡遗址已确认是唐代遗址，前文也引述材料说明该遗址极有可能就是唐鸲鹆镇。阿拉沟是这条通道的关键，所以此路名为鸲鹆路。另外，阿拉沟内还有不少唐代烽燧遗迹，这些都说明唐代阿拉沟是一条重要交通路线。而其目前沟通伊犁地区与吐鲁番和巴音郭楞蒙古自治州的交通地位，对其自古便是一条重要交通路线的事实也可算作一个旁证。

（7）南部交通支线——大海道

《汉书·西域传》记载："自玉门、阳关出西域有两道：从鄯善傍南山北，波河西行至莎车，为南道……自车师前王廷随北山，波河西行至疏勒，为北道……"明确记载车师前王庭为北道起点。车师所在地，即今吐鲁番扼守连接天山南北的重要孔道，西汉武帝之前，这一地区一直为匈奴领有，是匈奴在西域的一个重要据点。武帝开展西域经营后，西汉与匈奴反复争夺车师，地节、元康年间屯田交河城，神爵二年（前60）完全控制了车师。西汉以车师为西域北道的起点，再清楚不过地说明在西汉通西域的交通路线上，车师地区的重要性。车师与汉朝的联系，因西汉始终未

1　黄文弼：《塔里木盆地考古记》，北京：科学出版社，1958年，第1—7页。

能控制伊吾[1]（今哈密地区），只能西出玉门关，过白龙堆，经由今罗布泊楼兰古城遗址一带，折向北行，经库鲁克塔格至车师。《汉书·西域传》关于自鄯善国都纡泥城经山国（在库鲁克塔格山中）至车师的记载所指便是这一路线[2]。《汉书·鄯善传》记载："于是武帝遣从票侯赵破奴……击姑师……破奴与轻骑七百人先至，虏楼兰王。遂破姑师，因暴兵威以动乌孙、大宛之属。"西汉时楼兰城尚不存在，当时楼兰国距今罗布泊最近的重要城镇是在楼兰古城之南的伊循。赵破奴当时应是从玉门关出发，至今罗布泊北岸（今楼兰古城附近）南下虏楼兰王，然后回师向北越山击姑师，再从西域北道暴兵威以动乌孙、大宛之属。因而，赵破奴的行军路线大致是车师通往玉门关的路线。这条沟通吐鲁番与楼兰古城地区的道路，因西晋前凉时期西域长史机构撤离楼兰城，终止屯田，致使楼兰城逐渐废弃，也随之衰落下去。最后废弃当在隋末，但是一条主要交通干线的废弃，并不等于此后完全无人通过或不能通过。近年来曾在白龙堆东北部山地一条古道的小山头附近（北纬41°1′，东经91°17′），发现900余枚唐代开元通宝。以此证之，迟至唐代民间仍在不时利用这条道路[3]。《辛卯侍行记》卷六"吐鲁番歧路"条记载："厅城东南一百三十里鲁克沁，折南四十里白

1　西汉后期，西汉王廷仅能控制车师，尚不能控制伊吾（哈密）。《后汉书·西域传》序记曰："（永平）十六年，明帝乃命将帅，北征匈奴，取伊吾庐地，置宜禾都尉以屯田，遂通西域。"
2　西汉末或东汉以后又开通一条西出玉门关西南行直抵车师的新道，详见前文新开道。
3　孟凡人：《楼兰新史》，第57页。

沙特坎尔……又自沙白特坎尔西南行。（多沙阜，且卤。）三十余里入觉洛塔克山峡。七十里克子里山。（产煤。一名伊格尔达坂，回语马鞍曰伊格尔。）八十里阿习布拉克（言水苦也。西南过库什尔达坂）。一百七十里乌宗布拉克（弥望坚卤，其白如雪，中有一水咸不可饮。回语长流曰乌宗）。西南入孔木达坂（回语沙曰孔木，又曰浑）六十里帕沙布拉克。（井水咸。）折西八十里生额尔（或曰五户地，有池及树，缠回一家，地三十亩，半耕半牧）。六十里阿子杆布拉克，转西南六十里（逾卡卡苏达坂，东西连山，又名库图洛克塔克，犹言无水草荒山也）。托呼拉布拉克。（以上七程须驮负淡水，冬则熬冰雪以饮。）五十里（出峡）营盘海子（周约三十余里，海西十里有废垒。……）西南四十里浣溪河（回语其奇达里雅。其奇，古墓也。达里雅，河也。汉人讹其音曰浣溪河，或曰孔雀河，实即喀喇沙尔之海都河也。其上源为裕勒都斯河，入博斯腾淖尔。……从淖尔溢出，西南过库尔勒城西，折东南流六百余里，至此又东折南二百余里至阿拉港，会塔里木河入蒲昌海）。"类似的记载还见于谢斌所著《新疆游记》鄯善歧路："又自沙白特坎尔西南行三十余里，入觉洛克山峡。七十里，克子里山。八十里，阿习布拉克。一百七十里，乌尊布拉克。西南入孔木达坂，六十里帕沙布拉克。折西八十里，生额尔。六十里，阿子杆布拉克。转西南六十里，托合奈布拉克。五十里，营盘海子。西南四十里，浣溪河。渡河，东南行，合今尉犁若羌间驿路。四百三十里，罗布村。四境多沮洳，即蒲昌海之西畔，古称牢兰海，今回语曰哈喇布朗库尔，蒙语曰罗布淖尔。"这是一条从鲁克沁南部南行通往罗布泊地区的道路，由于吐鲁番以南至罗布泊一带古今地理形势变化不大，这一路线很可能也即是唐代由罗布泊通往今鲁克沁的道路。1930年4月5日至5月7日，黄文弼先生由鲁克沁出发南行至罗布泊并返回。经行路线如下：西南行经伯什塔木庄，阿契克阿刹（即今克其克阿萨），穷阿刹（即今阿萨协亥尔古城），南偏东10°行，进入库鲁克山沿夏德让额梗（额梗，维吾尔语Eqim，意即沟谷）至夏德让。再经吴从布拉克（即Uzuη Bulak，今音译为乌尊布拉克，或为乌宗布拉克，意为长泉），英都尔戈棋，枪司，又名枪布拉克，进入库鲁克托乎拉克额格子，意为枯胡桐山口，当是今梧桐沟。越库鲁克托乎拉克山，此一带山岭是库鲁克塔格的分水岭，至库鲁克托乎拉克。沿一大沟至阿提米西布拉克（维吾尔语Atmix Bulak，意为六十泉），有淡水，此地为旅行人之重地，由此南至罗布，东至敦煌，西至库尔勒，均须在此担水。再南行至破城子附近（因塔里木河水至此，城为水所包围，黄文弼先生未得进入，仅得在附近大土墩发掘古墓），进抵土垠。此后，绕道经迪坎尔返回鲁克沁。根据黄文弼先生沿途经行的古城以及其他遗迹推断，其路线当最为接近汉魏时期罗布泊地区通往柳中之路。另外，清代从吐鲁番西南部也有一条路通向罗布泊附近，从逻辑论的角度来看，亦有可能是一条自汉代便沿用不辍的路线，唐代自然也不应例外。现转录《辛卯侍行记》卷六关于这一路线的记载如下："厅城西行六十余里布干驿。六十里托克逊驿。七十里苏巴什驿。折西南八十里哈尔布拉克驿。六十里桑园驿。桑园西二十里，折南入山，五十里苦水井。

（二井，一甜一苦。有红柳、柴草，四周皆硝碱地，回语曰消尔拉布。）又一百里（内三十里浮沙，六十里石碛，十里碱滩）干草湖（有草无湖，东北有铅）。六十里（沙碛）破城子（败壁周一里，东南有池，有红柳。北有可耕地约六七十亩，余均沙卤……）一百二十里（均山峡）四马哈泉。七十里胡桐泉。七十五里胡桐窝。（流沙不胜车轮，若由前站向东南至旧营盘，约八十里可以行车，以上均无居人。）七十里浣溪河。渡浣溪河东南行八十里都纳里。……又一百里卡拉达雅（回语有槎之水）。一百里阿拉港。（言水有汉也。）八十里吐浑（或作托孔，言地小如一马鞯）。九十里和儿罕（一名科罗干，言平地也。有安集莚酋所筑堡，周约里许），渡塔里木河。四十里七克里克庄（七克，野麻也。里克，有也。……）庄南涉水，四十里罗布村。四境多沮多洳，即蒲昌海之西畔。"据以上两则记载可以看出，吐鲁番东南和西南两条通往罗布泊地区的道路沿途均为干山沙碛盐卤，环境相对恶劣。

（8）最早的西域丝路——楼兰道

至此，吐鲁番地区古代交通路线大致介绍完毕。但是古代由中央政府主导直接开通沟通西域的交通道路，最早并非上述吐鲁番古道，而是不得已开辟的楼兰道。这条古道与吐鲁番古代交通关系极为密切，故略作说明。

《汉书·西域传》记载西汉通西域的南北两道，一是从鄯善（若羌）顺南山（昆仑山北缘）沿河西行；一是从车师前王廷（吐鲁番）顺天山南麓沿河西行。这两条路线从西汉经营西域的桥头堡——敦煌的玉门关、阳关出发之后，直接便到了千里之外的西域门户——若羌、吐鲁番，其间的道路（一条、两条，抑或更多）走向没有明言。从敦煌前往天山南麓自古以来主要有经过今哈密、吐鲁番地区或经过罗布泊地区的两个起始路线。前者自然条件较好相对易行，为隋唐时期的主要通道；后者自然环境严酷，并不好走，却是两汉魏晋至南北朝前期进入西域的主要通道。

西汉时期，在武帝的一再打击下，匈奴虽然遭受重创，仍然保有相当的实力。匈奴在西域以蒲类海（巴里坤）地区为大本营，牢固地控制着天山北麓。匈奴日逐王还通过在焉耆、危须、尉犁间设置"僮仆都尉"，控制了天山南麓东部地区。如此一来，通往西域最便于通行的伊吾（哈密）、车师（吐鲁番）路通道，根本不能够使用。这种情况下，处于匈奴势力边缘，距离敦煌最近，又能够沟通西域南北两道的楼兰地区便成为西汉通西域这一特定历史时期的无奈选择。

所谓的楼兰道，就是指从敦煌西面的玉门关、阳关越三陇沙，过阿奇克谷地和白龙堆，经土垠遗址（西汉居庐仓）或楼兰古城沿孔雀河岸与西域中道、吐鲁番相连，或经 LK 遗址前往鄯善国与西域南道相连的交通路线。整个西汉时期，由于匈奴一直游弋于东部天山北麓地区，无法经过伊吾、车师前往天山南北麓地区，所以楼兰道始终是西汉通西域的唯一交通干线。

西汉时期楼兰道通往西域南、北道的分途是居庐仓（土垠遗址）。居庐仓是西域都护府左部左曲侯（或后曲侯）的治所。其职能，一是仓储；二是职司交通。西汉末年，孔雀河改道南移，楼兰道的分途点由居庐仓所在的孔雀河北岸随之南移到楼兰古城遗址一带。此时，楼兰城崛起，成为楼兰道的枢纽和西域南北道的分途点。

东汉直接进击东部天山北麓的匈奴，基本控制了伊吾。伊吾路开通，楼兰道作用降低。魏晋时期，曹魏将经楼兰道进入西域的路线称为"西域中道"，较前朝大为重视，并在楼兰城设置西域长史，屯田驻守，统管西域事务。楼兰道地位上升，作用突出。晋和前凉继曹魏之后在楼兰城设置西域长史机构，派驻大量军队，进行大规模屯田，确保楼兰道畅通。376年，前秦灭前凉前后，西域长史撤离楼兰城，屯田终止，楼兰城逐渐荒废。隋末关闭大碛路，楼兰道正式退出历史舞台。

自西汉开通楼兰道到隋末关闭大碛路，前后共700余年。如果只算到前凉末年（376），也有400多年。其间西汉和魏晋前凉时期是楼兰道的两个繁荣兴盛时期，累计近300年楼兰道一直是丝绸之路唯一的干线通道。

关于楼兰道的历史地位与作用，主要表现在四个方面：第一，楼兰道是张骞凿空之后官方正式开辟的第一条内地通往西域的主要交通干线。第二，楼兰道是沟通东西方交往最重要的桥梁，它的开通标志着丝绸之路正式贯通。第三，楼兰道是西汉、魏晋前凉时期内地与西域相通的大动脉，是维系西域与内地联系的生命线。它使西汉通西域得以成功，使魏晋前凉能够在西域立足，并为以后各朝代经营西域奠定了基础。可以说，一部汉以后的西域史，首先打上的便是楼兰道的印记。第四，楼兰城的兴起和发展完全得益于楼兰道。楼兰城的社会构成状况、楼兰城的性质、楼兰城经济文化的发展等都与楼兰道密切相关。楼兰道是楼兰城和楼兰地区生存与发展的保障。总之，楼兰道在中西交通史、西域史各方面都有首创之功。

第六章　吐鲁番现代交通路线与古道之关系

新疆一个亘古未变的有趣现象是汉文化自汉武帝时期开始大举进入以来，作为主流的文化传统一直持续存在，且从未被其他文化所冲淡或取代。数千年来，西域这个广阔舞台上，无数游牧的人群来了去，去了来，汉文化却是来了以后再未离开。如此说来，新疆最古老的本地居民却要算是汉族了。这方面吐鲁番最为典型，简单举例说明如下。

《魏书·高昌传》记载："国有八城，皆有华人。"《梁书·诸夷传》："言语与中国略同。有五经、历代史、诸子集。"《北周书·异域传》："文字亦同华夏，兼用胡书。有毛诗、孝经，置学官子弟，以相教授。虽习读之，而皆胡语。"以及"其刑法、风俗、婚姻、丧葬与华夏小异而大同"。这样关于大比例汉人数量的存在，以及汉文化作为主流道统的大范围普及，类似的历史记载比比皆是。

吐鲁番市巴达木墓地出土高昌时期绢本伏羲女娲图

吐鲁番市阿斯塔那墓地出土唐西州时期汉装男子木板画与女俑

《清史稿·志五十一·地理二十三》有关新疆的记述也同样说明中国传统文化作为数千年一贯制的道统之长远存在。"新疆：古雍州域外西戎之地。汉武帝设西域都护，天山以南，城郭三十六国皆属焉。天山以北，东匈奴右部，西乌孙，未尝服属。后汉，山北如故，山南分五十余国，于阗、龟兹最著。自建武迄延光，三绝三通，设都护及长史治之。三国及晋，北为乌孙及鲜卑西部，南为于阗、龟兹诸国。北魏，柔然、乌孙、悦般、高车尽有山北地；后周，突厥、铁勒据之。其南以鄯善为强。唐于西州置北庭大都护府，统沙陀、突厥、回鹘、西突厥，北部诸都督府。于龟兹置安西大都护府，统龟兹、于阗、疏勒、碎叶四镇，濛池、昆陵等都护。中叶后，为吐蕃所有。五代并于吐蕃、回鹘。宋时乌孙、回鹘居山北，于阗、龟兹诸国入于辽。元置三行尚书省，葱岭以东属巴什伯里行尚书省。寻增天山南、北宣慰司，北则巴什伯里，南则哈喇和卓，后为都哩特穆尔地。明，四卫拉特居北部，曰绰罗斯、曰杜尔伯特、曰和硕特、曰辉特。其南部则巴什伯里、叶尔羌、吐鲁番诸国，回部派噶木巴尔诸族居之。顺治四年，哈密内属，吐鲁番亦入贡，惟四卫拉特仍据其地。准噶尔即绰罗斯部。数侵喀尔喀，圣祖三临朔漠征之，噶尔丹走死。其兄子策妄阿拉布坦遁伊犁，传子及孙，从孙达瓦齐夺其位。乾隆十九年，杜尔伯特、和硕特、辉特先后来归。二十年，执达瓦齐，准噶尔平。二十二年，以阿睦尔撒纳叛，霍集占附之，再出师。二十三年，克库车、沙雅尔、阿克苏、乌什诸城；明年，收和阗、喀什噶尔、叶尔羌诸城，二酋走死，回部亦平。二十七年，设伊犁总统将军及都统、参赞、办事、协办、领队诸大臣，分驻各城，并设阿奇木伯克理回务。秩三品至七品。光绪十年裁，改设头目，以六品为限。同治三年，安集延酋阿古柏作乱，陕回白彦虎应之。光绪八年，全部荡平。九年，建行省，置巡抚及布政使司，以分巡镇迪道兼理按察使衔，改甘肃迪化州及镇西、哈密、吐鲁番三直隶。迪化寻升府，建省治。"

第一节　近代吐鲁番交通史略

《清史稿》关于吐鲁番记载如下："隶镇迪道。回部郡王、台吉驻。汉，车师前王庭，后置戊己二校尉。晋治高昌，后入凉。北魏为高昌国，并于蠕蠕。后立阚伯周为高昌王，传至鞠嘉，为唐所灭，置西州，升安西都护府。贞元中，陷吐蕃。五代为回鹘所据，称西州回鹘。宋建隆二年入贡。元太祖平其地，号畏吾儿，设都护，封察哈台于此。明初为火州地，嗣称吐鲁番。顺治三年，吐鲁番阿布勒阿哈默特入贡。六年，助河西逆回，绝其使，寻复通。康熙二十四年，回疆平。雍正五年内徙，安置瓜州，建城辟展。乾隆二十四年，设建六城于辟展，置办事大臣、管粮同知，仍以吐鲁番广安城为回城。回城四：曰鲁克沁，曰色更木，曰哈喇和卓，曰托克逊。合吐鲁番为六城。设阿奇木伯克理回务。四十四年，移同知驻吐鲁番，并设巡检，隶甘肃布政使司。四十五年，裁办事大臣，改设吐鲁番领队大臣，归乌鲁木齐都统节制。光绪十年，裁领队大臣。十二年，置直隶厅来隶。西北距省治五百三十里。广八百余里，袤五百余里。北极高四十三度四十分。京师偏西二十六度四十五分。领县一。天山横亘北境，为群山之总干。东北：柯格达坂。北：度吉尔山、阿布都尔山。西：湖洛海、合同察海、卡卡苏各达坂。南：哈拉可山、库木什达坂、觉洛塔哈山。东南：克子里、阿习布拉克、胜金台山。白杨河自迪化入，东南流，迳托克逊沙山，潴为觉洛浣。西：乌斯水、作洛满若水、布而水，均出合同察海达坂，入焉耆。驿十一：杨和、胜金口、硾硾子、三角泉、布干台、托克逊、小草湖、苏巴什、阿哈布拉、桑树园、库木什。卡伦一。有回庄二十。回城巡司一。光绪七年，俄约定为商埠。鄯善冲，繁，难。厅东二百五十里。汉，车师前国东境楼兰。元魏后为高昌白棘城。唐，柳中县，属西州交河郡地。宋，六种，属高昌，后入辽。元，鲁克察鲁地。明，柳城。康熙末内属。乾隆三十六年设辟展巡检。光绪二十九年改置。天山分支亘于北境，有东西柯柯雅山、茂萌山、高泉达坂。县境诸水，出自井泉，伏流地中。西北：五个泉、夹皮泉。北：柳树泉。西南：马厂湖。南：戈壁。驿八：齐克滕木、土墩子、西盐池、惠井子、梧桐窝、七个井、车籓轳、连木沁。卡伦一。有大回庄七。"

　　清代新疆的台站驿传体系包括四种设施：军台、营塘、驿站、卡伦，四种设施的建立略有先后，分布和职能侧重也有所不同。军台之设始于康熙年间用兵新疆之时，为了军报的快速传递，大学士富宁安奏设哈密、巴里坤军台。乾隆中两次平定准噶尔之役，军书旁午，飞羽传檄，又添设军台，辅以营塘。军台和营塘本身都是军用设施，主要任务是递送公文军报，接待奉差过往人员及官需物品的转送。

乾隆二十四年（1759），清军进军天山南路，军台进一步延展到南疆各城。全疆安定后，开发镇戍提上了日程。结合这一需要，清廷对已有军台营塘的布局加以调整，进而设置驿站、卡伦体系，形成覆盖全疆的交通网络。1884年新疆建省，清政府下令全部改为驿站[1]。

乾隆以后全疆的军台干线通达四处，与吐鲁番有关的主要有以下两条：

乌鲁木齐—哈密，分东南、东北两路，东南线经由吐鲁番。这是北疆主干道之一部分。乌鲁木齐南路（经吐鲁番至哈密）一千七百里，军台20座，营塘3座。

哈密—吐鲁番—喀什噶尔，这是天山南路的主干道，途经南疆各重要城镇。一般以吐鲁番为界分东西两段，东段从吐鲁番至哈密，与乌鲁木齐南路重合；西段从吐鲁番至喀什噶尔，中经喀喇沙尔、库车、阿克苏，在阿克苏与向伊犁和向乌什的军台分道，折向西南到叶尔羌，同向和阗的军台分道，再向西北经英吉沙尔到喀什噶尔。其中吐鲁番至喀喇沙尔八百七十里，设10台；喀喇沙尔至库车九百五十里，设10台；库车至阿克苏七百三十里，设8台；阿克苏至叶尔羌一千七百六十里，设16台；叶尔羌至喀什

1　于福顺：《清代新疆卡伦述略》，《历史研究》1979年第4期。

噶尔五百里，设6台，计50台，四千八百一十里。南路主干道向东经哈密连接内地，由喀什噶尔越葱岭而西可达中亚各国[1]。

《西陲总统事略》中记载，伊犁至塔尔巴哈台及精河有军台无营塘；精河至乌鲁木齐有军台有营塘；乌鲁木齐至吐鲁番有军台有营塘；乌鲁木齐经巴里坤至哈密无军台有营塘；吐鲁番至哈密有军台无营塘；喀什噶尔至吐鲁番有军台无营塘；哈密至嘉峪关有军台有营塘。从此记载可以较清晰地看出新疆台站系统的设置结构。清代新疆台站的设置是以政治、经济重镇为中心依次通向各地方。

南北军台、驿道以伊犁为中心，主要有北疆的巴里坤、古城（今奇台县）、乌鲁木齐、库尔喀喇乌苏、塔尔巴哈台、精河等重镇，南疆有哈密、吐鲁番、喀喇沙尔、库车、阿克苏、乌什、喀什噶尔、叶尔羌、英吉沙尔、和阗，形成以伊犁为中枢的驿传网络。从伊犁出发到嘉峪关，经甘肃、陕西、山西可达京师。从吐鲁番过托克逊、和驿到达南疆中心喀什噶尔。从伊犁翻越天山可通阿克苏连通南北疆。新疆建省后随着政治经济中心的转移，乌鲁木齐逐渐取代伊犁成为新疆交通枢纽。

1　王志强、姚勇：《清代新疆台站体系及其在边疆开发中的作用》，《西域研究》2007年第4期。

第二节　清代吐鲁番道里行程

1. 吐鲁番到焉耆

由吐鲁番七十里至布干台，六十里至托克逊台（今托克逊县），七十里至苏巴什台（今苏巴什），七十里到阿哈尔布拉克台（今阿格尔布拉克达坂，又称甘沟顶），一百三十里至库木什台（今库米什），九十里至河色尔台（又名榆树沟，今榆树沟），一百五十里至乌沙克塔尔台（今乌什塔拉），九十里至特伯尔古台（亦名清水河，今清水河），九十里至喀喇沙尔（今焉耆县）底台（开都两岸分设北合和南合）。共九台八百二十里。

2. 吐鲁番到哈密

吐鲁番一百里至胜金台，七十里至连木沁台，六十里至辟展台（鄯善），五十里至苏鲁图台（苏勒吐），六十里至七克腾木台（七克台），一百八十里至盐池（今西盐池），一百二十里至惠井子（灰井子沟），七十里至胡桐窝台，一百四十里至陶赖井了腰台，一百里至陶赖台（套来泉），六十里至肋巴泉台（拉巴泉），五十里至橙槽井台，八十里至了墩台，一百里至鸭了泉台（雅了泉），七十里至三堡台，六十里至头堡台，七十里至哈密底台。十七台计一千四百四十里。

中国国家图书馆藏稿本《行程日记》一卷三十八叶，记载了一个官员从同治三年（1864）正月初一到八月十九日由叶尔羌（今新疆莎车）经草地到达归化（今内蒙古呼和浩特旧城）的行程[1]。在研究清代西北地区的交通道路上，具有重要的实证价值。《行程日记》所记载的吐鲁番道里行程如下。从同治三年（1864）正月到三月，库尔勒台（三十里）—哈尔哈阿满台（一百一十里）—南台（四里许）—喀喇沙尔（九十里）—特博尔古台（八十里）—乌沙克他拉（一百五十里）—喀喇河色尔台（九十里）—库木什阿哈马台（一百五十里）—阿哈尔布拉克台（六十里）—苏巴什台（九十里）—托克逊台（一百三十里，大约一百五十里）—吐鲁番（七十里近）—坑坑儿（九十里）—三个泉（一百廿里）—噶逊城（九十里，路大）—柴莪铺（九十里，路大，约一百二十里）—乌鲁木齐城（四十里）。其中，吐鲁番至乌鲁木齐共计五站四百三十里。

清代、民国时期，新疆和内地之间的运输，主要靠大车和驼运。1925年后，骆驼发展到18000峰；自新疆运往绥远的货物约有3万多担，而绥远运往新疆的货物也有1.5万担。大车（马车）和骆驼运输，需时很长，如由迪化（今乌鲁木齐）至和阗就要走一个月左右。

新中国成立前吐鲁番只有两条简易公路，一条由迪化经吐鲁番至兰州（后建成312国道），在吐鲁番境内全长262公里；一条由迪化经吐鲁番至喀什（后建成314国道），在吐鲁番境内全长148公里，这两条公路都是在古代驿道基础上整修改建而成。

吐鲁番地区共有公路1120条，实际里程3844公里。全地区

1　该卷日记今有《历代日记丛钞》影印本，李德龙、俞冰主编，北京：学苑出版社，2006年，第65册，第205—282页。

26个乡镇通油路率达到100%，174个行政村中全部通公路，170个通了油路。全地区农村公路达3157公里，占公路总里程82%。国道312线、314线，省道202线、301线进行了数次改扩建，吐乌大、托库高等级公路建成通车，使地区高等级公路全长达到219公里。目前吐鲁番公路通达水平总体上并不落后。

第三节　古今相关的道路

1. 白水涧道与达坂城山口

白水涧道。发自西州交河县，即轮台—西州路。《西州图经》记道："右道出交河县界，西北向处月已西诸蕃，足水草，通车马。"所谓的白水涧道，即吐鲁番西北方向翻越天山隘口（达坂城山口）通向乌鲁木齐的交通路线。唐代白水涧道即为交河至轮台的通道。白水涧即今白杨沟，其具体路线乃由吐鲁番通过白杨河峡谷、达坂山口、盐湖、柴窝堡，而抵轮台古城的山间通道。行程大部分与同一路段的314国道一致。

2. 银山道与库米什

银山道为唐西州西通焉耆方向的西域中道路段，即今吐鲁番经托克逊、库米什，前往焉耆、库尔勒方向314国道一部分，因库米什唐代称为银山得名。《新疆图志》道路二"吐鲁番"条记载："库木什阿哈玛驿，驿以山名，回语库木什，银也，阿哈玛，积尔不散之谓，即《唐书》银山碛也。"

3. 阿父师泉谷与苏巴什沟

《大慈恩寺三藏法师传》卷二：从此西行，至阿耆尼国阿父师泉。泉在道南沙崖，崖高数丈，水自半而出。相传云，旧有商旅数百，在涂水尽，至此困乏，不知所为。时众中有一僧，不裹行资，依众乞活。众议曰："是僧事佛，是故我曹供养。虽涉万里，无所赍携。今我等熬然，竟不忧念。宜共白之。"僧曰："汝等欲得水者，宜各礼佛，受三归、五戒。我为汝等登崖作水。"众既危困，咸从其命。受戒讫，僧教曰："吾上崖后，汝等当唤阿父师为我下水。任须多少言之。"其去少时，众人如教而请，须臾水下充足，大众无不欢荷。师竟不来。众人上观，已寂灭矣。大小悲号，依西域法焚之于坐处，聚砖石为塔，塔今犹在，水亦不绝。行旅往来，随众多少，下有细粗；若无人时，津液而已。法师与众宿于泉侧。明发，又经银山。山甚高广，皆是银矿，西国银钱所从出也。

银山道出唐天山县，即进入阿父师泉谷。《新疆图志》道路二"吐鲁番"条记载："城西南三十里雅木什，三十里布干台驿，六十里托克逊驿〔歧径有三，一北行四十里至伊拉里克，西入阿拉葵峪，经裕勒都斯以至伊犁；一西行经纳林奇喇山口，逾博罗图峪口迤南，以抵楚辉；一西南入苏巴什谷口，逾库木什、阿哈玛塔克，以抵楚辉。（按：托克逊西南仅库木什一条道路。）〕……偏南九十里苏巴什驿，八十里阿哈布拉克驿（《西域图志》："从苏巴什北谷迤逦西南行十里，渐闻水声，遍谷皆浅水，山势渐狭，西崖壁立。人行其间，如一线天。又里许，即沙滩。又二十里，

有大石崎岖者数处，车不能行，为古车师国西境关隘。又二十里
至艾噶尔布拉克。"按，山沟中石壁陡峭，路径险恶，每当盛夏
山水暴发，势如奔马，行旅有为鱼之患。丁未秋，当道派人监修，
凿平石磴，其阻路大石用火药炸除之，稍平夷矣），六十里桑园
驿。"[1] 可见苏巴什沟最大水源为艾葛尔布拉克（今名阿克布拉克，
意为白泉）。

这一驿道近代仍在使用，1929年黄文弼先生曾沿此道前往焉
耆，他在《塔里木盆地考古记》中记曰："吐鲁番西行，经布干台、
托克逊，折西南行，至苏巴什入山，经阿哈布拉克、桑树园子、
库米什出山，折西行，入焉耆界。"1938年，苏巴什沟内山石塌
方，新疆南北交通阻断，盛世才急令于干沟另外修筑新路。这就
是此后一直沿用至1993年的乌喀公路（314国道）干沟路段。干沟
公路从托克逊至榆树沟近百公里路段，尽为干山秃岭，滴水皆无。
用现代交通工具，可于数小时之内通过，而古代靠人畜之力自然
难于通行。

4. 鸲鹆道（天山道）

鸲鹆道得名于唐代西州天山县鸲鹆镇，即阿拉沟烽燧石堡遗
址。因该地归属唐西州天山县，且又是天山通道，故也称"天山
道"。具体路线：从吐鲁番地区西北部沿阿拉沟入山，经乌拉斯
台查干牧场，翻越天山奎先达坂，经赫尔根塔塔尔，入乌拉斯台
沟南行，经巴仑台、和静，可抵达焉耆。如自乌拉斯台斜向西北，

1　《新疆图志》道路二。

可进入巩乃斯河谷，进而进入伊犁河谷。现在南疆铁路线与从阿拉沟经乌拉斯台、巴仑台、和静至焉耆的公路线大致一致，而这一路线与以往的古代交通线基本相同。目前也有218国道（民间称天山公路）自巴仑台深入天山，翻越察干诺达坂，沿巩乃斯河谷通往伊犁河谷全流域。

5. 赤亭道（大碛路）

由西州蒲昌县东通伊州的南道，即赤亭道被《西州图经》列为诸道之首。这条道路具体路线从七克台古城经唐泉、小泉子烽燧、赛朗布拉克至拉布楚克古城遗址（哈密四堡）[1]，全程东西向穿越南湖戈壁雅丹、沙丘等荒漠地带。作为交通线废弃已久，至少千年以上。但是近十几年却复活为吐鲁番与哈密旅友、徒步者、越野车爱好者极为喜爱的户外路线。

6. 伊西路与七角井

伊西路即新开道，相对于赤亭道而言。意为赤亭道之外新开之意，表明这条路的自然环境条件优越些。乃由西州蒲昌县，东通伊州的北路，即贞观以后常用的新道。《新唐书·地理志》"伊州纳职县"条下，记其具体走向为"自县西经独泉、东华、西华驼泉，渡茨其水，过神泉（今惠井子），三百九十里有罗护守捉（西盐池）；又西南经达匪草堆，百九十里至赤亭守捉，与伊西路合"。该道傍天山南麓行，沿途多泉水。与现代312国道以及兰新铁路线方向形成大略一致。七角井是这条道进入吐鲁番境内最为关键

1　在中国人民解放军总参谋部测绘局1975年绘制的十万分之一地图上，此二地均明确标绘于四堡（拉布楚克）正西方向通往七克台古城方向的道路线上。

的地标。

7. 大海道与现代迪卡尔矿道

大海道因所经过的南湖戈壁古时称大沙海而得名，是古代吐鲁番前往敦煌最近的道路，与绕经罗布泊北部的楼兰道或经过哈密的伊吾路相比节省近一半路程。

大海道开通于汉代，南北朝、隋至唐代，大海道不但存在而且仍在使用之中，只不过因"常流沙，人行迷误，有井泉，咸苦，无草，行旅负水担粮，履践沙石，往来困弊"，较少使用而已。由于大海道是高昌至敦煌的捷路，军事战略意义重大，也是其存在的有力理由，这一点在近现代仍然得到证实。《新疆图志》道路二记载从鲁克沁"又东南通敦煌"，便指此道，"光绪三年，陕回余匪数百人由敦煌掠粮，至破城子（破城子在库鲁克塔格南侧）休息逾旬，西合于安集延，而哈密、吐鲁番守兵皆不知觉"。

学术界对与汉唐西域史关系密切的大海道一直十分关注，并谋求解决其路线问题。为此，2000年前学者们曾多次探查大海道，然而均为条件所限未果而终。

2000年2月，中国社会科学院考古研究所新疆考古队在吐鲁番地委宣传部支持下与中央电视台新闻中心社会新闻部联合组队进行大海道实地穿越、考察。

考察队正式成员由四部分人员组成：中国社会科学院考古研究所二人，巫新华和李肖。中央电视台社会新闻部七人，分别是骆汉城、马挥、徐进、王洁（女）、黄文海、俞伟、朱江。另外，李东、王桂馨（女）两位记者在敦煌组织接应。吐鲁番方面两人，周辉、张永兵。

此外，还有搜狐网络公司代表于海民，吐哈油田物探公司司机三人，以及北京某空气动力伞公司三人携伞，进行阶段性考察和航拍配合。

大海道路线考察前途均为无法预知的路段，从大阿萨古城到小方盘城直线距离410公里，古代这里是无人区。现在虽说人类活动手段大大加强，但是，由于这一地区夏季酷热、冬季奇寒、春秋两季多狂风和强流沙，以及近千里范围绝无可供人饮用的水源，仍然没有多少人气。考察活动中的探险色彩较为浓重。

考察路线是在研究、分析古文献、文书记载的基础上，按照从高昌古城出发东南直行和"省道里半"的原则，比照十万分之一和二十万分之一地图制定。大致是高昌古城—柳中古城—大阿萨古城—迪坎尔—恰舒阿山谷—秋格明塔什山谷—秋格明塔什布拉克泉—硝尔布拉克泉—喀瓦布拉克塔格北缘山谷—喀瓦布拉克泉—大洼地—笔架山谷地—新月形沙丘—疏勒河河谷—汉长城—小方盘城。

1996年4—5月，我在进行吐鲁番唐代交通路线的考古学考察过程中，受经费制约，对大海道的实地考察未得进行，但是把米吉提老驼工的叙述材料与十万分之一地图相对照，发现材料基本可靠，只是实际里程要比所说的长些。

老驼工路线见前文"东南部交通线——大海道"一节。

我们的计划路线与驼工所说路线大致接近，只是更直接，路程也要短些，驼工路线稍向西南偏，略有绕行，原因可能在于过于依赖泉井。本次考察我们准备按照既定路线从迪坎尔沿东南方向径直向敦煌开进，如果遭遇不可克服的困难则改道行驼工路。

选择目前这个季节进行考察，完全是将就大海道特性的结果。大海道古代影响人们通行的原因，在于沿途常流沙（多大风）、有井泉却苦咸（无饮用水源）和夏季酷热。这一地区无风或少风季节为深秋和冬季。再者冬季地表有积雪，行旅无须背水，只要担粮即可。

借鉴历次考察经验，考察队重金租用吐哈油田物探公司三辆沙漠车，同时装备抵御 –35℃低温的宿营设备、四部全球定位仪（GPS）、两部卫星电话、三部10公里范围对讲机、三部30公里范围车载电台、一台新闻资料传送设备（B站），以及一架空中观测、拍摄使用的空气动力伞。

2000年2月5日，考察队正式出发，在经历陷车、寒夜露宿、绕行馒头形山丘群、新月形沙丘，穿越铁门关风蚀沟谷、屡次发现海市蜃楼、野骆驼、黄羊等之后，历时8天，最终按照我们的设计路线安抵小方盘城。

考察确证吐鲁番敦煌之间确实存在一条近乎直线的捷径，这条道路适用于古代交通工具驼、马、驴，尤其是骆驼，而现代交通工具大都不能直线通过。古文献记载"常流沙"，实际上是因狂风而起的流沙。大海道通行的主要地区正对七角井—十三间房风口地带，越过东天山断裂缺口的大风从七角井—十三间房一带径直狂吹进入库木塔格沙漠。噶顺戈壁腹地，风蚀地貌分布较多，许多沟谷两侧关门似的崖壁山石被风吹蚀得千疮百孔，极像看门的怪兽。看来风季"人如柳絮，车如纸"的记载绝无虚妄，这里确实是清代学者记载的"风灾鬼难之国"。而"有泉井，咸苦"是古时大海道最为著名的障碍之一，考察中我们着意验证沿途所遇到的泉眼，但只是遗憾地发现，秋格明塔什布拉克（布拉克，维吾尔语，意为泉）、硝尔布拉克、喀瓦布拉克这类泉眼已经干涸，不过沟谷中的水流痕迹赫然可见。根据文献记载和大比例尺地图的标识，这些泉眼不会因为冬季而干涸。这些年随着吐鲁番、哈密地区石油开发力度的加强，地下水位逐年降低，吐鲁番大多数坎儿井都已经干涸，连迪坎尔这类接近艾丁湖的低地也难逃厄运。这些老泉眼很可能也遭遇了与坎儿井同样的厄运。不过泉水苦咸的记载，还是被我们不经意用野生动物的方法进行了验证。在喀瓦布拉克塔格谷地（维吾尔语，喀瓦，意为葫芦；布拉克，意为泉；塔格，意为山，喀瓦布拉克塔格汉语意思即为葫芦泉山，山当因泉得名），我们没有找到地图上明确标识的喀瓦布拉克泉。这个谷地，应该汇集方圆近百公里区域的来水。实地仔细看过，发现地面没有水，也不见泉眼，只有遍地的野生动物蹄印和用蹄子刨出的小坑。失望之余，大家把注意力集中到动物蹄子刨出的坑上，用小锹一挖当即出水。原来地表水干涸之后，地下水位仍然很高，只要稍微下挖就出水。原来聪明的动物知道用蹄子刨出泉井，解决饮水问题。不过水又咸又苦人不能饮用。

再一个印象深刻的体会是古文献记载"道里不可准记"。由于没有高山深谷的阻碍，整个路段所经地区山势海拔大都在1200—1100米之间，且山谷开阔平坦，也没有大面积沙漠，使用古代交通工具可以漫游而行，只要认准方向和带足饮用水。认准方向的必要性在于节省路程，水则是大海道上维系生命的关键。以骆驼为例，路途只需要一次饮水，10天左右便可通过。汉唐时期行旅大都依靠日月星辰，以及熟识沿途标记导航，每次行走，路途都可能有变化，所以，里程也会不完全一致。

大海道是汉唐西域史中某些时期赖以维系西域与祖国统一的纽带，其重要的历史作用不言而喻。据实地探查确知，从迪坎尔至敦煌玉门关遗址的直线距离仅400公里左右，路面能通行汽车，只要做好相应准备，途中无饥渴之苦。在现代的条件下，大海道不仅远没有古人说的那么可怕，而且沿路富于刺激性的独特自然景观和生态环境，不时出没的野生动物，还可大饱眼福，观景寓教，别有一番情趣。因此，大海道无疑是未来探险旅游的好去处。

这条穿越南湖戈壁、库姆塔格沙漠诸多荒漠，最后沿疏勒河谷地前往敦煌的古代道路，新中国成立后停止使用了30多年。改革开放以来，随着经济发展的需要，这条古道成为进入南湖戈壁、库姆塔格、库鲁克塔格、罗布泊等区域采矿的便捷路线。近10多年的历史发展也证明，大海道已经成为户外爱好者的最佳探险路线。

天

库 鲁 克 塔 格

达坂镇
5↑
吐鲁番
托克逊
18
【14】
19
21
22
4
20
【3】

■	■ ■ ■ ■ ■ ■ ■ ■ 古城、戍堡	━━━━━
⊥	■ ■ ■ ■ ■ ■ ■ ■ 烽燧	━━━━━
▬	■ ■ ■ ■ ■ ■ ■ ■ 烽燧警戒线	━━━━━
【 】	■ ■ ■ ■ ■ ■ ■ ■ 烽燧警戒线代码	比例尺
●	■ ■ ■ ■ ■ ■ ■ ■ 现代城镇	

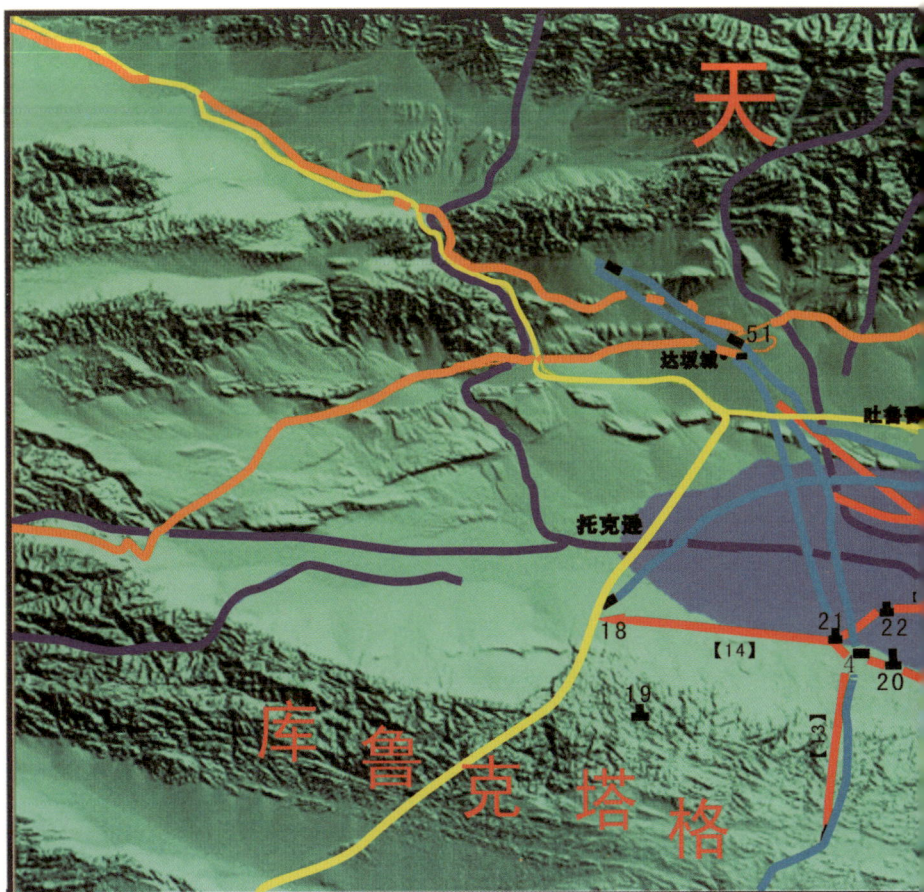

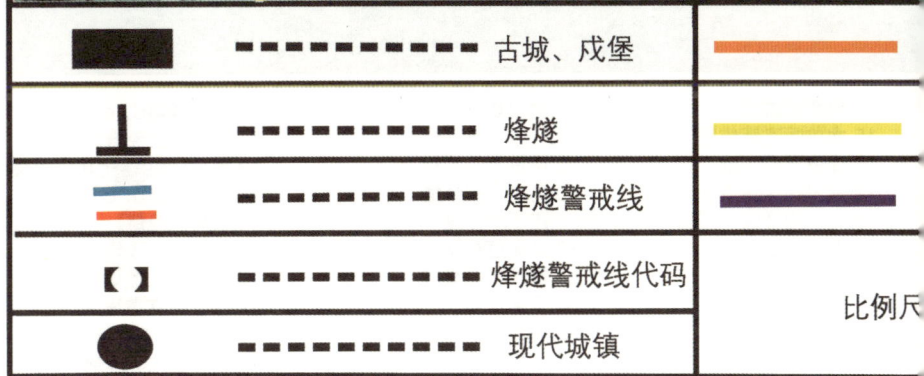

吐鲁番古代烽燧警戒线路示意

山

西盐池

48

【3】

【2】

七克台

【1】

6

【16】

28

37 38

39

15 40

苏巴什

41 42

34

45

46 47

鄯善

49

26

1

50

7 17

2

10

【10】

43

5

23

9 8

33

【11】

【12】

连木沁

【4】

14

【19】

32

3

鲁克沁

【6】

24 29 30

31

52

35 13

【18】

36

说明:

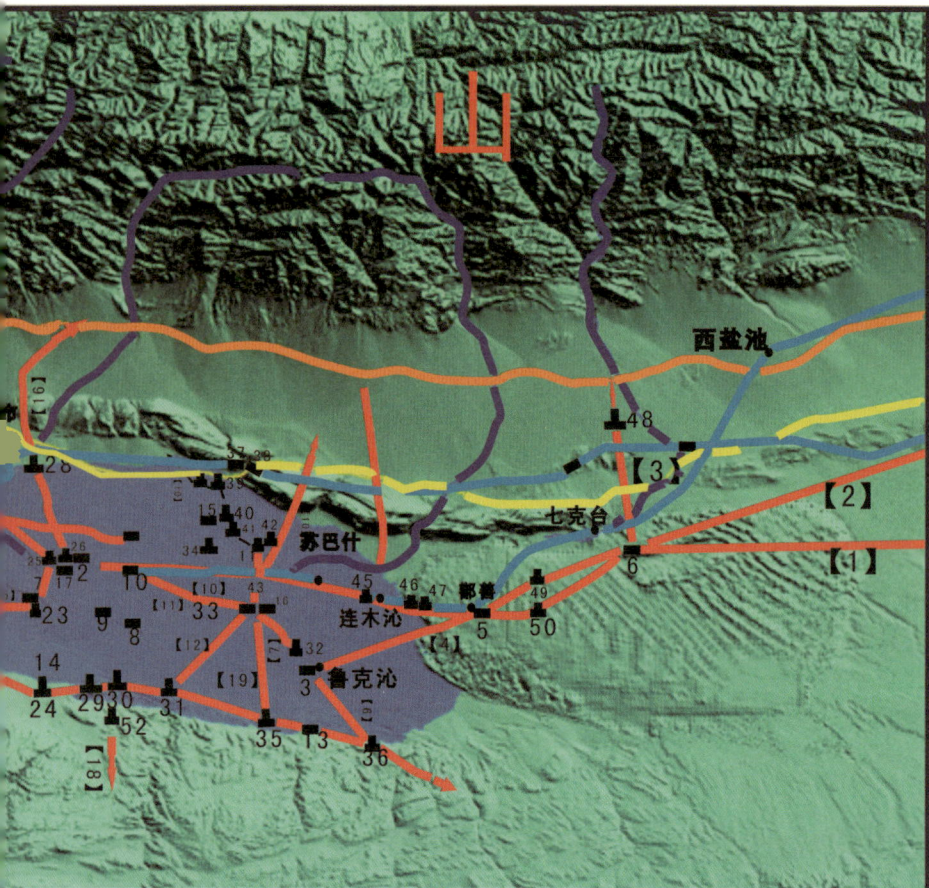

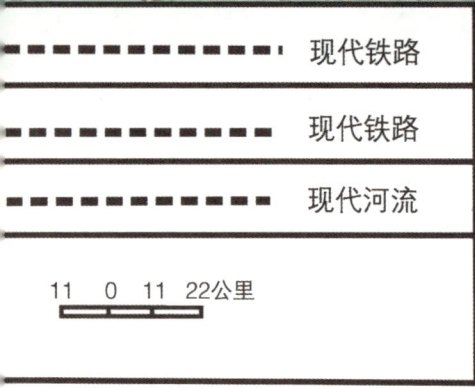

遗址名称见前图,
烽燧警戒线的文字
说明见正文

西域南道名城与古交通路线图

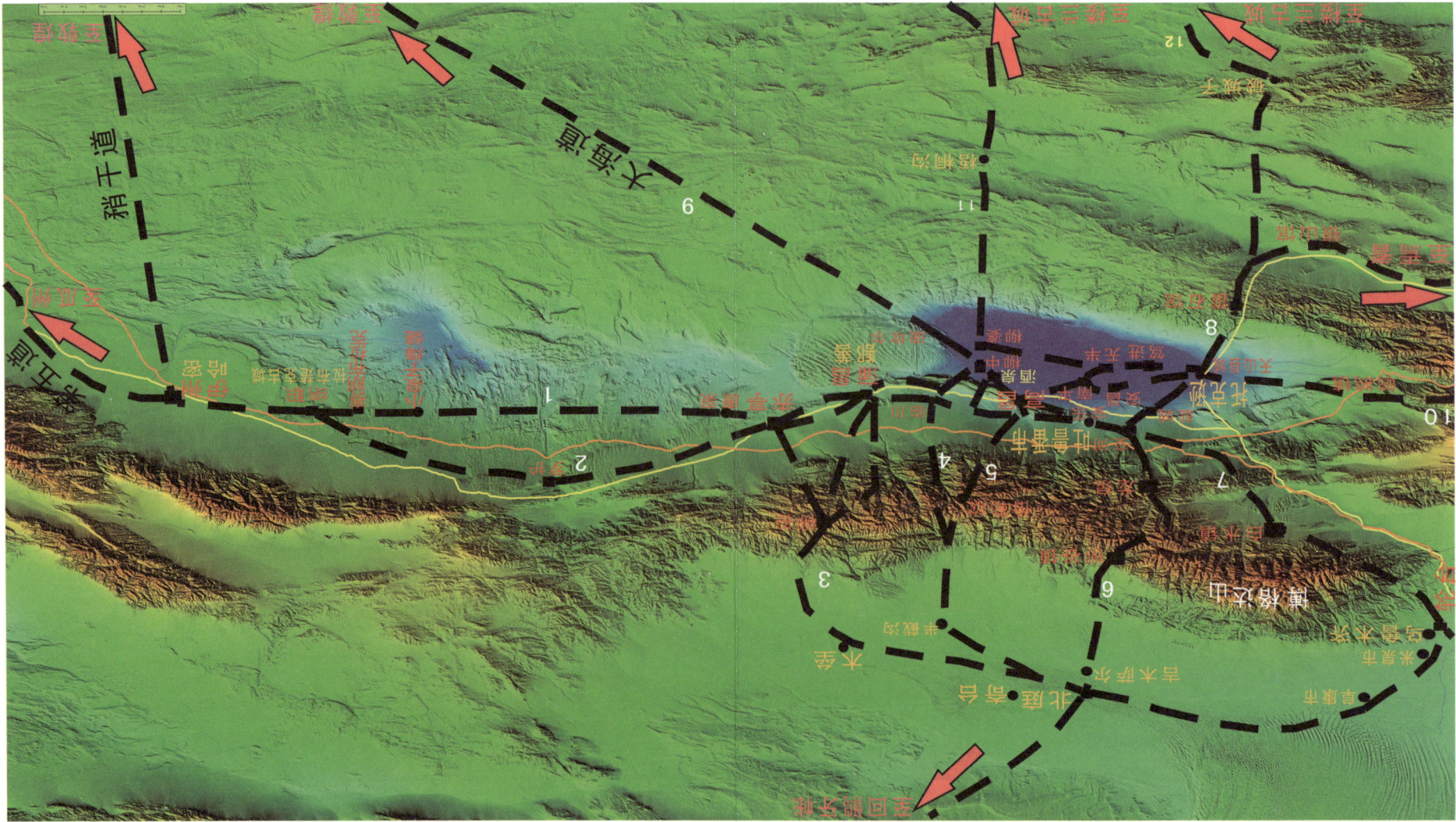

图例

路线分类		

比例：1:50

0　　　50千米

12 南道交通受阻，无可直至楼兰区
10 西道交通受阻，通伊循至鄯善区　11 南道交通受阻，沿中道楼兰区
9 大海道　　6 伊循道　7 白水涧道　8 横山道
1 伊吾道，即东海道　2 伊吾北道，即新开道　3 楼兰，鄯善，海南道　4 花海道　5 弱水道

泉子街

他
地
道

金沙岭

柳谷镇

龙泉

大河沿

吐鲁番市

木垒

半截沟

白杨河汊

石人子度假村

江布拉克

萨尔勒克达坂

乌洼达坂

花
骨
道

乌
骨
道

恰勒坎沟口 二唐沟度假村

坎尔其

移
量
道

陶
量
道

柳谷

英
波
道

有库坎尔其

乌鲁克苏

出山口

摩
道

5 433		
5 000		
4 000		
3 000		
2 000		
1 000		
0		

(单位：m)

10 km   30 km   50 km   70 km

图		铁路
例		公路
	● ▬	现代城镇

比	1：50千米
例	0 50千米

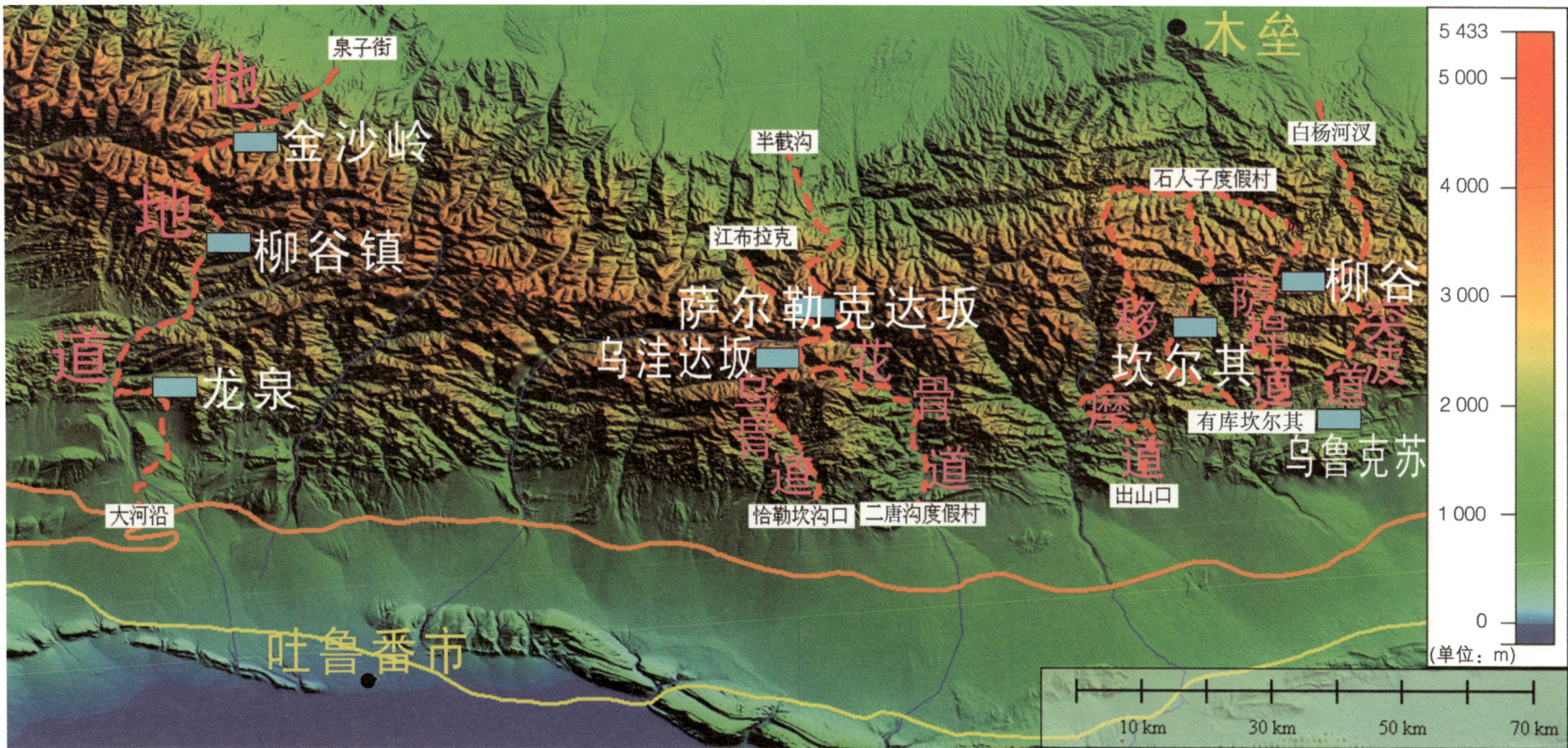

旅友的吐鲁番天山古道路线

附录二　吐鲁番天山古道探险行记选辑

徒步穿越乌骨道

荒漠人（杨贵新）

传说中的乌骨道

乌骨道是唐代西州治所高昌城通往天山北麓北庭都护府治所北庭城最为便捷的道路，军事战略意义重大。军事事件以安西都护郭孝恪由乌骨道至天山以北伏击西突厥处月、处密部最为著名。《旧唐书·突厥传》载："贞观十五年……咄陆可汗……遣兵寇伊州，安西都护郭恪率轻骑二千自乌骨邀击，败之。"

《西州图经》记载乌骨道：右道出高昌县界北乌骨山，向庭州四百里，足水草，峻险石危，唯通人径，马行多损。这里明确指出此道北越乌骨山通庭州，且与图经所载其他道路相比，是通庭州（今吉木萨尔县）路程最短的路线。

自丝绸之路开通以来，吐鲁番就是至关重要的交通枢纽。除贯穿全境的主干道"丝绸之路北道"外，尚有一系列连接中道、新北道的分支线路，如连接楼兰、敦煌的大海道，通往焉耆盆地的银山道等。而在吐鲁番与吉木萨尔（北庭都护府所在地）之间的天山深处，还隐藏着六条鲜为人知的汉唐古道，自西向东依次为：他地道（车师古道）、乌骨道、萨捍道、移摩道、花谷道、突波道。

中国社会科学院考古研究所巫新华博士在1996年5月骑马对上述天山古道路线进行了实地考察。他推算认为乌骨道是吐鲁番—北庭（吉木萨尔）最短的一条通道。

本次穿越线路：乌鲁木齐—吐乌大高速公路—吐鲁番—胜金乡—恰勒坎村—恰勒坎贝希—乌洼达坂—鲁克群霍腊—库乌克—头道桥—二道桥—三道桥—加干苏塔尔—萨尔勒克达坂—西沟公路—麻沟梁—半截沟—奇台—乌鲁木齐。

本次旅行实际徒步从恰勒坎村出发，至西沟公路的黑涝坝结束，总距离50余公里，沿途需翻越两座达坂。

难度六级（九级分类）。

我提前近两周时间在网上发了个帖子，不到三天，山友们就把坑占满了，看来乌骨道对山友的吸引力是蛮大的。仔细询问了报名山友的状况和装备，确认了队员名单，找好了客车，2009年6月12日中午3点，我们准时出发了。

乌洼达坂

让我们从出发的始点——恰勒坎村说起吧。恰勒坎是维吾尔语，意为血水四溅之地。传说古时此地曾有过一场血战，山谷为血溅红，因而得名。由此我们也可以想象，乌骨道在古代的重要意义。恰勒坎村坐落在两条山谷交会的三岔地带，是胜金乡的一个牧业村。队员春秋曾参与修建胜金乡到该村的砂石公路，他说胜金是吐鲁番最凉快的地方，当地的甜瓜不错。我在去年5月第一次穿越乌骨道时，曾经在此住过一晚，当地的维吾尔牧民淳朴、热情。他们和天山对面的奇台来往密切，其中有位牧民的老婆还是奇台半截沟黑涝坝村的人呢，汉语说得很好。

车在砂石路上跑得很慢，幸亏路基还实在，车颠簸得不是很厉害。9点左右我们到了出发地——恰勒坎村。队员们吃了点胜金的甜瓜，就赶紧收拾行李上路了。

我们沿村西侧乌洼果勒山谷北略偏西行，山谷两侧山势较为陡峭，谷地并不宽阔，有山泉和融雪汇集成的溪流，淙淙而下。我们走了约6公里至恰勒坎贝希。贝希是维吾尔语，意为头。天已经黑了，赶紧选了块稍平的地方就扎营了。最让我郁闷的是，帐篷咋就忘了带啦，把我和小马哥都吓傻了，郁闷呀……好在队员大都带了帐篷，这一路我就和队员老布混了。小马哥和老马住一起，总算把问题解决了。

恰勒坎贝希 a（郑强 摄）

恰勒坎贝希 b（王吟秋 摄）

晚餐挺好，米饭，两菜一汤，我和小马哥、春秋、绿野四人搭伙，几个炉子同时烧饭，半个小时就全好啦。

第二天计划7点起床，结果我们6点就起来了，离开营地向右拐就进入乌洼塔格峡谷，峡谷峭壁高耸，谷中危石层垒。峡谷潺潺流水不断，更有瀑布出现，这段路程大约5公里，就来到了乌洼达坂。乌洼达坂1海拔2900米，翻越难度相对不是很大。站在达坂上看两边，一面是谷地，一面是高山盆地，反差很大。景色宜人。

从乌洼达坂1到乌洼达坂2的直线距离很近，实际距离在4公里左右，但相对高度增加了300米，其中有一段3公里左右的草甸，看上去非常漂亮，走上去就难了，走两步就想休息，感觉走不到头，真让人绝望！不长的路，我们大概走了一个小时，队员们都说这段路太难了，比翻乌洼达坂1还难，这个坡应该叫——绝望坡！

乌洼达坂2有泉水，这里的泉水晶莹剔透，应该和矿泉水差不多。一上午走了有10公里。该吃饭啦。站在乌洼达坂2看两面景色，都属高山草甸，这里的雪才刚刚融化完，小草也刚刚返青。走在上面，感觉非常柔软。达坂附近的牧民石屋用塑料布紧紧包裹着，看样子牧民还没有来。

乌洼达坂3与乌洼达坂2相距很近，坡度不是很大，20分钟就可以抵达。在乌洼达坂3有标志物——玛尼堆。这在吐鲁番、鄯善天山一带的达坂上都可以见到，和蒙古族的敖包差不多。

乌洼达坂1（郑强 摄）

乌洼达坂2（王吟秋 摄）

乌洼达坂3的海拔已经是3400米了。风很大，站在达坂上，身后就是乌洼达坂，眼前就是传说中的鲁克群霍腊山谷，达坂与山谷的落差有500米，有山友称之为：速降！

　　翻过乌洼达坂即进入鲁克群霍腊山谷，山谷平缓宽阔，地表水外溢，形成苔草厚实的草甸，是优良的夏牧场，也是理想的宿营地。我们没有时间在此休息，必须往前赶。走在前面的队员霍伽，看着脚下地毯似的草甸，终于忍不住了，卸下行囊顺势躺在了草地上，嘴里还念念有词地絮叨着，这地方太美啦！

进入鲁克群霍腊山谷（王吟秋 摄）

库乌克峡谷和鲁克群霍腊山谷紧紧相连，在谷歌 EARTH 卫星地图上看，这里是黑乎乎的一片，什么也看不清，当我走近库乌克峡谷时，顿时感到恐怖。由鲁克群霍腊山谷汇集的水沿着峡谷深处流去，沿着河水有条马道弯弯曲曲地向前延伸着，峡谷两边的峭壁如同刀削一般，峡谷的最窄处只有几米宽，急弯一个接着一个，我小心地辨认着眼前的马道，在河里的石头上跳来跳去，同时还时时担心峭壁上面是不是会有什么东西掉下来。不长的一段峡谷，感觉走了有一个小时。终于峡谷变宽了，走在前面的伊禧俪迍和几个队员在等我，看见了他们，我悬着的心终于落了地啦。

前面有狗叫声，队员春秋懂几句维吾尔语，上去一打听，他们还是恰勒坎村的牧民。剩下的路就简单了，顺着河水走就是了。我们走得快，时间也跑得飞快！已经7点了，该找扎营点了。终于我们在河边发现了一块草地，今天就在此扎营了。我们不走了，今天我们已经走了20余公里的山路，我们翻越了3个达坂。

萨尔列克达坂

夜里，滴滴答答的雨声，把我惊醒了，经验告诉我，我们有麻烦啦！

雨持续地下着，一会儿大一会儿小，我也一样，雨大就醒，雨小就睡着。天终于亮了，雨也终于停了。已经6点多了，赶紧叫队员们起床。我们的营地扎在库乌克峡谷里，谷地呈东西走

鲁克群霍腊山谷（王吟秋 摄）

向。阴霾的乌云紧压着山头，向东跑得飞快，感觉雨还要下，我们今天要走的路大概有20多公里，路还长着呢。我们顺利跨过了乌洼达坂，下一个达坂——萨尔勒克达坂能否顺利通过，我就不知道了。

从我们扎营的地点出发约2公里就过二道桥，再行2公里多至三道桥。由此，北偏东行约3公里抵四道桥，再向前行于加干苏塔尔离开峡谷。继续沿萨尔勒克山谷西北行，约6公里就至萨尔勒克达坂下。萨尔勒克意为野羊出没的地方，汉语名称是十二条达坂。

库乌克峡谷（郑强 摄）

8点了，雨又来了，赶紧招呼队员打点行李出发。临走时，我特意招呼"高山流云"在路上照顾好小队员"灯芯草"，"前靖"和"无涯"收队，"前靖"是同班在区登山协会培训的领队，"无涯"是去年一起走乌骨道的同伴。因此，我并不担心全队后面的情况。

雨下起来了，三道桥是乌洼达坂和萨尔勒克达坂流下的雪水交汇点。马道在此转向北方。雨越来越大，马道沿着河道弯弯曲曲地向前延伸着，有时马道伸到了河边，有时又上到了山上。脚下也越来越滑，队伍行进的速度很慢很慢。我走在前面，回头望去，整个队伍弯弯曲曲地摆在了马道上，错落有致，红的、黄的、绿的等各色雨披点缀其间，在这峡谷深处形成了一道亮丽的风景线，煞是好看。

雨还在下着，雾也来了。我们一步一步艰难向上前进，队伍拉得比较开了，远处队员彩色的身影，在雨雾中忽隐忽现。我们没有办法停下来，只有前进……

终于前面有狗叫声了，我们遇到了今天的第一个牧民放牧点。略懂维语的队员春秋，使出了看家的本领，和维吾尔牧民攀谈起来。牧民是胜金乡的，刚来几天。牧民很热情，赶紧劈柴烧水。我们放下行李在此休整休整。这个牧民点是个用石头搭建的半地窝子，到处透风。屋里只有放被子的地方和炉子上方没有漏雨，其他地方都在滴答着。屋子地方不大。队员们只有站着，大家才能全部挤进地窝子里。雨还在下着，炉子被四五个队员围着，热量几乎就散不出来，但比地窝子外面好多了。

这时的风也很大，地窝子屋顶的塑料布时不时地被掀起来。后面的收队还没有上来，向外望去，雨雾中什么都看不清楚。有队员说，只要狗叫了，我们的人就来了。好办法，我们只有听狗叫等人啦！

锅里的水终于烧开了，外面的狗也开始叫了，我们的收队上来了。前面就是萨尔勒克山谷，雨继续下着。"高山流云"帮着"灯芯草"也上来了，询问了大家的状况，大家信心十足，我心里也有底了，这时已经12点了。维吾尔族牧民说2个小时可以翻过达坂，我估摸着需要4个小时。

萨尔勒克达坂在等待着我们，我们开始冲击达坂的征程。没走两步，大雪开始向我们袭来，有队员喊："是冰雹！"说着小豆子大小的冰雹就砸了下来，气温陡降。大风裹挟着雪片扑面而来，山谷两边的黑石山和整个山谷不一会儿就变成白茫茫的一片。山谷的风从达坂上迎面冲向我们，队伍小心翼翼地前行着，有队员的雨披被大风撕碎了，一会儿卷走一片，一会儿卷走一片。气温已经降到0℃以下。脚上的鞋带已经冻成雪疙瘩了。

两个小时后，我们终于来到了萨尔勒克达坂脚下。雪已经停了，风依然不停地吹着。全体17名队员基本都在视线之内，大家稍微作了下休整，继续前进。

萨尔勒克达坂——萨尔勒克意为野羊出没的地方，汉语名称是十二条达坂。真是名不虚传，我们的前面摆着数个达坂，这些达坂中只有一个可以通过，其余的达坂对面都是峭壁，根本无法通过。我们的选择如果出错，我们的队伍就将面临很大的麻烦。

萨尔勒克达坂脚下，是一个不大的平台，视野比较开阔。山下下雨时，达坂上在下雪。此时的积雪大约有15厘米厚，马道已经无法辨认了。只能依靠GPS确认方位，向达坂靠近了。

队员伊禧俪迩、老马、小李飞刀、冰等冲在了前面，为队伍开道。一个平台上去了，又一个平台上去了。眼前的达坂是我们要上的达坂吗？我通过方位确认后，改变了方向。

一道近两米的雪墙横亘在了我们的面前，队员海疆冲了上来，经过一番努力，我们终于翻过雪墙，踏上了一个新的平台。在我们的前面有四五个达坂，确认了大概方位后，我们开始了最后的冲刺！

队员海疆继续在前面探路，道路极为艰难，没有马道，探一步，走一步。恶劣的天气使我们无法吃中饭，每个队员只能依靠零食来补充体能。队员的体温下降很快，小马哥的脸已经变成紫色了。我心里很是担忧。大家深一脚、浅一脚地缓慢向前移动着，呼啸的山风一阵阵地袭来，几乎要把我们按倒在山坡上。前面队员留下的脚印，几分钟之内就被大风裹着积雪填平了。我们没有停下，我们在努力前行。

裸露的石头就是方向标，雪越来越厚，有的地方几乎到了大腿，只能爬着前行，鞋子早已进雪了，已经湿了。顾不了这些了，达坂就在前面，100米、50米，我和海疆终于来到了

萨尔勒克达坂（王吟秋 摄）

达坂。山下的森林、绿地清晰可见，可看看眼下的达坂，我不由得倒吸一口凉气。几乎90°的峭壁，我们根本无法通过。我让自己冷静下来，通过GPS，仔细确认了点位。正确的路线应该是前面100多米处的达坂。赶紧通知后面队伍继续前行。下午6点，我们终于到达3600米的萨尔勒克达坂。翻过两米高的雪墙，我们几乎没有犹豫就冲了下去。8点，队员们几乎都到了安全地带——萨尔勒克达坂下的哈萨克牧民毡房。我留在后面等待"高山流云"和他照顾的"灯芯草"。11点，他们和接应的哈萨克牧民安全抵达毡房。

我们终于安全翻过了萨尔勒克达坂。

江布拉克天山景观（郑强 摄）

我们经历一天的风、雨、雪的洗礼，终于可以休息了。

本次活动参加队员：荒漠人、前靖、小马哥、春秋、绿野、无涯、霍伽、老马、海疆、小李飞刀、冰、高山流云、灯芯草、伊禧俪迩、高工、亿峰。

补记：

萨尔勒克达坂是博格达山脉在该段的分水岭，也是吐鲁番与奇台的分界线。从山脚至山顶约3公里，从达坂下行至北坡约4公里。下山后，沿西沟溪流北行约8公里至西沟公路。西沟公路走到头就是黑涝坝，接应我们的客车就在此等候。司机小黄师傅买了西瓜和馕，大家快速补充。我们回家了。感谢全队每位队员的通力合作！感谢收队前靖、无涯！感谢探路的每位队员！感谢司机小黄师傅！

难忘花谷道
——记荒漠人探险队穿越花谷道东线

树（罗能岩）

吐鲁番自古便是当之无愧的交通枢纽。古代吐鲁番与吉木萨尔（唐北庭都护府）之间的天山深处，有六条鲜为人知的汉唐古道。这六条古道自西向东依次是：他地道（车师古道）、乌骨道、萨捍道、移摩道、花谷道、突波道。通称：东天山系列古道。

2009年5月，鄯善县雪狐户外 hero 622 组队成功打通突波道。至此，这六条古道已经被新疆旅友全部探明。

其中的车师古道，已经成为新疆旅友必走的经典徒步线路之一。而乌骨道也为越来越广大的旅友所熟知和喜爱。

以下为东天山系列古道徒步历程和难度级别：

车师古道：吐鲁番五星牧场—吉木萨尔县泉子街水文站，徒步距离约42公里。难度：5级。

乌骨道：吐鲁番胜金乡恰勒坎村—奇台县半截沟镇麻沟梁，徒步距离约50公里。难度：6级。

萨捍道：吐鲁番胜金乡硝尔托喀依—奇台县半截沟维吾尔

湾，徒步距离约70公里。难度：6.5级。

移摩道：木垒县查干布特河西沟—鄯善县连木沁镇坎托开，徒步距离约36公里。难度：4级。

花谷道：木垒县查干布特河冬公沟—鄯善县坎尔其水库，徒步距离约80公里。难度：7级。

突波道：木垒县白杨河乡—鄯善县七克台镇，徒步距离约30公里。难度：4级。

我们这次要走的就是东天山系列古道中最为漫长、最为艰难的一条路——花谷道。2005年5月1日至9日，旅友"西北偏西"和"戈壁滩"两人，耗费9天时间，完成了由木垒经冬公沟、阿克古勒达坂、乌宗达坂、有库坎尔其、坎尔其水库到鄯善的徒步穿越活动。在地图上这是一条偏东的线路，我们称之为花谷道东线。

花谷道东线穿越路线简述：乌鲁木齐—木垒—大河坝林场—石人子沟口 == 冬公沟 == 阿克古勒达坂 == 有库坎尔其 == 库木其布拉克达坂 == 干沟—鄯善—乌鲁木齐（== 为徒步线路）。

2009年7月3日，清晨6点，友好商场门前，16位山友，同乘开往木垒的包车。我们这次为期4天，穿越花谷道东线的探险之旅，就这样开始了。至7月7日凌晨2点回到柴窝铺。共耗时92个小时，还有4个小时就是整四天四夜。全程徒步距离约80公里。

探险队人员介绍。领队：荒漠人，一位新疆户外资深领队之一，户外经验异常丰富，执行力超强，体力超群，同时还是位极度细心负责的领队。跟他走路，让人放心，安心。领队：老许，同样是新疆资深的户外领队，对地形图、GPS等知识和技术了如指掌，堪称技术户外、精准户外的代表。同时，老许还是文化户外的典范，尤其对西域文化，特别是对东天山系列古道的历史文化背景方面的研究，有着很深的造诣，和荒漠人堪称新疆户外的"黄金搭档"。队员：头灯、李琴、好家乡、石头、背包者、山人、龙影、hero622、春秋、狼王、高山流云、树、狼烟队长、许姐。

第1天：7月3日下午2点到达徒步起点——木垒查干布特河上游的石人子沟口，整个下午，队伍行走在天山北坡的河谷、草甸里。一路上青山碧水、绿草如茵、牛羊成群、鸟语花香。

木垒山地风光（罗能岩 摄）

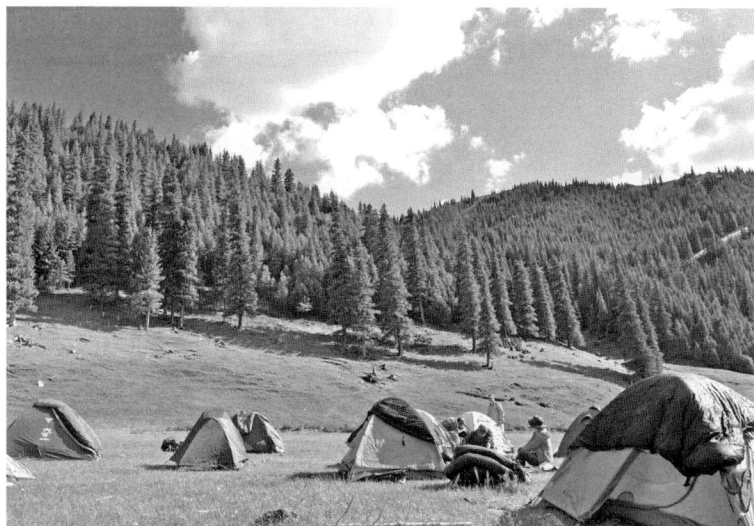

冬公沟谷地扎营（罗能岩 摄）

大家走得轻松愉快，至晚上7点扎营。

营地就设在一小河边的大草台上，四周群山环绕。

倾听着小河的潺潺流水声，呼吸着扑鼻的花香和淡淡的青草味。仰卧在蓝天白云下，品味着木垒南山草原的原始与静美，不由让人赞叹——花谷道真的很美！

第2天：7月4日早8点拔营，向阿克古勒达坂挺进！

沿途随处可见由石头堆砌的古墓，还有用石头雕刻的墓碑。这一切似乎都在向我们讲述着花谷道曾经的繁忙和辉煌！

这里是花的海洋，我们行走在用鲜花编织的地毯上。

走着走着，一个奇怪的现象发生了。我们发现，离阿克古勒达坂越近，那些五颜六色的野花越少，而白颜色的野花却越来越多！在临近达坂处，干脆就成了白色的花海！

老许告诉我们，阿克——白色（哈语），古勒——花朵。阿克古勒达坂——意为长满白色鲜花的达坂。这就是阿克古勒达坂名字的由来，一个浪漫美丽的名字！

很快就来到阿克古勒达坂脚下。3000多米的达坂，相对高差近千米，只用了2个多小时，就全体翻越成功。这可是我走过的旅队里最强悍，最整齐的团队了！

接下来是将近20公里的坎尔其河谷下降。不断跳跃巨石，涉水，大家脸上表情也开始变得认真起来，初步领略到吐、鄯、托盆地的酷热和花谷道之艰难。至晚8点，当领头快走的"强驴"——背包者，第一眼看到一牧民闲置的羊圈时，一头扎进去，就再也不愿往前迈一步了。领队荒漠人随后赶到，看到羊圈也是兴奋异常，当即决定，这就是我们第二天的营地了。

第3天：7月5日，先是沿坎尔其河谷一路狂奔12公里。依然是跳巨石，跨河道，脚下体会着花谷道的艰辛。心中猜想着，期盼着早点走出坎尔其河谷，因为不断地在巨石间跳跃，严重考验着我们的膝盖和忍耐力，这样的跳跃会让人崩溃的！

突然，在河谷边一个较大的牧民点，遇到一群和我们一样的山外来客。不过，他们是一群进山找矿的寻宝人，是开着车绕了很多很多的山路进来的。简单的相互介绍，同样是客人的他们，

坎尔其河谷（罗能岩 摄）

竟然拿出大西瓜来招待我们！要知道，这西瓜可是他们费了好大的劲才运进山里的！又热又渴又累的我们，见到了久违的大西瓜，已经顾不得过多客气。结果可想而知，就差连瓜皮一起吞了。

　　吃过西瓜的我们，跑得更快。转眼就走完了余下的河谷路，来到了坎尔其河谷的大瀑布群河段，已经无法沿河谷继续下行，必须翻越一个叫库木其布拉克的达坂，绕过这段河谷才可以继续前行。

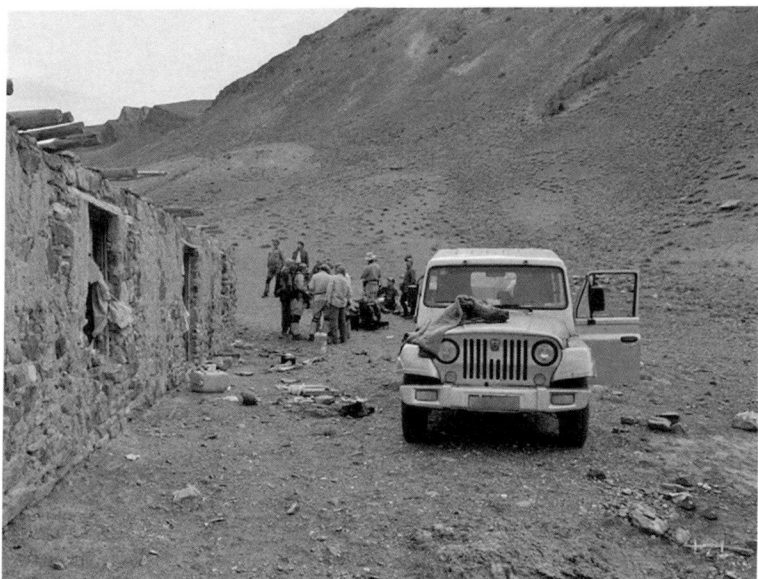

坎尔其河谷放牧点（罗能岩 摄）

终于要离开这让人崩溃的河谷了，心中不免兴奋和期盼。

库木其布拉克达坂，海拔不过2800米，相对高差也就五六百米，想想就咱们这旅队的实力，最多一个小时应该就可以搞定。离开河谷前，荒队再三叮嘱队员，把水备足了。说实在的，起初，还真没有拿这库木其布拉克达坂当回事。不过，看在荒队的认真劲上，我还是把所有的空瓶都灌满了坎尔其河的河水。

后来的事实证明，那几瓶坎尔其的河水救了我大半条命。

接下来的行程，让我们真正领略了天山南坡与北坡，在山势、道路和气候上的巨大差异。

由于花谷道上的这段道路，已经很少人马通行。部分路段连马道的痕迹都没有，加上地形图标注的误差、GPS坐标点的误差，为了找到通过库木其布拉克达坂的垭口，我们冒着酷暑，最少误走了5公里的上升山路，错误爬升高度三四百米，多耗时2个小时以上。

还有35℃度以上的高温，等大家都爬上库木其布拉克达坂的垭口，看看表，我们已经耗用了近4个小时。大家所带的水也都只剩下个瓶底了，个别队员已经完全断水，不管接下来的路怎么样走，库木其布拉克达坂，我们终于还是找到了你！站在达坂垭口，心中些许自豪与得意！

下达坂的路是高差近800米的下降路段，并不难走。可是，这时已经是下午4点，炽热的空气里没有一丝凉风，要不是经验告诉我要控制饮水，我一口气最少能喝下5瓶水。

翻越库木其布拉克达坂（罗能岩 摄）

路边的马匹干尸在警示我们，水！水！水！在这样的酷热天气下，行走在严重缺水的无人区，断水意味着什么？

渴，已经远远超过累，成为此时最大的困难。

队员们嘴上开始起泡，裂口，随时都有中暑的可能。

危险在一步一步地向我们逼近，必须马上找到水源，补充饮水。大家迅速下降，到达地形图上标注的水源地，盼望着能够及时补充身体里的严重失水。可是，当我们满怀希望来到地形图上所标注的水源，竟然连一滴水都没有！

水，到底在哪里？

失望加绝望！

看着大家干裂的嘴唇和有点绝望的神情，荒队果断决定，在一巨石的阴凉底下休整。一边派人寻找水源，一边静待太阳落山，最大限度减少水的消耗。大家已经在做赶夜路的准备，因为从地形图上看，再走12公里山路就可以绕回到我们上午离开的坎尔其河谷，我们必须赶到那里才能有水。难忘荒队那两根救命的黄瓜，危难之时，被均匀分成了16等份。

正当大家绝望之时，突然，远处传来农用车的突突声！本来已经打蔫的队员像是喝足了鸡血，一下子都来了精神。很快，两辆牧民拉羊毛的农用车被我们"强行"拦截下来求助。

救命的黄瓜（罗能岩 摄）

地图上标注的泉眼（罗能岩 摄）

牧民告诉我们，水源就在我们前方500米处！哈哈！原来地形图上的泉眼并没有标错，只是位置偏了一点点！和我们开了一个不大不小的玩笑而已。不走了，就地扎营，在新疆缺水地区徒步，水决定一切！

牧民还告诉我们，这是方圆几十里地的唯一水源，常有大羊（盘羊）光顾饮水。我赶紧换上那300毫米的微距镜头，希望能拍下盘羊那小牛一样大的身影。可能是我们这群不速之客的到来，早已惊吓到它们，直到第二天的早晨，连个盘羊的影子也没有看到。

第4天：7月6日，早8点半拔营，一路下坡，脚下不时窜出几只呱啦鸡，调节着我们这群赶路人的情绪。12公里的下坡山路只用了两个半小时，就来到我们昨天离开的坎尔其河谷。

经历过严重缺水的我们，看到坎尔其河水真是倍感亲切。跳跃巨石，涉水好像也没有昨天那么令人讨厌了。沿河谷继续前行约1公里，一片绿色跳入眼帘，走在前面的队员已经兴奋地高声喊叫。

我预感到前面肯定有惊喜在等着我们，等着我们这群在山里窜了四天的人。再走近点，一个传说中的世外桃源映入我们的视线。

一大片的古杏树林子，还有桑葚树、核桃树和海棠果树……太不可思议了！

前面的队员已经跃入果园，顾不得说话，山里的杏子刚刚熟透，还有甜甜的桑葚挂满枝头。"人间四月芳菲尽，山寺桃花始盛开。"我们真的来到了陶渊明笔下的世外桃源！

荒队讲，余下的路是一条长约12公里的干沟，和一座不足2000米的小达坂。除了强调大家要带足水外，就没有再说什么。

想想快要出山了，又身处这难得一遇的果园，许多队员连午饭都由水果代替了，有的队员还来了个"吃不了兜着走"。

荒队特别关照，给了大家两个小时的吃午饭休息时间。一切是那么悠闲，一切又是那么惬意。从昨天中午到现在，在不足24小时的时间里，我们体会了由地狱到天堂的灵魂升华。

暗自感叹，这趟花谷道我真的没有白来，昨天所承受的极度干渴之苦真的很值。

尤库坎尔其牧民点（罗能岩 摄）

中午1点半，吃饱、带足、拿够的我们，恋恋不舍地离开果园。踏上了花谷道最后一段路——干沟。

之后不久，我们很快就领教了干沟的厉害。

骄阳似火，气温接近40度。虽然达坂不高，可是，这里的闷热比昨天更加让人难熬。

每爬升50米，就会消耗半瓶水。近6公里的上升路段，几乎耗尽了我们绝大部分的饮用水和体力，特别是登上干沟达坂的最后500米路段，那可真称得上是绝望达坂。

事实再次告诉我们，行走花谷道，千万别拿海拔高度给一座达坂定难度系数，干沟这12公里路，我们走了整整4个小时，队员们脚底的大血泡，绝大部分都是干沟这段路所赐！

下午5点半，先头队员已经冲出山口，吐哈油田井口的火焰就在不远处，像点燃的一把把巨型火炬，欢迎着我们这群来自远方的山友，火焰提醒我们，重新回到了人间……

干沟达坂（罗能岩 摄）

翻越天山花谷道西线：木垒—鄯善天山古道探险穿越日记

荒漠人（杨贵新）

在天山深处，隐藏着六条鲜为人知的汉唐古道，自西向东依次为：他地道（车师古道）、乌骨道、萨捍道、移摩道、花谷道、突波道。这六条古道，也是新疆徒步线路之精华。

老许是我们木垒—鄯善（花谷道）探险穿越活动的队长，在网上发布活动帖子时，他是这样描述的：花谷道"右道出蒲昌县界，西合柳中，向庭州，丰水草，通人马"。又吐鲁番文书中有挎谷峰的记载，说明花谷道又作挎谷道，挎谷峰似因两谷相交得名，具体线路为从鄯善之东的台子北行，沿克尔其河，经达匪，北经罗护守捉而至山北。按由罗护守捉北上，经独山守捉出山，乃进入今木垒境，参阅《新唐书·地理志》所记："自罗护守捉西北上乏驴领，百二十里至赤谷；又出谷口，经长泉、龙泉，百八十里有独山守捉；又经蒲类，百六十里至北庭都护府。"独山守捉即木垒油库古城，蒲类县即今奇台唐朝墩古城，赤谷即连接罗护与独山的山道，据此，此路所经非柳谷，而是赤谷，则赤谷在《西州图经》中也被混称为柳谷。

2005年5月1—9日，旅友西北偏西和戈壁滩两人，耗费9天的时间，完成了由木垒经冬公沟、阿克古勒达坂、乌宗达坂、有库尔坎尔其、坎尔其水库到鄯善的徒步穿越行动。在地图上是一条偏东的路线，我们称之为东线。而我们这次木垒—鄯善（花谷道）探险穿越活动，计划走偏西路线，我们称之为西线。两条线路在木垒和鄯善两地都有交会点。

2006年5月1日　晴

早上9点半，我们出发了，向花谷道进军。

这次穿越活动，一共有18名队员。年龄最大的50岁，最小的只有13岁，就是网上的小名人——头灯。老许是队长，野牦牛和我是协助。队里的年轻人占了一半，还有4位女性。在人员搭配上，我的感觉还不错。

由于老许的关系，鄯善县委、县政府对这次活动给予了强有力的支持。队员们坐在面包车上，乌鲁木齐至木垒，大约有300公里的旅途，感觉都很轻松。中午2点左右，我们顺利抵达木垒。木垒是一个小县，20年前我曾经去过。县城建在半山坡上，全县的商业中心就是十字路口。当时一个笑话一直留存在我的记忆中，说木垒产苹果，每当苹果熟了的时候，在十字路口都有很多苹果摊。你在买苹果时，如果不小心掉下一个苹果，苹果就会顺着坡滚下去。等你追上苹果，一抬头，呀！你已经出县城了。20多年过去了，今天的木垒已经大变样了，街道、楼房已经很多了，但小城宁静、安逸、清淡的格调依然没有变，这是边远小城特有的魅力。

吃过午饭，我们要向南沿着木垒河向山里进发。在出县城时，我看到了20年前老木垒的大十字街道，十字路口的那些老店铺还在开张营业，只不过店铺外面多了些时髦的广告，老许和好家乡每人还在一家店里买了一个老式马灯。

木垒河是木垒县的主要灌溉河流。河流在山里被称为大河坝，出山后叫木垒河。离开县城，沿河逆流而上不远就是龙王庙水库，这是20世纪50年代由兵团人修建的，后交给当地政府管理了。一过水库，路况就越来越糟。面包车在崎岖的山路上小心翼翼地前行，开车的维吾尔族司机卡师傅紧皱着眉头，一个劲地叫唤。车过了干沟口水电站，前面的路实在无法前行了，这里就是我们向花谷道进军的出发点，这里距我们计划的出发点——大河坝林场有5公里左右的路程，老许、野牦牛和我商议，今天赶到大河坝林场住宿即可。年轻队员已经冲出去很远了，我拿着临行前制作的地图，叫喊着告诉大家，在大河坝林场住宿，路程5公里，接着队员们向着大河坝林场一路狂奔。

由于靠近林场，一路上遇到很多牧民，基本上都骑摩托车，居然没有骑马的。我们一边走一边问，几乎所有人都说，不远，在前面。有位牧民告诉我，不远，1公里。经验告诉我，山里牧民说1公里，可能就是3公里、5公里，我想只要方向路线不错，总会到达目的地。直到我们遇到一个赶驴的牧民，他告诉我们，大河坝林场已经过去了，前面是度假村。我这才恍然大悟，大河坝林场只是一个有两间平房和一个栏杆的小地方。我们没有留意就过去了。又走了不一会儿，我们前面有一座拱桥横跨在河面上，这里是花谷道两条线路的交会点：一条向东走，是西北偏西他们走的路；一条向西南，是没人穿越的路。在桥上我和老许争论了一番。老许坚持走西北偏西探过的路，这条路相对比较平缓，但路线稍长。我感觉时间上有点紧，因此我坚持走西南线路。最终我们决定走西南线路，一条谁也不知道前方是什么的路……

晚8点左右，我们顺利抵达了牧民们说的石人子度假村。

2006年5月2日 晴

早晨6点，就有队员钻出帐篷叫喊了。也许是晚上的小酒的作用吧。昨日一路的狂奔，再加上我背包的背负系统没有调节好，一路走来，背包勒得我两个肩膀生疼，早晨感觉还不舒服。

我们留宿的度假村名叫石人子度假村。距县城大约有30公里，在大河坝边上修建的。这里有一排砖混结构的房屋，大概有20间。由于现在不是旅游季节，度假村里只有一户牧民看守着，这是位女主人，还有一个八九岁的小男孩。野牦牛和女主人商议了一下，女主人答应提供两间房屋，年轻队员在房屋前面的水泥地坪上搭帐篷。

女主人的小男孩似乎是第一次看到我们这些背包客，一双好奇的眼睛和两条蹿来蹿去的腿，使你在任何角度都可以看到他。有队员把随身带的巧克力、糖果给了他，他高兴得一蹦一跳的。由于冰雪融化，河里的水很浑浊，小男孩就把家里的清洁水，一勺一勺地给我们送过来，我望着小男孩那双稚嫩的眼睛，心里很不平静。

太阳已经升起来了，湛蓝的天空上，挂着几片云彩，河里的水也比昨晚小多了，也不浑浊了，昨晚上还下了一阵雨，把大家的帐篷都淋湿了。趁着阳光，大家在河边挂起了一节帐篷彩墙，五彩斑斓。

我们就要向山里进发了，昨天野牦牛看到队员小兔背包太重，临行前就把小兔带的一些物品分给年轻队员。有队员就开玩笑对野牦牛说，你租不到驴，我们就是你免费租用的"驴"呀。惹得大伙哄堂大笑。

今天我们的计划是沿着台然河南行，争取翻过天山南北分水岭——博依勒克达坂。

出发时，天空晴朗，空气清新，满山的野草已经有一寸左右，四周的山坡一片碧绿，牧民的羊群还没有转过来，山里显得很寂静。我们沿着河道，逆水而上。这一带的山行大都是南北纵向走势，沟里就是河水，地形相对很好确认。我拿着地图和所有队员一样，在河里跳着石头，在台然河两边忽悠来忽悠去的。这使大家想起苏拉夏，不过这里比苏拉夏的风景要好了许多。

海拔在不断升高，1900米，2100米，2500米……

河水也在不断变小，河水上面覆盖的冰层也越来越多，越来越厚。不知是海拔高度上升得太快，还是大家没有适应这个环境，队伍的行进速度一直很慢。或许是前一天狂奔所导致的吧。下午5点左右，我们已经走进了博依勒克达坂，但我们几个年龄大的队员已经是筋疲力尽了，野牦牛和我商议了一下，我们该扎营了。前面一个山脚下是个羊圈，我走过去一看，这里扎营太好

博依勒克达坂下扎营处（许天喜 摄）

了，简直是天山深处的"星级宾馆"。

我们今天就在这里扎营了。

俗语说，山里的天，小孩的脸，说变就变。大家刚钻进帐篷，雨就来了。

2006年5月3日 多云

位于天山深处的博依勒克达坂，是木垒和鄯善县的交界，也是天山南北的分水岭。它是木垒河的发源地之一，同时它也是鄯善坎尔其河的发源地之一。

它的海拔高度是3287米。在鄯善，当地维吾尔族牧民又叫它琼达坂。穿越花谷道，它是我们的第一道难关。

昨天傍晚雨来时，所有队员都钻进了帐篷，大呼二呼起来。雨不停地下着……

到晚上八九点钟，睡了一觉起来。天已经暗了，雨还没有停的意思。肚子也饿了，赶紧折腾点吃的。好家乡的帐篷没有支好，雨渗进了帐篷，不得不起来，重新固定。鲲鹏、山鼠、伍子和李刚把两顶帐篷组合起来，简直是一个"总统套房"！

清晨，帐篷"咔嗒"一声响，我以为帐篷塌了。赶忙钻出帐篷，哎呀！整个四周白茫茫一片。地上的积雪有十几厘米厚，我赶紧叫喊大家快起来。厚重的积雪堵压着所有帐篷，门都打不开。打开 GPS，我们现在的海拔高度是 2900 米，距离达坂的直线距离约 2 公里，情况看来比较严重。老许、野牦牛和我经过简单商议，决定迅速拔营，把不重要的物资或多余的食品全部放在羊圈里，减轻背包重量。由北归、寒风、天生胆小在前面当先锋，开始翻越博依勒克达坂。

9 点多钟，我们踏上了翻越达坂之路。羊圈旁的河流已经结冰了，这是一段呈"L"形的山谷，山风顺着谷底向上猛吹。我们小心翼翼地向前移动着，覆盖在河流上的冰盖也越来越大、越来越厚，我们有点像走在冰川上。前面的路渐渐陡起来，后面的风越吹越大。我们没有办法停下来，只有坚持向上、向上，快到达坂了，风变得异常凶猛，脚下的积雪被风卷起，漫天飞舞。眼前除了前面若隐若现的队员身影，几乎是白茫茫一片。前面是年轻队员，我、徐姐、野牦牛、老许在最后艰难地向前移动着，看见了达坂的边际线，20米，10米，5米，我终于站在了达坂上。不远处有个身影在招呼我，原来是队友天生胆小，他告诉我旁边山坳可以避风。原来他怕后面的队员迷路，就站在大风里坚持帮助后面的队员。

12点左右，野牦牛队的18名队员全部踏上了博依勒克达坂。风还在继续猛烈地吹着，眼前风雪弥漫，能见度只有几十米，我看着地图所描绘的下山路线，心里发慌。我看不清周围的山形结构，只有根据指南针和GPS确认的大致方向前进。下达坂的路相

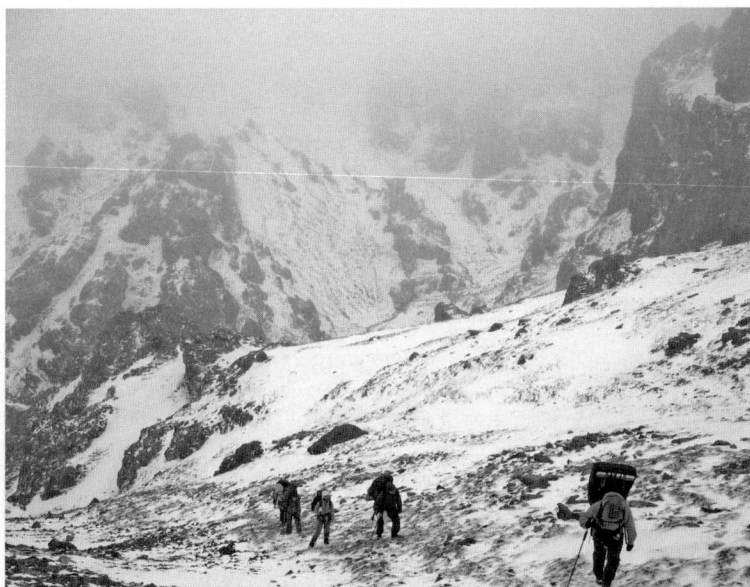

翻越博依勒克达坂（许天喜 摄）

对还比较平缓，在风势稍弱的间隙里，我终于看到了山的走势，我们没有错。按照地图的描述，我们终于走进了琼塔什谷地，这是鄯善坎尔其河发源地之一。

走进琼塔什河谷，刚才呼啸的山风就一下子没了。大家的心情似乎也好了许多，我们顺着河谷继续前行。尽管河谷里有一段峭壁，也没有挡住我们的步伐。然而，河谷里的一个瀑布把我们挡住了。我看着地图，告诉大家，对面山上有马道，可以绕过瀑布。现在已经是中午了，吃饭后，我们上山绕过去就可以了。北归和寒风还有小兔说，他们先上去探路，我们后上。就在我们上山的时候，老许的对讲机里传来了北归的声音：老许，上面没有路……

听到北归说没有路，我很纳闷，地图上有一段小弧线，分明是绕过瀑布的线路，怎么会没有呢？其余队员都开始上山了，老许、野牦牛、我、秋子在最后。我们的意见是上去再说。谁知天生胆小又演了一出找人的插曲。大家都上山了，谁也没留神，天生胆小却顺着河道向瀑布走去，走着走着，他突然发现居然有人的脚印和他走的方向相反，他怀疑起有人倒穿着鞋走路，他开始沿着河道找起人来。幸亏北归在山上看得清楚，在对讲机里喊着说有人在河道里。我们几双眼睛在河道里扫描了好几遍，才发现穿着红色冲锋衣的天生胆小，几个嗓门又吼了一通，让天生胆小上山，路走错了。谁知天生胆小不肯上山，说有人走错路了，他要找人！最后一群人吼了一阵，总算让天生胆小返回上山的路。

等我们全部队员登上地图上所描述的山上时，情况确实很严重，山上看起来能下的地方，几乎都是峭壁。我看到有一个垭口，就冲了下去，下面还是峭壁。队员们在山上的平台等待，北归和寒风继续向东面移动。我有点不甘心，上来后我又沿着另外一个垭口找路，终于我发现了下山的路。等我返回平台后，野牦牛告诉我，北归在东面的垭口找到路了，全部人马已经走了。在这个时刻，保持步调一致是最重要的。我急忙背起背包，追赶前面的队伍。北归找到的这个垭口，和达坂差不多，海拔高度也在3000米。后来，大伙提议把这个垭口称为：北归垭口，或北归达坂。

北归垭口下面是一条河谷，与琼塔什谷地相连。从垭口下来的路很陡，队员们相互搀扶着，向下移动，途中鲲鹏让我喝了点红牛饮料，我感觉好多了，刚才在山上找路，使体力透支得很厉害。

队员们又走进琼塔什谷地了，马上我开始忽悠，顺着河谷向下，没有达坂了。队员们又开始狂奔。

琼塔什谷地已经泛绿了，但两边的山峦光秃秃的，几乎寸草不生，除了相对高点的山峰上有些积雪，其余的山都是褐色或黑褐色，给人一种恐怖的感觉，浑身凉飕飕的。或许是一天几乎翻了两个达坂的缘故，队员们走在谷地里，也没有多余的话，只是往前走。晚8点左右，我们的眼前又出现羊圈了；我们的宾馆到了，该扎营了。

琼塔什谷地扎营（许天喜 摄）

2006年5月4日　多云

昨晚睡得挺好，越来越多的队员加入了扯呼的行列，早晨竟然很少有人承认自己扯呼了。

早晨为了选择路线，我和老许争论了一番。

沿河流走，不翻达坂，没有路，需要自己去探；沿马道走，路远，需要翻达坂。最后一致同意老许的意见，沿马道走。

南疆的山势地形非常复杂，和北疆相比，其难度超乎想象。在二三百米的路线上，沟沟相连。一不留神，麻烦就来了。

离开我们的"羊圈宾馆"不远，沿琼塔什谷地的河水开始拐弯进入峡谷。我们也由此向西进入克其克布拉克，这是一个放牧点。还是北归、寒风和天生胆小在打先锋。年轻人是第一梯队，老许、女队员和我在后面，组成第二梯队。小兔这两天精神不佳，除了第一天看见小兔在后面，以后就再也没看见她。

当我们来到河水拐弯处，我们面前有两条路可选。等走了近3公里路时，我们发觉选错了方向路线，只能赶快返回。等到了中午我们才走进克其克布拉克。忽然我们听到了狗叫声，越往前走，狗叫得越厉害。几天来，我们第一次遇到牧民了。终于我们在一个山根下，看到了狗和牧民居住点。天已经是下午了，时间有点紧了，今天我们计划翻过库木达坂（也叫沙子达坂），队员们都急匆匆地向前赶。按照地图，前面不远处应该向西拐进入另一条沟。一切似乎都挺顺利的，野牦牛有点担心，问我线路对不对，我感觉没什么问题。队伍在继续前进，下午4点多时，达坂就在眼前了，天气开始变了，黄豆大小的冰雹开始向我们袭来，达坂的坡度很大，队员们一个个艰难地向上攀着。当我们登上达坂，另一侧的景象令我大吃一惊。地图上的库木达坂另一侧是一个山谷。这个达坂则非常陡峭，我们又走错了。寒风等人要冲下达坂，被野牦牛和老许强行阻止了。漫天的风雪开始向我们扑来，我无法确认我们现在的位置。这个达坂和库木达坂的经度几乎相同，但纬度相差1分，也就是说我们和库木达坂有大约2公里的距离。这时天生胆小说，山上有玛尼堆。老许说，在吐鲁番地区，山上的玛尼堆是指方向的。我们只要沿着玛尼堆所指方向就能到达库木达坂，因此我们决定继续向第二个玛尼堆进发。

狂风暴雪疯狂地袭击着我们，队员们一步一步艰难地前进着，此刻回想起来，我都搞不清楚我们是怎么上去的。第二个玛尼堆到了，暴风雪挡住了视线，前方一片灰暗。我无法确认我们的具体位置，只有沿等高线继续前行。情况越来越糟，趁着风小的间隙，我发现我们所处的位置和地图上标示有很大差别，不能前进了，得赶快回车。

　　野牦牛迅速召集大家返回到达坂处。同行的秋子明显体力不支，我招呼鲲鹏帮助秋子下山，到了达坂处，风雪已经变小了，可以看见达坂下面的羊圈了。野牦牛、老许和我商议了一下，决定下达坂在羊圈扎营，同时野牦牛看着周围的山形说，下面羊圈这条沟有可能和我们在克其克布拉克见到的牧民放羊点是通的。他提议下山后由他和老许沿沟找牧民。我至今还很纳闷，野牦牛在遇到问题时所表现出的冷静和对路线的直觉判断是从哪儿来的。

　　雪基本上停了，下达坂的路也已经看不清了，大家只有小心翼翼地向下滑动。秋子的体力已经明显透支，鲲鹏说由他帮着秋子下山，说着他就拽着秋子下山了，一眨眼的工夫，我们还没走两步呢，鲲鹏已经到山脚了。北归、寒风也冲在前面。幸亏下山的道上都是细沙，阻力大。所有队员都平安到达谷地的羊圈。谷地的雪下得不多，但这里平坦的地方很少，大家只有分散扎营了。许姐和沙漠红柳找到一块稍平一点的地方，我看可以，就赶紧支帐篷，鲲鹏、山鼠、小伍子、李刚的"连帐总统套"，看来是合不起来了，只好分开。

我们走错的达坂（许天喜 摄）

　　天色已经显暗了，野牦牛和老许急着要找牧民，我赶紧煮了点紫菜汤，又加了点面条。他们两人随便吃了点，就要走。沟里的风很大，好家乡带的衣服多，牦牛又加了两件衣服就出发了。我的眼前一片迷茫，我无法判定野牦牛和老许是否会找到牧民。营地周围没有水，只有拿雪来补充水。于是我找了一个塑料袋，拣雪厚的地方用锅刮雪，费了不少劲，把塑料袋装满了雪。吃饭和饮水看来不成问题了。但队员们包里吃的东西和我一样。我随便凑合吃了一点，就打开手电开始查看一天来所走过的线路。GPS告诉我，我们目前所处的位置已经偏离了地图路线。回想一天来我们走过的路线，我们把一天的大部分时间都花费在走错路上了，真正按地图走的正确线路并不长。明天就是第五天了，按照计划我们应该抵达鄯善县城。看着地图上几十公里我们还没有走的线路，明天我们能到鄯善县城吗？我真的不敢想，眼前的地图、GPS也无法理清我满脑子的问号，我期盼着野牦牛和老许会找到牧民，睡在旁边帐篷里的好家乡信佛，我想他或许也在祈祷佛祖保佑我们。突然，外面北归在高喊：老许他们找到牧民啦！明天牧民给我们带路。这一喊声，对全体队员来说无疑是福音呀！我也可以安稳睡觉了。

2006年5月5日 晴

昨夜里11点多，野牦牛和老许回来了，牦牛告诉我，沿着山谷向北然后向东一拐就到牧民放羊点了。由于牧民只懂一点汉语，沟通得不好，他有点担心。

早晨7点左右，野牦牛就喊起来了，早饭不吃了，顺沟走到牧民放羊点再吃饭。天晴了，大伙的心情似乎也好了许多。拔营的速度也非常快，我还是按部就班地收拾着，等我离开时，所有人已经走出很远了，真够神速的。

克其克布拉克放羊点有两位年轻人，其中稍大的一位叫马哈苏木，30岁左右。他们是给羊的主人——"老板"放牧。条件非常艰苦，没有毡房，只在山崖下铺了条破毛毡作为栖息处，旁边是锅灶，架着茶壶，正在给我们烧开水，山里没有柴火，草根是唯一的燃料。他们的锅里还剩有一点"乌麻什"（白面糊糊）。秋子昨晚没吃饭说要吃一点"乌麻什"，我不知道她是怎样吃下去的。几年前，我去库尔楚大峡谷时，也吃过一次，如果没有那一碗"乌麻什"，我可能就走不出当时的山谷。

等了许久的水终于开了，大家只有喝水吃馕了。牧民带的馕有半面袋子，我们的食物也紧张了，野牦牛就招呼大家拿点牧民的馕，谁知牧民的馕在野外放的时间太久了，硬得像块石头，简直无从下口。我无法搞清牧民是怎么吃这石头馕的。野牦牛私下又突然告诉我：沟通有问题，他们要等老板来后，再领我们翻越达坂。老板何时到？今天。太宽的时间段，山里牧民的时间概念和我们不一样。我们必须马上走。我走上前去，随手拿了一大一小两块石头，和马哈苏木在地上画起图来，小石头是他，大石头是我们、达坂、他的房子。小石头在前运动，大石头在后。他一下子就明白了。他朝我微笑着表示同意。我开玩笑说，恰达可，巴吗？（有问题吗）约克！（NO！）。我们终于走上了正确路线。

南疆山里的牧民放羊，早晨带壶水，怀里揣着块馕就跟着羊群出去了。到太阳落山时才随羊群返回放牧点，晚上才做一点"乌麻什"之类的饭，生活相当艰苦。但他们非常纯朴、善良。当我们遇到麻烦时，他们提供食物、水，马哈苏木甚至想杀只羊来招待我们。

马哈苏木把羊群交给同伴，就带着我们上路了。我们继续沿着昨天走过的路向南前行。到了向西拐的沟口，他没有拐，哦！原来我们错在这里，我们继续前行，不到200米，又出现了向西拐的沟口。我们随他拐了进去，继续前行。又看见玛尼堆了，这是方向，我们终于看见了海拔3100米的库木达坂。

为了加快速度，全队不要求统一休息了，谁累了自己停下来就可以了。队里的年轻人组成的第一梯队跟着马哈苏木一直冲在前面，老许已经当了好几天的收队了，今天还是金牌收队。我们几个年龄稍大的队员一路走走停停，和第一梯队的距离是越拉越大，当我们到达库木达坂时，第一梯队已经登上了达坂。马哈苏木该返回了，遇到我们时，他又帮助秋子把背包背上了达坂。一个达坂他上了两次，面对他的微笑，我真不知说什么好，野牦牛实在过意不去，给他塞了50元钱，他推让着，用蹩脚的汉语说"我们是朋友"。我站在达坂上，望着他远去的身影，看着周围连绵起伏的山峦，我的心情难以平静。马哈苏木让我感动，徒步让我感动，这大山让我感动。

　　翻过库木达坂就是山谷，谷底已经绿了，有明显的马道，路也好走多了，老许终于从后面赶上了我们，前面的第一梯队早已无了踪影。

　　这段谷地大约8公里长，之后就向东进入修因路可峡谷。在峡谷口有岔路，老许的对讲机里又传来北归的声音，说好家乡一哨人马已经走出有半小时的路程，估计是他们希望今天赶到鄯善。我看着地图说难，老许开玩笑说，如果能飞，可以飞回去。

　　中午时分，全体队员在修因路可峡谷里集合起来，我们的探路之旅已经5天了，很多队员由于工作需要，6号要上班了。所以急着要走，我告诉大家，走出修因路可峡谷后要向南走10多公里的旱路，才可以进入坎尔其河的主河道，沿着河道走就是这次探路之旅的终点坎尔其水库。有急事的现在组成一个小队先走，没有事的走慢点。修因路可峡谷大约有5公里长，很像苏拉夏河谷，走路就是跳石头，走起来很费劲，速度也很慢。峡谷里弯很多，河水由西向东流淌，快出峡谷时，河水全部渗没了，谷底变成了干枯的河床。5点左右我们终于走出了修因路可峡谷，该拐弯了。突然有人说前面有牧民，太好了，有牧民我们就OK了，牧民现在是我们最亲密的朋友。

这里向南拐的沟叫野韭菜谷，也是牧民的东窝子，放羊的牧民叫木沙，50多岁了，年轻时曾经外出闯荡过，汉语说得很好。他和儿子在这里给老板放羊。我们的先锋小队在这里没有拐

野韭菜谷放牧点（徐姐 摄）

向南，而是直接向东走了，木沙老汉看见后赶忙叫儿子冲下来，高喊着：不买到！不买到！把我们的先锋小队拦了回来。木沙老汉告诉我，从这里到鄯善需要一天的路程。因此，我就想在这里扎营，看看周围光秃秃的山峦，我很担心水的问题，木沙老汉伸出小拇指的肚部说，我们有这么大的泉水，在滴答、滴答地流。我们有18个人，这点水够吗，木沙老汉瞟了我一眼说，600只羊都没问题，何况你们这些人。于是，我就大声宣布：今天就在这里扎营。

2006年5月6日 晴

木沙老汉的放牧点在野韭菜谷里，距沟口有1公里左右的路程，野韭菜谷是一个南北走向的谷地，木沙老汉说沟里有很多野韭菜，但我们一路上谁也没有看见。

这一带应该属于天山南部的中山带，由于年降雨量偏少，这里的主要植被大都是麻黄草、刺棘之类的耐旱植物。可供牲畜啃食的牧草很少。这里的山势都很险峻，因此牧民们通常饲养的家畜都是山羊。

木沙老汉的放牧点的条件非常不错，居然有一个毡房。木沙开玩笑说如果你们全部进去，就只能坐了。最后决定是老许和头灯、4位女队员住毡房，其余男生继续住帐篷。这里以前可能是河床，地上全是石头，想找一块平地还真有点难。捡了一会儿石头，总算有平地可以扎帐篷了。

帐篷里的人忙着烧开水，这里的燃料是很匮乏的，多年生植物的根是他们唯一的柴火。我们的先锋小队急着要和家里联系，木沙老汉乘机忽悠说，沟上面的高山上，有手机信号。大家一听，真是一片欢呼。最后大家决定由木沙带路，老许骑着木沙的骡子，天生胆小说他着急，要走路上去。望着南面的高山，我头都晕了，天生胆小真是劲大。临走时木沙老汉嘱咐儿子做些汤饭。

帐篷里很暖，剩下的人几乎全部挤了进来，木沙儿子放面团的案子都不知道应该放哪了。他人很老实，手挺快，土豆、肉和面不一会儿都准备好了。徐姐说帮着揪一下面片子，鲲鹏也下手了，看着鲲鹏麻利的动作，自然他成了这里的大厨了。帐篷里的人似乎都在欣赏鲲鹏做饭的手艺，面很快揪完了，鲲鹏突然招呼伍子把西红柿酱和醋拿来，所有人都惊讶地看着这一幕。几袋西红柿酱和半瓶醋倒入锅中，满锅的香气扑面而来，所有人几乎都在说：香！鲲鹏拿着勺子在锅里不停地搅动着，时而舀一口汤尝尝，看着他，我嘴里的口水一个劲地往肚里咽，此刻我想所有在看鲲鹏的人都在流口水。汤饭终于熟了，野牦牛要过勺子说饭由他分，每人3勺。我看见好像没有人拿小碗，几乎都扛着锅来吃饭，真让人眼晕呀！最后每人又加了一勺汤，最小的头灯没有加上，还老大不愿意。这是5天来大伙吃得最香的汤饭，我们称之为3+1汤饭，令人记忆犹新。

天黑之前，老许、天生胆小和木沙老汉回来了。木沙的忽悠，让他们白跑了一趟。北归他们一群年轻人又盯上木沙的羊了，我有点感冒，吃了点药就钻进帐篷了。半夜里突然听见有人喊羊肉熟了，快来吃肉。看来北归他们是志在必吃，用老许的话说，北归如果不吃上羊肉，就要"疯"啦。我还是起来吃一点吧，于是我又叫醒野牦牛起来吃肉。老天呀，幸亏我们及时赶到，锅里就剩两块肉了，好在还有肉汤。馕加肉汤加肉的组合真叫美味呀。后面好家乡也来了，我们才知道天太晚，还有些队员没有吃肉。早晨起来，又把剩下的羊肉全部煮上，野牦牛又掌勺给每人分了一份肉后，我们才离开野韭菜谷。

木沙老汉有两峰骆驼和一匹骡子，全部被我们征用了。没有人再愿意背包了，小伙子帮忙，全部的包都上了两峰骆驼。临走时和丁丁一起的小陈瞄上木沙老汉的一个北山羊头骨，也给踅摸回来了，北山羊头骨的角很长，我看足有两公斤重。

下一站是有库尔坎尔其，那里有一家牧户常住。我们先要走七八公里的旱路，才能抵达坎尔其河，然后沿着河道前行五六公里就可以抵达目的地了。旱路基本上是一条沿山谷行走的大马道，听木沙说几年前有个托克逊县的大老板为了挖麻黄草，在山里用推土机开了这条路。路上有很多沙葱，同路的徐姐在忙不停地挖着。沙葱长得很好，大都有10厘米长，偶而还可以发现野韭菜，但很少。路的旁边有一座铁褐色的山独处，像一座巨大的铁山巍然屹立，颇为壮观。有一天如果开采的话，真不知道能炼多少铁。今天是最轻松的一天，一路上说说笑笑的，非常愉快。骆驼的承载力可真够大的，不但绑了七八个背包，而且老许压上去也没事。头灯和秋子骑着骡子，其他队员跟着木沙老汉走。七八公里的旱路，没多少感觉就走过了。我们终于看见坎尔其主河道了，河里的水不是很大，有点像米泉白杨河乡的水磨河。如果不蹚河就要沿河边的峭壁走，别看木沙老汉50多岁，穿着一双破军用球鞋，爬起峭壁来，简直可以说是身轻如燕呀。我们是一步一步慢慢挪动，一路上战战兢兢。木沙老汉在前面一会儿帮帮这位，一会儿帮帮那位，看看真是惭愧。

走了不一会儿就看见西北偏西他们2005年走过的河谷口了。在河道里又看见了清晰的汽车轮胎印记。我喊着老许问：是不是鄯善那边看我们没有按计划抵达，专门派车找我们来了？老许没把握地说，没那么严重吧，我们才延误一天，根据以往的经验，他们应该在目的地坎尔其水库等我们。后来确认我们的猜测是对的，车师路线有徒步团队出事后，鄯善县委、县政府紧急动员，鄯善县委书记亲自率一哨人马驱车进山来寻我们。真让人感动，这是后话。

前往坎尔其河谷途中（徐姐 摄）

下午3点左右，我们听见了狗叫声，有库尔坎尔其到了。这里住有一户人家，男主人叫赛买提，出去贩羊绒了，家里只有女主人和两个女儿。他家的房子建在河滩上，屋前还种了不少白杨树，远远就可以看见它们。房子前面还有一小块地和一个果园，看来赛买提一家也在享受世外桃源的生活。听木沙说，他家喂养的山羊有1000只，看看他家满院子山羊羔，我估计差不多。木沙说这里屋后的山坡上有手机信号，队员们一听又着急了，一群人又冲上了山坡，我是真的累了，于是就坐在树底下看他们折腾吧。野牦牛下来了，说没信号，天生胆小执着，他又上了后面更高的山头，看样子好像还没有戏。赛买提的一个女儿又出来忽悠了（她的汉语很好），她开玩笑说手机必须是诺基亚的，其他的不行。大家又争论了一番，最后还是女主人说话了，让女儿带人上去，我们派了负责网站的小兔上去。快要走下山的天生胆小看见有人带，就停住脚步又转上山了，我真不知道他哪来的劲。时间已经转到下午了，大家都没吃午饭，估计包里也没什么了。赶忙招呼女主人给烧壶茶水。那边徐姐她们与女主人闲聊，我又向木沙打听由此去坎尔其水库的路，他告诉我说不能沿河道走，因为水库入水口水很大，两岸都是峭壁，只能走旱路。我告诉他地图上有旱路。于是我们决定走旱路，大约10公里。为了防止走错路，我和寒风又把拐弯地方的位点在地图上仔细确认了一番。这时天生胆小气喘吁吁地下来了，已经和家里联系上了，菜鸟在网上已经发帖了。大家一片欢呼声。谁知他又冒出一句话，说他把小兔留在山上了，谁还有话要说就上山告诉小兔。看着眼前高高的山头，大家面面相觑，谁也没敢吱声。看来没办法了，天生胆小涨红着脸又冲上山去了。这些天来，我们每天几乎要翻一个达坂，心里也没怯过。望着眼前的山头，说心里话，我头皮都发麻，别说上了。其他队员也可能和我同感。唉！还是女主人有办法，朝着山头大吼了一嗓子，就一切搞定。我们赶忙招呼刚上山坡的天生胆小下来。总算一切安好！后来有队员告诉我，天生胆小劲大是爱情的力量支撑。原来如此，这让我感动，也让我钦佩。生命中最美好的东西或许就是在最艰难的条件下展现出来，才感到伟大和力量。

茶水烧开了，会汉语的女儿又拿来两个馕，我们又每人一块平均分配。离开时女主人担心我们走错路，又让女儿送我们一程。就要和木沙道别了，我心里充满感激，我和很多队员与木沙拥抱告别。剩下的路就简单了，所有队员的行进速度都很快，我和野牦牛、老许依旧在队尾。两小时过去了，看着周围的山头越来越小，可以打电话了，我大声喊着。几乎所有人都在掏手机，几乎所有人想赶快给亲人报平安。我也一样，手机刚一打开，家里的电话就进来了，老婆是守着电话机一遍一遍地拨着我的电话。接通电话，一块悬石落地。我又拿起相机拍了一组打电话的片子，回来看看，真是回味无穷。

鄯善的戈壁终于出现了，远处油田的白房子也看见了，我们终于看见鄯善了。出了山还要沿着山坡边的小道向东走两三公里，才可以到达本次活动的终点坎尔其水库。不知道怎么回事，这段路特别长。前面的头灯也终于停下来了，他说累了。6天

我们走出来了（徐姐 摄）

来，13岁的头灯一直跟着年轻队员，几乎是一步不落。我们在后面第二梯队的，就没有和他照过面。真是厉害！丁丁冲在前面，说是找家商店，买包烟，断顿了。后来听山鼠说，他还开了句玩笑，顺便给我带一包。望着周围的戈壁和荒山坡，我和老许、野牦牛真是一步都不想走了，索性坐下来抽支烟再说，我们还互相打趣说，现在有车来接我们就好了，正说着，前面来车啦！我们那个兴奋呀，真是想啥来啥。花谷道探路之旅结束啦，我们终于踏上了回家之路。

天山古道萨捍道穿越记

老许（许天喜）

向古道进发

2005年7月21日下午6点30分，阿木、老许、徐姐、婉儿、藏羚羊、looselose六位旅友分乘两辆越野车，离开燥热的乌鲁木齐，向奇台方向驶去。

此行的目的，是对纵贯天山的丝路古道——萨捍道进行探路性穿越。

萨捍道，是唐朝时期丝绸之路北道与新北道之间的一条连接线路。《西州图经》记载，萨捍道"右道出蒲昌县界萨捍谷，西北合柳谷向庭州七百三十里，足水草"。其大致走向为：由鄯善之西连木沁北行，沿二唐沟水，经吉格代、二唐沟，越天山而达奇台境。

千百年来，随着时间的流逝，这条古道有如一段尘封的记忆，深深地湮没在史书和天山深处，渐渐远离了文明的视线。

对照地图，我们决定将奇台半截沟以南的缠头湾子作为起点，沿缠头湾子中的河道逆流而上，越过天山分水岭，再沿二唐沟河一路南下，抵达阿日相（维吾尔语：温泉）东南1公里的硝尔托喀依，与接应车辆会合。整条徒步线路的直线距离约25公里，计划用两天至两天半的时间轻松穿越。

车至奇台县城，吃过晚饭，天已完全黑了。我们决定继续前行，争取在缠头湾子中的一碗泉度假村附近扎营，这样，第二天就有充足的时间越过天山，抵达南坡。

一路问路，汽车驶入一片密集的度假村区。因为头天刚下过雨，道路非常泥泞，很难找到合适的营地，我们只好以200元的价格，租了一顶毡房过夜。

在毡房中，领队阿木用GPS打了坐标后宣布：我们走错路了，缠头湾子还在东面约4公里的地方。

不管它，先睡觉，明天再说！

一万泉风景区（郑强 摄）

缠头湾子（许天喜 摄）

阿达利

吃过早餐，我们继续沿着简易公路向缠头湾子前进。道路仍然泥泞不堪。车过黑沟后，一段位于山腰上的路面被昨天的雨水冲出了一个豁口，车辆通行会有危险。我们就将这里作为徒步的起点。

我们沿着简易公路切过几个不大的山谷，于12点20分进入缠头湾子。这里已远离了度假村区，游客罕至，开阔的谷口一片嫩绿，星星点点的毡房和羊群散落在草地上，山坡上是茂密的松林。太阳的气息、青草的气息、羊粪的气息，在山谷间缓缓荡漾。

我们的到来，引起了一群哈萨克牧民的好奇，他们围着我们问长问短，我们也乘机打听前方的道路。一位叫阿达利的牧民汉语说得很好，他表示要去山里找羊，可以陪我们走一段。

一路上坡。在阿达利的帮助下，我们过了一条独木桥之后，发现马道一直沿着主河道的东岸蜿蜒。14点30分，在一处较为平坦的河岸，我们停下来午餐。阿达利又用哈语在我的本子上写了封"介绍信"，大意是：我是奇台的牧民阿达利，这些人是我的朋友，他们到阿日相去，请为他们指路。

阿达利还告诉我们，二唐沟上游是陡峭的山崖，而且河水很急，不能通行，必须翻过琼皮牙孜力克达坂，绕道加干苏河，才能抵达阿日相。

对照地图，我们发现马道的走向，和阿达利的描述是一致的。

对于绕道，我们并不担心，因为时间很充裕，即使多走十几公里，在约定的时间赶到会合点应该没有问题。

7月24日晚上之前在硝尔托喀依会合，是我们和吐师傅的约定。

和阿达利握手道别时，我将我两根手杖的其中一根送给了这位热情善良的哈萨克汉子。临别前，阿木还告诉阿达利，我们要将地图上尚未命名的分水岭命名为"阿达利达坂"。

阿达利的身影迅速地消失在西岸的松林中。他的羊群在那儿。我们也背起行囊，继续赶路。

松林到了尽头。我们进入了高山草甸区。远处，一座积雪的山峦昭示着阿达利达坂的所在。河流越来越窄，越来越浅。在一个汹涌如喷泉的泉眼处，我灌了一瓶水，多么冰凉、多么纯净的水啊，喝一口，一天的疲劳顿时烟消云散。

雪山已经很近了。许多小山岗横亘在宽阔的河谷中，使我们误以为每一个山岗都是阿达利达坂。在上了无数次当后，在踏过无数个积水的沼泽地后，我们终于失去了耐心，于20点30分在一块较为干燥的河岸扎营。营地坐标：北纬43°28′51″，东经89°47′1″，海拔3048米。

琼皮牙孜力克达坂

7月23日，星期六

仍是一如既往地起床、洗脸、烧水、做饭、吃饭、收帐篷，10点整，我们准时出发。

道路和昨晚也差不多，一道道山梁继续扮演着假冒达坂的角色。慢慢地，我们越过了雪山的左侧，12点45分终于到了阿达利达坂。

阿达利达坂的确不是一个达坂，它只是横亘在山谷中的那些山岗中的一条而已。不同之处在于：它是天山的分水岭，也是奇台和吐鲁番的分界线。一些碎石块铺在它的顶部，来往的路人又在这个碎石堆上垒了两个玛尼堆（坐标：北纬43°27′29″，东经89°48′4″，海拔3464米）。

天山的分水岭（许天喜 摄）

　　我们在这里短暂地逗留了一会儿，拍了几张照片，藏羚羊又往玛尼堆上垒了几块石头。

　　接着的路非常好走。在道路右侧的山凹中，有一潭浅水，牧民称之为"涝坝"，一条浅浅的溪流溢出"涝坝"，蜿蜿蜒蜒地向南流去。这就是二唐沟的源头。

　　下午4点，琼皮牙孜力克达坂到了。

　　马道在这里涉过河水，向右侧的山上爬去。

　　前方，二唐沟河水以一个很大的落差在两山之间汹涌南流，山势在这里也异常陡峭起来。

上行琼皮牙孜力克达坂（许天喜 摄）

这里有一户牧民，我们询问去往阿日相的路怎么走，他回答，前面没有路了，必须向右翻过琼皮牙孜力克达坂。

我们在河的左岸吃了顿简单的午餐之后，越过河水，开始翻越琼皮牙孜力克达坂。

琼皮牙孜力克，维吾尔语，琼：大的；皮牙孜：洋葱；力克：很多的；连起来的意思就是：很多个大洋葱的达坂。

名如其人。这个达坂的形状，就是一堆巨大的皮牙孜的超级组合。确切地说，是10个连成一线的大皮牙孜的超级组合。马道就从一个皮牙孜的底部延伸到顶部，再下降到另一侧的底部，再爬到另一个皮牙孜的顶部，如此重复。

当年为这座奇特的达坂命名的人一定是位智者。还不仅如此，一个在困难面前仍然保持幽默感的人，更是一位勇者。

回想翻越琼皮牙孜力克达坂的过程，我只想说：感谢胡大！我们全都毫发无损！

越过琼皮牙孜力克达坂，抵达加干苏河畔（坐标：北纬43°24′45″，东经89°48′5″，海拔2700米）开始扎营时，已经晚上9点了。直线距离大约3公里的达坂，耗费了我们将近4个小时的时间。

现在，我们已经和另一条天山古道——乌骨道会合了。

整整两天，我们只走了大约一半的路程。

接下来，我们将沿加干苏河向东南方向行进至提克霍腊，再向西绕道库乌克河，沿库乌克河南行，经鲁克群霍腊，向东翻越喀拉达坂后，南下二唐沟河最南面的支流，沿着这条支流，即可抵达终点。

从地图上看，这段路的直线距离大约20公里，但是从提克霍腊至喀拉达坂大约有10公里的上坡路段。看来，以目前的速度，明天与吐师傅会合是不可能的。

吃过晚餐，我们开了个全体会议，由阿木向大家通报了目前的境况。会上，大家一致决定，明天租马走，争取按时与吐师傅会合。

加干苏河（郑强 摄）

从提克霍腊到喀拉达坂

7月24日，星期日

我们6点30分起床，吃完早餐，于8点30分准时出发。

一路上"驴不停蹄"，快速前进，一小时后，就进入了提克霍腊西侧的山谷。

在这里，我们遇到了一支乌骨道的队伍。在这丛山野岭，巧遇"革命同志"，真是令人喜出望外！

这支22人的队伍，绵延了大约1公里。看来，他们今天想要翻越沙尔力克达坂，抵达奇台，返回乌市也是非常困难的。

我们的运气也不好，一路上遇到了好几个羊圈，都没有租到马。

11点30分，我们来到库乌克河口。河口处有一个羊圈，我们喊了几声，无人应答，却引来了三条凶恶的狗向我们步步紧逼。我们只好退到对岸，让3位女士先走，3位男士在后面掩护。这样走了五六百米，恶狗仍然没有退回的意思。幸亏徐姐带了一把爆竹，我们点了几只，恶狗终于逃窜而去。

从库乌克河开始，马道再次向南逆流而行。坡度并不大，所以行进起来并不感到十分吃力，只是河谷中那些巨大的石块，间或延缓了我们的脚步。

在越过一段狭窄的河谷后，眼前豁然开朗，鲁克群霍腊到了。

远处，几座浑圆的土山表明，我们已经走出了身后那座崇山峻岭的迷宫。

一个羊贩子赶着一群羊，从我们身边缓缓走过。他是在吐鲁番买的羊，要赶到奇台去。

想起阿达利曾经告诉我们，20多年来，他每年都要去吐鲁番买羊或者卖羊，都是走的这条路。我突然醒悟，这些隐藏在天山深处的古道，千百年来从来就没有废弃过！对于这些世世代代生于斯、长于斯的牧人来说，在这条古道上行走，不过是一种日常的生活方式而已！

在鲁克群霍腊，我们终于租到了两头毛驴和两匹马，但是只能把我们送到喀拉达坂顶上，后面的路我们自己走。

这样也行，至少我们可以轻装登达坂了！

下午4点半左右，两头毛驴驮载着行李，其余的人或骑马，或步行，向东面的喀拉达坂奔去。

喀拉达坂看上去并不太高，只是斜坡比较长。

我和阿木商量，由他骑马先上达坂，然后不用等我们，直奔阿日相，告诉吐师傅我们一切平安，稍晚点到。

我的左脚后跟磨烂了，每抬一次腿，都感到很疼。我的速度渐渐慢了下来。当阿木和徐姐骑着马已经上到达坂顶时，我还在半山腰喘着粗气。婉儿、藏羚羊、looselose也渐渐与我拉开了距离。

幸亏徐姐派了一匹马来接我，我才没有耽误时间，几乎和婉儿他们同时登上了达坂。

下喀拉达坂是我们遭遇的第二个难点。达坂的东侧比西侧要陡峭许多，而且几乎全是细碎的小石块，非常容易打滑。马道在碎石坡上呈"之"字形下降。我们花了大约一个半小时的时间，才慢慢挪到坡底。

下到坡底后，马道突然失去了踪迹。在我们的右侧，是一条很深的山谷，看不到马道。而在对面的山坡上，却有一条清晰的马道。我和婉儿打头，向那条马道奔去。然而马道在坡顶再次消失了，脚下是更加险峻的峡谷。

时间正在一分一秒地流失。我有点慌乱。婉儿发现在第一条峡谷的下降坡面上，似乎有一条马道。我们又折回去，终于找到了通向谷底的马道。

走在前面的徐姐发现了阿木留下的标记物———一只佳佳乐超市的塑料袋，我这才放下心来。

乱石密布的山谷很不好走。looselose 一个趔趄，滚翻在地，幸亏只是皮肉伤，没有大碍。从喀拉达坂到这儿，她已经摔了好几跤了，竟然都没事！真是个皮实的小姑娘！

天色渐渐暗了下来。走在前面的徐姐一路狂奔，渐行渐远。现在，距离阿日相大概还有五六公里的路程，但是婉儿和looselose 都没有头灯，赶夜路恐怕会出危险，还是先扎营吧！于是，我也撩开双腿，狂追徐姐。

一路上掠过了几个空无一人的羊圈和密集的荨麻丛———这里是牧民的冬窝子，夏天是没有人的———终于在河流的拐弯处追上了徐姐。

几棵大树的下面显得平整些，看来只好在这儿扎营了。然而归心似箭的徐姐执意要再往前赶赶，我只好让徐姐往前看看有没有更好的扎营地。

晚上10点，婉儿他们也赶了上来。我们打着头灯扎好帐篷，胡乱弄了点吃的。徐姐一直没有回来，她应该在前面扎营了吧？

阿日相

7月25日，星期一

昨晚一夜没睡好，我几乎每小时醒一次，醒来就胡思乱想一番，担心徐姐会不会有事，会不会有狼。我们住在树下，会不会有雷雨？

还好，一夜无事。

6点半，我再也睡不着了。钻出帐篷，用GPS测量了营地的坐标（北纬43° 20′ 38″，东经89° 50′ 25″，海拔2225米）。然后吼醒同伴，吃饭赶路！

又是一路狂奔！我的状态这时出奇地好，将藏羚羊他们远远落在了后面。10点半，拐过一个弯道后，远远地，看见阿木站在一片石屋前的山坡上向我招手——阿日相到了。

阿日相，蒙古语，温泉的意思。阿日相有20多个冷热不同的泉眼。传说200多年前，人们发现这儿的每一眼泉水，都可以治疗某种不同的顽症，比如眼疾、肠胃病、妇女不孕、皮肤病等，渐渐地，这儿成了一个不是医院的医院。人们依山傍水，就地取材，盖起了几座石头房屋。每天，都有数以百计的病患者们跋山涉水、络绎不绝地来到阿日相，用那神奇的泉水，祛除多年的疾病。

阿日相——神泉！！！

阿日相温泉（许天喜 摄）

队伍在阿日相会合后，我们略事休息，用泉水洗了洗脚，又品尝了数种神泉之后，开始下山。在爬过几个攀岩路段后，婉儿喊道：老许，看见吐师傅的车啦！

此行的终点——硝尔托喀依到了！

萨捍——硝尔托喀依。萨捍——硝尔托喀依。萨捍——硝尔托喀依。

坐在吐师傅的车上，我反复念叨着这两个名字。我越发断定，萨捍就是硝尔托喀依，是在不同的历史时期，不同民族的不同念法而已。

吐师傅告诉我，硝尔，是城市的意思，托喀依，是河湾的意思，这里古代打过仗。那么，这儿曾经有过一座城市，抑或一座古堡，一座烽火台？

扑朔迷离的历史。

扑朔迷离的萨捍古道。

天山古道突波道探路记

老许（许天喜）

突波道是唐代时由蒲昌（今鄯善县）北越天山通往庭州（今吉木萨尔）的四条古道之一。唐《西州图经》如是描述突波道："右道出蒲昌县界突波谷，西北合柳谷向庭州七百三十里，足水草，通人马车牛。"在蒲昌府文书中有"虞侯吴玄武……已上驴岭南突播路"的记载，这里"突播路"与《西州图经》中的突波道应为同音异写。另据《吐鲁番史》，鄯善坎尔其水库东侧的照壁山，就是唐代的突播山，突播山东侧的赛克散土墩（鄯善大马营影视城），有烽燧和古城遗址，即唐悬泉烽和悬泉驿，应该是守护突波道的军事要塞。

从赛克散土墩出发，沿山谷西北行，可达乌鲁克苏，继续北行，翻越克其克厄协克达坂和伊塞克达坂，再沿伊塞克交勒河谷北行，经白杨河乡即可抵达木垒县城，由木垒沿东天山北麓西行，即可抵达吉木萨尔。途中的克其克厄协克达坂、伊塞克达坂、伊塞克交勒，其意分别为小驴达坂、驴达坂和驴之路。其中"厄协克"和"伊塞克"是同音异写，意为"毛驴"。这些地名与蒲昌府文书记载的"驴岭南突播路"相符。驴岭应该就是驴达坂或小驴达坂。

如果上述推论成立，则所谓的驴之路，就是唐代的突波道。

1996年5月中国社会科学院考古研究所巫新华博士，曾实地考察"驴之路"，其具体行进线路为：

由木垒白杨河乡出发，南略偏东2公里进入山口，南偏东2公里路经小西沟沟口，沿大西沟继续南行，南偏东6公里琼厄格孜（哈萨克语，意为大峡谷口），南偏东5公里别勒库都克（哈萨克语，意为有鱼的水井），自此进入伊塞克交勒山谷（哈萨克语，意为驴之路）。继续南行约2公里至厄协克达坂（维吾尔语，意为驴达坂），下达坂10公里至音其克苏（维吾尔语，意为细小的水流），沿沟谷西南行2公里，转东南行8公里至克其克厄协克达坂，下达坂南略偏西行约4公里至库如特鲁克（维吾尔语，意为干沟）。继续南略偏西行6公里至库尔干（维吾尔语，意为建造，此地有一巨大岩洞，洞内平滑整齐如同人为，故称之为人造），南略偏西行5公里至乌鲁克苏（维吾尔语，意为伟大的水），然后搭乘卡车，经八道湾沿坎尔其河谷东南行至鄯善车站，再折往东南到达鄯善县。

2009年5月1日13点，我们一行21名旅友，从木垒白杨河水库出发，开始徒步穿越突波道。21名旅友中，有11人来自鄯善雪狐军团，10人来自乌鲁木齐；年龄最大的57岁，是来自大河沿的老腿，年龄最小的25岁。

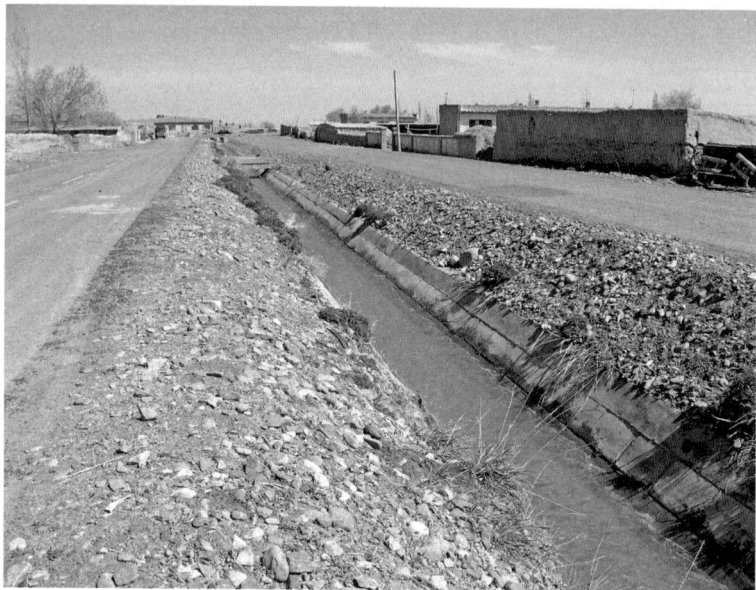

木垒县白杨河乡（许天喜 摄）

白杨河乡政府现已搬迁到了县城附近，巫博士所说的白杨河乡，被当地人称为"老白杨河"。在"老白杨河"，我遇到一位汉族老大爷，竟然还记得巫博士。老人说，巫博士当年曾找他当向导，但因家里有事未能成行，才又另找了别人。我问老人，自从巫博士之后，还有人走过这条路吗？老人答没有。

老人还说，过去木垒、鄯善两地货运多走此路，因为主要用毛驴运输，故名"伊塞克交勒"，意思是"驴走下的路"。70年代，还曾经修过公路，可以走拖拉机、卡车等，现在年久失修，车走不成了。

白杨河水库很小。从水库前行不远，遇到此行的第一个岔路口，西面的河谷叫小西沟，东面的叫大西沟，两河会合而成白杨河。走在前面的旅友顺着山路进入了小西沟，被我喊了回来。队伍沿大西沟河谷上行。

买然别克河和伊塞克交勒河交汇处，是第二个岔路口。从地图上看，两河均有马道，买然别克河经依协克达坂至音其克苏，伊塞克交勒河经伊塞克达坂至音其克苏，两路至此重新会合。依协克和伊塞克虽是同名异写，却真是两座不同的达坂，一东一西，相距大约1公里左右。

最初制订计划时，我选择的是买然别克河。后来重读巫博士的文章，发现他走的是伊塞克交勒河，这才重新修正了路线。在白杨河乡，我又请教那位不知名的汉族老大爷，他也说两条路都可以走，但多数人走伊塞克交勒。通过研究地图和 Google Earth，发现买然别克河的支流更多一些，水大沟深，或许比较难走。另外，支流多岔路也多，容易走错路。

由于"五一"只有三天假期，因此我们必须在5月3日完成穿越。此路全长五六十公里，主要难点在两座达坂，另外就是爬坡路线比较长。我的计划是，5月1日要尽量靠近达坂，2日翻越第一个达坂，如果时间允许，最好能翻两个达坂，这样，3号就很从容了。

从 Google Earth 上看，驴达坂南北两侧的坡度都比较缓，小驴达坂的南坡却比较陡峭。这也符合此前我穿越其他几条古道的经验，就是天山南坡往往山更高、谷更深，沟谷走向错综复杂，忽东忽西，忽南忽北，达坂也更加陡峭难行。我分析形成这种情形的原因是，当初造山运动时，主要力量来自北面，南面被压烂、压碎了，呵呵，不知对不对。

晚上7点，有人发现了一处很好的营地，伊塞克交勒河的一条支流与主河道汇合后，形成了一座独立的台地，远离两侧的岸崖，安全性高，既不怕水，也不怕滚石。我和雪狐、622商量后，决定在此扎营。

这一天，我们一共走了12公里，此处距达坂直线距离还有8公里。

营地海拔约2200米。

夜里比较冷，我将抓绒衣裤全部穿上，再裹上温标–12℃的中空棉睡袋，才勉强过得去。看来，以后这个季节出行，还是带羽绒睡袋为好。早上去河里打水，发现没有了哗哗的流水声，昨晚打水的地方也没水了，只在不远处的下游，才有河水流出来。说明昨晚的气温确实低，水被冻住了。

吃过早饭，继续前行。离营地不远，有一个羊圈，也是很好的扎营点。天气很好，一些河段上还覆盖着厚实的冰雪，为来回过河提供了便利，一路上我们从没蹚过水。随着海拔的渐渐升高，树木也渐渐稀少，在2500米处，就彻底消失了。在一处羊圈旁，竟有一个馕坑，看来这户牧民很会生活。山里的牧人家，馕大多都是从山下带来的。

徒步上伊塞克达坂（许天喜 摄）

伊塞克达坂雪坡（许天喜 摄）

登顶伊塞克达坂（许天喜 摄）

伊塞克达坂下行（许天喜 摄）

上伊塞克达坂不算困难，因为坡度相对较缓，甚至最后那段路在坡度上也没有明显的变化。但是风很大，站立喘息的时候得背着风才能呼吸。3号回到乌鲁木齐后，我的嘴从5号开始起泡、溃烂，直到一周后才慢慢愈合。听好家乡说，他的嘴也烂了。后来乌鲁木齐走突波道的旅友聚餐，瑜伽说林记路和我一样也烂成猪嘴了，哈哈! 我估计是由于风太大，造成嘴唇局部脱水。下次徒步遇到这种风，一定要用头围把嘴蒙好。

伊塞克达坂海拔约3200米，达坂顶部平缓，照例有一座玛尼堆。山友们纷纷向玛尼堆上摆放石头，许下自己的祝愿。在这荒凉的山顶，玛尼堆就是唯一的人迹了。眺望四周，崇山峻岭，一望无际。千百年来，山未变，水未变，风未变，只有走过这条古道的人变了，从金盔铁甲的唐朝士兵，到破衣烂衫的牧民，从吆驴喝马的商贩，到"无事自虐"的我们。

达坂南面是音其克苏河。音其克苏是一条最终流入坎尔其河的水系，它的一个特点就是不论支流还是主流，统统都叫音其克苏。我们的路线就是沿着一条名叫音其克苏的支流，走到音其克苏主河道。

突然，我发现路面发生了明显的变化，马道变成了人工修筑过的简易公路。看来，关于这条路曾经可以通车的传说是真的。此后，我们的路线就一直沿着公路走了，甚至上小驴达坂也是如此。

下山的路比想象的长一些，我们一路狂奔，直到下午6点才终于来到主河道。

音其克苏河河谷（许天喜 摄）

河边有一座砖房，是个空的牧民点。后来的路上，我们看见了很多砖房牧民点，这也是突波道的特点，说明这条路通车没问题。

今天不可能继续翻小驴达坂了，我们决定将这座砖房作为2号营地。

这是一座共有4个房间的平房，外墙抹了水泥。正面墙上还做了一个红五星，下面有"1983—2002"字样。雪狐、622、缘份三人是一起的，他们决定在屋里扎营，所以抢占了一个房间。雪狐让我和他们扎到一块儿，我进屋一看，除了有股羊粪味，条件真是不错，又暖和又避风，就答应了雪狐的邀请。

河岸边的一片石堆墓吸引了我的注意。大约有七八座墓葬散落在岸边，其中有一座被挖开了。仔细观察，有很多石块摆成一道道环形的石圈环绕着墓地。我想起沿途曾经看见很多类似的石堆墓，不过大多是散落的，只有这里有如此多的墓地集中在一起，并且有石圈包围。这些石堆墓很可能是匈奴人的墓葬。

入夜，我们围坐在屋内的空地上喝酒。尽管饭菜简单，大家聊得却很开心。已经在别处喝过酒的东东也加入了进来，他是做特种旅游的。那晚，他说了很多话，特别对突波道的商业价值给予了很高的评价。

凌晨4点，我起来方便，打开帐门，赫然发现旁边雪狐他们的帐篷不翼而飞了，再一扭头，发现原先堵在门口的那顶帐篷也不见了。哈哈，看来昨晚我的呼噜声一定比较激烈。

照例是8点起床，9点出发。越过结冰的河面，我们沿着公路向河的下游走去。不过，这段下坡路很快就结束了，道路在不远处出现分岔，一条继续西行，通坎尔其河，一条折向东南，通克其克厄协克达坂。

河流渐渐消失了。通往小驴达坂的这条山谷只是断断续续地有水，达坂南面则是彻彻底底的干山、干沟。从拐点到达坂，是约5公里的缓慢上坡。从Google Earth上看，达坂南北坡似乎均有盘山公路，如果这是真的话，翻越达坂的难度就大大减小了。但我不敢肯定，巫博士的文章并未提及这段公路，他当初翻越小驴达坂时似乎还颇费了一番周折。

我们的运气实在不错，一条盘山公路蜿蜒着直通达坂。队伍轻松地越过达坂，未作停留，就直接下山了。从达坂南望，山峦巍峨，气势磅礴。如预料的那样，南坡陡峭漫长，好在我们有盘山路，一切都变得简单了。走到坡底，雪狐说他刚才数了，下达坂一共有18道弯。

小驴达坂南侧的山谷叫"库如特鲁克"，维语意为"干沟"，总长度约15公里。穿过这条沟，就是此行的终点乌鲁克苏。

小驴达坂南侧的山谷（许天喜 摄）

途中有一眼水井，深不见底，我扔了一块石头，未听见水声，或许水干了。据巫博士说，途中还有一座巨型岩洞。622说有鄯善旅友去过岩洞，岩洞在一条岔沟里，距主路有一公里多。因时间关系，我决定放弃探访岩洞的打算，等下回有机会再来吧。

"车来啦！"

前方的旅友突然欢呼起来。转过一道弯，赫然看见一辆面包车正等着我们的到来。

2009年5月3日15点，我们一行21人和接应车辆胜利会合，唐代古道突波道探路行动圆满结束。

此行所有队员名单如下：雪狐、622、东东、向阳、流浪、骆驼、新郁、葡萄叶、愚公上山、龙影、烈日炎炎、山猫、老腿、张文峰、好家乡、猴子、缘份、徐姐、瑜伽、林记路、老许。

出山了（许天喜 摄）

沿途主要 GPS 坐标点：

白杨河水库　43°41'0.61"N，90°29'32.40"E

大西沟　43°40'30.00"N，90°29'50.24"E

琼艾格孜　43°39'16.22"N，90°30'27.70"E

买然别克河与伊塞克交勒河交汇处　43°38'31.45"N，90°30'36.96"E

别勒库都克　43°37'52.99"N，90°31'24.06"E

一号营地　43°35'9.40"N，90°31'54.90"E

进西河岔　43°32'45.77"N，90°33'9.78"E

拐点1　43°31'50.98"N，90°33'0.23"E

拐点2　43°31'46.02"N，90°33'13.77"E

伊塞克达坂　43°30'54.14"N，90°32'53.04"E

音其克苏河　43°30'13.86"N，90°32'16.52"E

看见公路　43°29'23.50"N，90°31'12.10"E

羊圈，二号营地　43°28'3.26"N，90°30'47.14"E

南拐进河谷　43°27'52.89"N，90°30'14.59"E

达坂拐点　43°26'6.56"N，90°32'40.97"E

克其克艾协克达坂　43°25'55.53"N，90°32'34.70"E

水井　43°24'44.00"N，90°32'25.90"E

与车辆会合点　43°22'11.70"N，90°31'6.43"E

乌鲁克苏　43°19'22.22"N，90°30'17.91"E

后 记

　　我曾于1995—1996年较为系统地考察过吐鲁番以及相关区域的古城、烽燧、戍堡、驿站等古代遗址、遗迹，并用车行、徒步、骑马、骑驴等方式逐一考察了吐鲁番地区沟通外部地方几乎所有的在地理方面可能成为交通通道的山谷、达坂、沙漠、戈壁。相关考察与研究成果整理后于1999年10月由青岛出版社以《吐鲁番唐代交通路线的考察与研究》为名出版。

　　这本关于吐鲁番古道的书出版之后，基本得到学界同行的认可之外，还有一个意外收获。疆内外许多徒步、探险爱好者不断联系我讨论当年考察中所思所想，以及诸天山古道、沙海古道考察路线，山野荒漠考察遇到的困难和注意事项等。随之，这些户外爱好者又各自沿着书中所述古道，徒步探查并不断有新的体会反馈交流，进一步丰满充实吐鲁番周边古道实际踏察人文、自然收获。朋友们因而也建议我再次修改、充实，但是由于忙于新疆考古队的田野工作以及自己的学术课题，一直不得空动手。

2013年年初，在吐鲁番地委宣传部相关领导和朋友的鼓励下，终于着手把这些年来自己关于吐鲁番，乃至新疆古代交通、人文关系等诸多方面的思考放入进来，对《吐鲁番唐代交通路线的考察与研究》进行增补修订。现在呈现在读者朋友面前的便是拙作。

我个人观点的偏颇、表述不到位，甚至有不同意见得罪之处，还望朋友们不吝指教和包涵。本书的出版写作过程中得到赵文泉、王甫志等先生的悉心提教与大力支持。书中未署名遗址、出土器物等方面照片资料均由吐鲁番地委宣传部提供，在此一并表示诚挚的谢意。因吐鲁番地委宣传部提供资料中相当一部分来自三普材料，故在此特别向吐鲁番文物局和参加三普工作的同行表达深深的敬意和感谢。

另外，20世纪90年代末以后，新疆探险界许多徒步探险爱好者多次开展天山吐鲁番古道探险探路和穿越探险，进一步落实了吐鲁番天山古道的实际走向与路线。本书完稿之际，新疆著名户外探险者荒漠人（杨贵新）先生提供了他们多年来探查吐鲁番天山古道的照片和记行文稿附录于书中。特此感谢，并就此向所有新疆山地探险者表达敬意。

2015年10月于北京王府井大街27号考古所白楼

2022年6月10日修改于天山巴音布鲁克草原